LA NOÉTIQUE DE SIGER DE BRABANT

Sic et Non

Collection dirigée par Alain de Libera

Bernardo C. Bazán

LA NOÉTIQUE DE SIGER DE BRABANT

Ouvrage publié avec le concours du Centre national du livre

PARIS

LIBRAIRIE PHILOSOPHIQUE J. VRIN

6, place de la Sorbonne, V^e^

—

2016

Imprimé en France
ISSN : 1248-7279
ISBN : 978-2-7116-2698-4

www.vrin.fr

Achevé d'imprimer le 5 septembre 2016 sur les presses de l'imprimerie
« La Source d'Or » - 63039 CLERMONT-FERRAND - Imprimeur n° 18947

À la mémoire de Fernand Van Steenberghen,
Suzanne Mansion et René-A. Gauthier.

Préface

Ce livre fut, à l'origine, la deuxième partie de ma thèse de doctorat en Études médiévales, présentée à l'université catholique de Louvain en 1972. La première partie de la thèse, qui comportait l'édition critique des *Quaestiones in tertium De anima,* du *De anima intellectiva* et du *De aeternitate mundi* de Siger de Brabant, fut publiée cette même année dans la collection « Philosophes médiévaux », tome XII. Il s'agit donc d'un ouvrage daté, qui reflète l'état des études à l'époque où il fut rédigé (entre 1968 et 1971), aussi bien que les circonstances de sa rédaction.

La thèse fut en effet entièrement écrite à Mendoza, en Argentine, avec des conditions de travail limitées. Si cette expérience voulue eut un résultat positif, c'est grâce à l'aide de nombreux amis belges à qui je dois une profonde gratitude. En 1967, lorsque je me préparais à rentrer dans mon pays d'origine après avoir obtenu mon doctorat à l'Institut supérieur de philosophie de l'UCL, ces amis m'ont aidé à me procurer des matériaux de recherche nécessaires pour la prochaine thèse que j'allais écrire à Mendoza, où les ressources de la bibliothèque étaient plutôt pauvres en matière de philosophie médiévale. Parmi ces amis, je tiens à mentionner le Père Van Breda, directeur des Archives Husserl, M. Christian Wenin, secrétaire de l'Institut, M. Lucien Morren et Mme Hélène Morren, qui avaient fait de leur Maison Saint-Jean un véritable foyer pour les étudiants étrangers. M. F. Van Steenberghen m'a confié les photocopies de tous les manuscrits dont j'avais besoin pour l'édition des textes de Siger, ainsi que les versions manuscrites des essais de traduction faits par Mgr Pelzer et M. Giele. Ainsi équipé, je suis rentré en Argentine, où après une courte période d'adaptation j'ai commencé la rédaction de la nouvelle thèse, sous la supervision attentive et généreuse de F. Van Steenberghen.

Le projet de thèse était ambitieux. Il incluait l'édition critique de trois traités de Siger et une étude doctrinale qui devait comporter un chapitre sur les principales sources de la pensée de Siger, un deuxième sur la noétique des *Quaestiones in tertium De anima*, un troisième sur l'intervention de Thomas d'Aquin dans le débat sur l'unité de l'intellect et, enfin, deux autres chapitres sur l'évolution de la noétique de Siger dans le *De anima intellectiva* et dans les écrits postérieurs. Lorsque j'ai fini l'édition critique des trois textes de Siger (avec les introductions et les études historiques et littéraires de rigueur), ainsi que les deux premiers chapitres de la partie doctrinale, M. Van Steenberghen jugea que cela suffisait pour une thèse, et m'encouragea à la soumettre. C'est ce que je fis, et c'est ainsi qu'en 1972 je retournais en Belgique pour la soutenance et que j'eus l'honneur de recevoir le premier doctorat en études médiévales octroyé par l'université. Pour marquer l'événement, M. Léopold Genicot, président de l'Institut d'études médiévales, offrit une réception. J'aurais voulu partager ce moment avec mon épouse Agueda, mais elle avait dû rester à Mendoza avec les enfants. J'eus au moins la joie d'être entouré d'amis argentins qui préparaient leur doctorat en philosophie à l'UCL : Norma Foscolo, Victor Martin, Rodolfo Santander et José Prado, auxquels se joignit le Pr Carlos Ceriotto, un collègue de Mendoza, qui faisait un séjour d'études en Allemagne. J'étais confiant dans l'idée qu'avec ce groupe de jeunes chercheurs nous allions constituer une belle équipe philosophique à Mendoza.

Rentré au pays, je me suis mis immédiatement à travailler sur les parties inachevées du projet original de la thèse. D'abord, encouragé par Suzanne Mansion, j'ai développé le chapitre sur « L'authenticité du *De intellectu* attribué à Alexandre d'Aphrodise », qui fut publié par la *Revue philosophique de*

Louvain, en 1973. Ensuite, j'ai préparé l'édition critique des *Écrits de logique, de morale et de physique* de Siger (publiée en 1974 dans la collection « Philosophes médiévaux », t. XIV – un volume qui incluait les *Quaestiones in Physicam*, éditées par A. Zimmermann et complétait l'édition des œuvres inédites de Siger jusque-là connues). Mes recherches sur l'intervention de Thomas d'Aquin – un dossier fondamental pour comprendre l'évolution de Siger – se sont poursuivies sans répit, ce qui m'avait permis d'écrire un article polémique de plus de cent pages portant le titre « Le dialogue philosophique entre Siger de Brabant et Thomas d'Aquin », publié par la *RPL* en 1974. Entre-temps, j'avais été accepté comme chercheur au Conseil de recherches scientifiques, et je fus confirmé dans la chaire de philosophie médiévale à l'Universidad nacional de Cuyo selon les dispositions de la loi universitaire du pays. Et plus important encore, je fus invité par René A. Gauthier et L.-J. Bataillon à collaborer avec la Commission Léonine dans l'édition critique des *Quaestiones de anima* et des *Quaestiones de spiritualibus creaturis* de Thomas d'Aquin.

Mais, en 1973, un événement important dans l'histoire de l'Argentine me fit interrompre les activités de recherche. Après des années de gouvernement militaire, l'Argentine eut enfin un gouvernement démocratiquement élu. Les universités, dirigées jusqu'alors par des bureaucrates nommés par les militaires, eurent besoin de gens pour les remplacer et remplir les postes administratifs. Je fus invité à remplir le poste de secrétaire académique de la faculté de philosophie et lettres à l'Universidad nacional de Cuyo, et j'ai accepté. L'expérience s'est mal terminée. Le pays, déchiré par des conflits idéologiques qui opposaient des factions même à l'intérieur du parti au gouvernement, a fini par sombrer dans la violence. Dans les universités s'est déclenchée une véritable chasse aux sorcières : on voyait des « extrémistes » partout. Dans mon université, il suffisait d'être un ancien de Louvain pour être soupçonné d'être politiquement dangereux. À la fin de 1974, j'ai démissionné du poste de secrétaire de la faculté. Peu après, le ministère de l'Éducation a mis les universités en état d'intervention et a initié une purge d'indésirables. En juillet 1975, je fus congédié avec quelques collègues qui avaient eu des responsabilités administratives, et, pendant les semaines suivantes, plus d'une vingtaine de mes collègues de la faculté ont connu le même sort (y compris une douzaine de philosophes, parmi lesquels tous les docteurs de Louvain que j'ai mentionnés plus haut). La situation se reproduisait dans d'autres facultés de l'UNC et dans toutes les universités du pays. La violence s'est aggravée dans les mois qui suivirent. Les maisons de quelques amis furent l'objet d'attentats à la bombe ; quelques amis furent mis en prison ; on en a fait « disparaître » d'autres ; des étudiants de la faculté furent assassinés. L'impunité s'est installée, et nous avons pris conscience de notre vulnérabilité. Comme l'a dit un ancien juge à qui j'ai demandé conseil pour initier ma défense légale : « Vous n'existez pas pour le système juridique de la Nation. » Nous avons compris. L'exode des amis a commencé. Ils sont partis vers le Mexique, l'Espagne, la Suède, la Hollande, l'Équateur, la Belgique, la France. Je suis parti vers le Canada à la fin de 1975. Mon épouse, qui avait elle aussi été inscrite sur les « listes noires », m'a suivi peu après avec les enfants. Une vie nouvelle commençait pour nous à l'âge de trente-cinq ans, dans un pays qui nous a accueillis à bras ouverts. Une des périodes les plus sombres de son histoire commençait pour le pays que nous avions dû quitter.

Dans ces circonstances, la rédaction de la deuxième partie de *La Noétique de Siger de Brabant* n'avait pas la priorité. D'abord, il fallait trouver un moyen de subsistance. J'ai fait toutes sortes de travaux: nettoyage de neige, traduction, enseignement de la langue française, enseignement de philosophie à la leçon. Finalement, en septembre 1977, j'ai obtenu un poste à l'université d'Ottawa. Après quatre ans d'interruption, j'ai retrouvé des conditions de travail favorables à la recherche. Mais l'enseignement et l'édition critique des *Quaestiones de anima* de Thomas ont relégué le projet de *La Noétique de Siger* au deuxième plan. D'autres projets d'édition et de recherche sont venus ensuite accaparer mon attention, et d'autres travaux administratifs (direction du département de philosophie et décanat de la faculté des Arts) ont absorbé mon temps depuis 1989 jusqu'à 1996. La retraite est arrivée sans que le projet ait pu être achevé. D'une certaine façon, je l'avais abandonné...

C'est alors qu'il y a à peu près cinq ans Jean-Baptiste Brenet, un chercheur français qui venait de m'envoyer une copie de son excellent livre sur *La Noétique d'Averroès selon Jean de Jandun*, me proposa de publier ma thèse sur *La Noétique de Siger de Brabant*. Son enthousiasme était contagieux, et il réussit à me sortir de la retraite. Je lui ai proposé cependant d'écrire les chapitres sur l'intervention de Thomas et sur l'évolution de Siger qui manquaient, afin de publier le projet tel qu'il fut conçu au début. Il accepta avec le même enthousiasme et s'est mis à réviser et à transcrire sur ordinateur le texte de la thèse (tapé originellement à la machine à écrire et au papier carbone pour avoir les six copies requises par Louvain). Il a dû penser que, tandis qu'il transcrivait la thèse, je pourrais finir les chapitres qui manquaient – et moi aussi je l'ai cru. Grave erreur de calcul ! Le chapitre sur l'intervention de Thomas est devenu un gros livre qui comporte jusqu'à présent trois parties et qui n'est pas encore fini. J'ai pu présenter le contenu de la première partie dans une série de conférences données à la chaire Pierre Abélard de la Sorbonne en 2006, grâce à l'invitation de Ruedi Imbach, que je remercierai toujours de m'avoir donné l'occasion d'enseigner dans la ville où Thomas et Siger ont enseigné. Or, plus j'approfondissais la doctrine de l'âme de Thomas, plus je m'apercevais que sa synthèse comportait des problèmes de cohérence. La partie consacrée à l'intervention de Thomas a acquis alors une portée critique que je n'avais pas soupçonnée au début. Mon enquête a bénéficié, pendant ces dernières années, du dialogue continu que j'ai eu avec J.-B. Brenet sur les problèmes de l'anthropologie et de la noétique médiévales. Je lui suis très reconnaissant des défis qu'il a posés, car ils ont contribué grandement à la rigueur des résultats obtenus. Mais, hélas ! le projet de *La Noétique de Siger* est resté toujours inachevé. En février 2011 Jean-Baptiste Brenet m'a rappelé que la thèse originale était transcrite sur ordinateur depuis des années, prête à être publiée. Je me suis rendu compte à ce moment que, à mon âge, je devrais me contenter de finir le livre sur la psychologie de Thomas, et de publier la thèse telle qu'elle fut *réalisée*.

Alors, pendant le mois de mars 2011, j'ai révisé, corrigé et actualisé la transcription électronique de la thèse de 1972. Je me suis limité à deux types d'intervention sur la version originelle. *Primo*, j'ai actualisé les informations bibliographiques concernant les éditions critiques des textes latins cités dans la thèse et les traductions disponibles de ces textes, car aussi bien sur le plan des éditions critiques que sur celui des traductions, bien des progrès ont été faits depuis 1972. Les informations complètes sont données en notes de bas de page. Cela a permis que la table bibliographique qui se trouve à la fin du livre continue de refléter les ouvrages que j'ai pu consulter entre 1968 et 1972. Toutes mes informations concernant des données postérieures à 1972 sont encadrées par des crochets [ ]. *Secundo*, j'ai enrichi les notes de bas de page – qui souvent se limitaient à renvoyer à des pages et des lignes des *Quaestiones in tertium De anima* de Siger – en transcrivant les textes latins auxquels elles faisaient référence. Cela m'a paru justifié parce que la thèse fut rédigée en tenant compte du fait que les membres du jury avaient sous la main le premier volume de la thèse contenant l'édition critique des textes de Siger, et pouvaient donc contrôler facilement toutes les références données dans les notes. C'est un privilège que les lecteurs du livre n'auront peut être pas.

Je ne suis pas intervenu dans le texte pour modifier les idées ou les interprétations que j'ai proposées en 1972. Cela ne veut pas dire que je n'ai pas été tenté de le faire. Il y a de nouvelles idées que je voudrais introduire dans le texte ; des approches méthodologiques que je voudrais ajuster maintenant, des précisions que je devrais introduire dans l'exposé des doctrines des penseurs étudiés. Et, je dois le reconnaître aussi, il y a également des corrections à faire dans les textes critiques édités. Si je ne me rendais pas compte de tout cela, j'aurais gaspillé mes derniers quarante ans ! Mais, en dépit de toutes ces faiblesses, je crois que la *Noétique de Siger de Brabant* a ouvert des chemins nouveaux dans l'étude d'Aristote (la conception du νοῦς παθητικός), d'Alexandre (l'authenticité du

De intellectu), d'Avicenne et Thémistius (leur dualisme anthropologique), d'Averroès (son « averroïsme », sa notion d'*intellectum speculativum*), de Siger (les limites de sa compréhension d'Averroès, son maître, et le caractère profondément « latin » de sa noétique), et qu'elle continue d'être une synthèse utile. S'il n'en était pas ainsi, je ne voudrais pas que ce travail soit publié.

Je veux finir en disant que la relecture de la thèse m'a permis d'apprécier jusqu'à quel point l'attitude philosophique du jeune Siger et les problèmes qu'il a posés ont marqué ma compréhension des doctrines médiévales sur l'âme humaine et continuent d'influencer la lecture que je fais maintenant de Thomas d'Aquin. C'est pourquoi, après avoir rendu hommage à la mémoire de mes maîtres, je veux exprimer aussi mon hommage aux jeunes chercheurs du présent qui, en questionnant les acquis comme le fit Siger au XIIIe siècle, stimulent notre sens critique et font progresser notre travail d'historiens des idées philosophiques.

Décembre 2015.

INTRODUCTION

L'hypothèse d'une évolution de la pensée de Siger concernant la nature de l'âme et de l'intellect a été déjà formulée ; elle a même été esquissée dans ses lignes fondamentales[1]. Nous devons donc justifier ce nouvel essai de synthèse et préciser les points de doctrine qui constitueront le fil conducteur de notre exposé.

Tout d'abord, il faut reconnaître que le problème de l'évolution de Siger a été très naturellement lié à la question de l'authenticité de certains écrits attribués au maître brabançon. Tel est le cas, en particulier, des commentaires aristotéliciens du ms. Munich clm 9559, où se trouvent les *Quaestiones in libros tres De anima* qui ont donné lieu à de longues controverses entre les historiens. Les recherches les plus récentes ne permettent plus d'appuyer l'hypothèse de l'évolution sur ces

1. *Cf.* F. Van Steenberghen, *Les Œuvres et la Doctrine*... (1938), p. 164 *sqq.* ; B. Nardi, *L'averroismo di Sigieri e Dante*... (1938), p. 111 ; É. Gilson, *Dante et la Philosophie*... (1939), Éclaircissements IV et V ; F. Van Steenberghen, *Siger de Brabant*... II (1942), p. 648 *sqq.* ; B. Nardi, *Note per una storia dell'averroismo latino*... (1947), p. 135-138 ; F. Van Steenberghen, *La Philosophie au* XIIIe *siècle*... (1966), p. 386-387. [Pour une bibliographie plus actualisée, voir mon article « Siger de Brabant », dans J.J.E. Gracia et T.B. Noone (éd.), *A Companion to Philosophy in the Middle Ages*, Blackwell Publishing, 2003, p. 632-640, et l'article de D. Calma « Le corps des images. Siger de Brabant entre le *Liber de causis* et Averroès », dans D. Calma et E. Coccia (éd.), *Les Sectatores Averrois. Noétique et Cosmologie au* XIIIe-XIVe *siècle*, tiré à part de *Freiburger Zeitschrift für Philosophie und Theologie*, 2006 (53), p. 189, n. 1.]

Quaestiones de Siger[1]. Nous devrons donc nous abstenir de recourir à des œuvres dont l'authenticité est douteuse.

Le problème de l'évolution a été en outre compliqué par les dantologues, qui ont essayé d'expliquer l'éloge de Siger fait par Dante dans la *Divina Commedia*[2]. La réponse à cette nouvelle question ne dépend pas seulement de la pensée de Siger, mais avant tout de la pensée de Dante. Dans ces conditions, il vaut mieux faire abstraction de cette problématique qui n'est pas de nature à clarifier les perspectives. Il est d'ailleurs bien possible que Siger ne remplisse au Paradis de Dante qu'une fonction poétique, et que le personnage, n'ayant dans le récit qu'une valeur symbolique, n'ait pas été construit suivant les lois de la recherche historique, mais suivant celles de la création littéraire[3].

En troisième lieu, le document qui permettait d'établir le point de départ de l'évolution de Siger n'était connu que de façon fragmentaire. Nous parlons des *Quaestiones in tertium De anima* du ms. Oxford Merton Coll. 292, dont nous donnons pour la première fois une édition complète. Les historiens ont dû travailler pendant des années sur le résumé de ces *Quaestiones* publié par F. Van Steenberghen[4]. Bien que très clair et concis, ce résumé ne possède pas les avantages du texte latin complet[5]. Notre édition permet par conséquent d'établir ce premier moment de la psychologie de Siger avec plus de sûreté.

1. Éditées sous le nom de Siger par F. Van Steenberghen, *Siger de Brabant...* I (1931), p. 21-156. Le ms. de Munich ne contient que des questions concernant les livres I et II ; M. Van Steenberghen a complété la série avec les questions sur le livre III du ms. Oxford, Merton College 275, f°s 67r-84vb (que M. Grabmann avait mises également sous le nom de Siger). Récemment, *Trois commentaires anonymes...* (1971), p. 133, et « tenant compte de l'incertitude et des divergences de vues qui règnent parmi les chercheurs », il a jugé préférable de les publier comme l'œuvre d'un auteur « jusqu'ici inconnu ».

2. *Paradiso, canto* X, 133-138.

3. *Cf.* É. Gilson, *Dante et la philosophie* (1953²), p. 268 *sqq*.

4. *Cf.* F. Van Steenberghen, *Siger de Brabant...* I (1931), p. 165-176.

5. Mgr A. Pelzer, le savant scrittore de la Vaticane qui releva le premier l'indication sur ces *Questions* faite par H.O. Coxe dans le *Catalogus codicum* d'Oxford (1852), fit aussi la promesse d'en faire l'édition. Cette tâche ne put pas être menée à son terme. M. Giele reprit le projet mais, atteint par une

Quelques historiens ont consulté cependant le texte des *Quaestiones in tertium De anima* directement sur manuscrit, et l'on pourrait nous objecter que, de cette façon, le stade initial de la pensée de Siger a été dûment établi. C'est le cas notamment des excellents articles de Giambattista Da Palma Campania, un capucin italien qui a étudié divers aspects de la doctrine contenue dans ces *Quaestiones* et qui a donné la transcription de longs passages [1]. Malheureusement, les travaux de G. Da Palma C. sont centrés presque exclusivement sur les *Questions* d'Oxford et n'accentuent pas la perspective de l'évolution. Au contraire, quand il fait référence aux autres ouvrages de Siger c'est pour montrer les coïncidences avec les *Quaestiones in tertium De anima*. Tel est le cas, notamment, de son travail *La dottrina sull'unità dell'intelletto in Sigieri di Brabantia*, où la doctrine du *De anima intellectiva* n'est pas suffisamment mise en relief ni distinguée de la doctrine exposée dans les *Questions* d'Oxford ; bien au contraire, l'auteur tâche plutôt de montrer leur identité foncière [2]. Nous nous proposons, en revanche, une autre ligne de travail : montrer les différences entre ces deux écrits de Siger, que séparent des faits ayant considérablement nuancé la pensée du maître brabançon.

La découverte récente de nouveaux textes de Siger permet de retracer les diverses étapes de son évolution doctrinale et donne une raison de plus pour essayer une nouvelle synthèse de sa psychologie. Outre le *De intellectu*, œuvre perdue de Siger que nous connaissons grâce aux extraits d'Agostino Nifo publiés par B. Nardi [3], et qui semble être la première réponse de Siger au *De unitate* de saint Thomas, nous disposons aussi

grave maladie, il mourut avant d'avoir terminé son travail. [Nous avons publié le texte complet des *Quaestiones in tertium De anima* et deux autres opuscules de Siger en 1972 ; *cf.* p. 173, n. 2].

1. Cf. G. Da Palma, *L'immaterialità dell'anima intellettiva...* (1954) ; *La dottrina sull'unità dell'intelletto...* (1955) ; Le origine delle idee... (1955) ; *L'eternità dell'intelletto...* (1955) ; *La conoscenza intellettuale del singolare corporeo...* (1958).

2. Cf. G. Da Palma, La dottrina sull'unità dell'intelletto... (1955), p. 58-59.

3. B. Nardi, *Due opere sconosciute...* (1943), reproduit dans *Sigieri di Brabante...* (1945), p. 11-38.

aujourd'hui des *Quaestiones super librum De causis*, découvertes par A. Dondaine et L.-J. Bataillon [1] et éditées par A. Marlasca [2]. Dans cette œuvre, qui est sans doute l'une des dernières de Siger, l'auteur semble adopter une position très proche du thomisme ; la portée de ce rapprochement sera établie dans le chapitre v de notre travail [3]. Quoi qu'il en soit, une distance doctrinale considérable sépare les *Quaestiones in tertium De anima* des *Quaestiones super librum De causis* : le chemin qui mène des unes aux autres passe par le *De intellectu* et le *De anima intellectiva*. Nous voulons parcourir ce chemin en mettant en relief ce qui est propre à chacun de ces écrits.

Les étapes intermédiaires (le *De intellectu* et le *De anima intellectiva*) ont été très diversement appréciées. Rappelons que, pour M. Chossat, la doctrine du *De anima intellectiva* était une « échappatoire misérable » aux critiques de saint Thomas [4]. F. Van Steenberghen, même au moment de sa polémique autour de l'authenticité des *Quaestiones in libros tres De anima* (Munich 9559), a été plus juste : voulant montrer qu'une modification profonde dans les idées de Siger ne se heurtait à aucune difficulté d'ordre psychologique, il donna précisément comme argument la situation du *De anima intellectiva*, où Siger « défend une position instable, à mi-chemin entre l'averroïsme et le thomisme, et où l'on enregistre l'aveu explicite de ses

1. A. Dondaine et L.-J. Bataillon, *Le Manuscrit Vindob. lat. 2330*... (1966), p. 153-261.

2. A. Marlasca, Las *Quaestiones super librum 'De causis'*... (1970).

3. Ce chapitre n'est pas présenté dans cette dissertation. Notre projet original comprenait cinq chapitres : 1. La situation historique de Siger ; 2. La noétique des *Quaestiones in tertium De anima* (étape averroïste) ; 3. L'intervention de Thomas d'Aquin et l'influence d'Albert le Grand ; 4. La noétique du *De intellectu* et du *De anima intellectiva* (étape « intermédiaire ») ; 5. La noétique des *Quaestiones super librum De causis*. Seuls les deux premiers chapitres font partie de notre thèse. [Le projet original ne fut pas fini pour les raisons expliquées dans la Préface ; des projets semblables ont été menés à terme par A. Petagine, *Aristotelismo difficile. L'intelletto umano nella prospettiva di Alberto Magno, Tommaso d'Aquino e Sigieri di Brabante*, Milano, Vita e Pensiero, 2004, et Dragos Calma, « Le corps des images... (2006), voir données bibliographiques complètes *supra*, p. 17, n. 1.]

4. M. Chossat, *Saint Thomas d'Aquin et Siger*... (1914), p. 574. A. Marlasca semble partager cette opinion, cf. *op. cit.*, II, p. 251-252.

perplexités »[1]. En revanche, son jugement est plus dur pour ce qui concerne le *De intellectu*, où Siger « abandonne plus que jamais le terrain solide de la pensée aristotélicienne avec son sobre réalisme et sa logique précise, pour se réfugier dans de vaporeuses spéculations de type néoplatonicien »[2]. Tout autre est la position de B. Nardi. Après avoir donné les extraits du *De intellectu* transmis par A. Nifo, et après avoir retracé l'influence de cet écrit sur les averroïstes italiens du XIVe au XVIe siècle, B. Nardi conclut : « per la complessità del suo pensiero, per l'originalità della sua interpretazione dell'averroismo, per l'influenza esercitata, egli ben merita il titolo di "grande" che gli fu dato ed è veramente digno di splendere nel cielo dantesco vicino a Tommaso ed a Alberto[3]. » Selon B. Nardi, ce jugement de valeur est insoutenable si l'on s'en tient aux interprétations courantes du *De anima intellectiva* et du *De intellectu*. Comme nous le voyons, une question, ici, est posée : celle de la valeur doctrinale intrinsèque de ces deux ouvrages de Siger, c'est-à-dire celle de l'originalité et de la profondeur de la psychologie de Siger de Brabant par rapport à celles d'Averroès et de saint Thomas d'Aquin[4].

Telles sont les raisons qui justifient cette nouvelle étude sur les conceptions anthropologiques de Siger de Brabant. Voici maintenant notre plan de travail. Nous examinerons d'abord la doctrine des *Quaestiones in tertium De anima*, le plus ancien texte psychologique de Siger, et de cette analyse nous essaierons de dégager un schéma d'interprétation qui puisse être appliqué aux œuvres postérieures afin d'en saisir les concordances et les divergences. Ce schéma interprétatif devra être centré sur les

1. F. Van Steenberghen, *Siger*... II (1942), p. 653.
2. Id., *La Philosophie au XIIIe siècle*... (1966), p. 446.
3. B. Nardi, *Sigieri di Brabante*... (1945), p. 172.
4. Dans un ouvrage plus récent, B. Nardi pose une question qui montre jusqu'à quel point le problème de la véritable pensée de Siger reste ouvert : « ... si debba andare molto cauti prima di affirmare che, in quest'opera *(Quaestiones in tertium De anima)*, il brabantino nega puramente e semplicemente che l'anima intellettiva sia forma dell'uomo. Questo è vero certamente dell'intelletto in sé...ma non pare possa esser più vero dell'intelletto in quanto è unito all'anima vegetativo-sensitiva » (*Studi di filosofia medievale*... [1960], p. 161).

principaux problèmes de la psychologie d'inspiration aristotélicienne, et devra partir des positions initiales du maître brabançon, définies avec la plus grande netteté. Dans l'élaboration de ce schéma, il sera capital d'être attentif à l'histoire de la psychologie aristotélicienne depuis son fondateur jusqu'à Siger, car celui-ci – autant que saint Thomas – est situé au confluent de divers courants d'interprétation du *Traité de l'âme*, et c'est par rapport à ces courants qu'on doit dégager son profil propre et son originalité. Nous parcourrons ensuite le chemin qui passe par le *De intellectu* et le *De anima intellectiva* pour finir avec les *Quaestiones super librum De causis*. À chaque étape, nous tâcherons de rassembler autour des écrits psychologiques les textes contemporains provenant des autres ouvrages de Siger. [Comme on l'a expliqué, ce projet s'est vu limité à la présentation de la noétique des *Quaestiones in tertium De anima* et de ses antécédents historiques.]

Première partie

La situation historique de Siger

Introduction

Chaque penseur est placé dans une « situation herméneutique » particulière, qu'il partage avec ses contemporains, du moins partiellement et de droit. Siger est un homme du XIIIe siècle (2e moitié) et il vit à Paris : double privilège pour un intellectuel du Moyen Âge. C'est en effet pendant le XIIIe siècle qu'a été transmise une grande partie de l'héritage philosophique d'Aristote et de ses commentateurs ; et Paris fut le centre où s'acheminaient les précieux manuscrits qui contenaient cet héritage [1].

Cette situation de privilège, dans le cas de Siger, n'était pas due exclusivement à l'apport des traductions : en tant qu'homme de la deuxième moitié du siècle d'or de la scolastique, il a pu connaître les œuvres des plus grands maîtres de l'Université de Paris : Albert, Thomas d'Aquin, Bonaventure ; et il a eu aussi l'avantage d'une relation personnelle avec eux [2]. Homme d'une intelligence claire et puissante, mûri par les exercices de logique à la Faculté des Arts et par la lecture assidue des textes du Stagirite, situé à un moment culminant de l'histoire des idées au Moyen âge, Siger de Brabant était dans une situation excellente pour faire œuvre de philosophe. Il s'adonna à cette entreprise avec « un sens aigu de

1. Pour l'histoire du mouvement de traductions qui prit son essor au XIIe siècle et se poursuivit sans interruption pendant tout le XIIIe, *cf.* F. Van Steenberghen, *La Philosophie au XIIIe siècle*... (1966), p. 72-117.

2. Selon A. Nifo, Siger aurait été disciple d'Albert le Grand. *Cf.* B. Nardi, *Sigieri di Brabante* ... (1945), p. 20.

l'autonomie de toute science dans son domaine propre »[1] et simultanément avec un grand respect pour la tradition et les opinions des philosophes. Dans ces conditions, sa pensée est d'un très grand intérêt pour comprendre ce phénomène culturel extraordinaire de l'affrontement de la conscience chrétienne avec la sagesse païenne, et pour saisir les limites et les conflits internes de cette expérience de symbiose culturelle léguée par la Scolastique.

Au sein de cette sagesse païenne, l'un des problèmes les plus redoutables était, sans doute, celui de la nature de l'homme ; ce problème fut transmis, saturé d'antinomies, à la civilisation chrétienne d'Occident. Platonisme ou aristotélisme : une longue chaîne d'exégètes s'était formée à travers les siècles pour trouver une réponse adéquate au problème de l'unité de l'homme et de l'immortalité de l'âme, mais, depuis Aristote, les plus grands efforts des penseurs semblaient se heurter à un dilemme insurmontable qui opposait l'unité et l'immortalité. Du côté de la pensée chrétienne la chose n'était plus claire. Saint Augustin, le père de la théologie occidentale, avait laissé dans l'indétermination plusieurs problèmes fondamentaux de l'anthropologie philosophique[2], à tel point qu'Étienne Gilson a pu dire que l'homme était, pour le saint, « un être étrangement mystérieux »[3]. La Scolastique postérieure, en particulier celle qui précède immédiatement Siger de Brabant, avait voulu surmonter les antinomies au moyen d'un éclectisme dont la valeur philosophique était sérieusement compromise[4].

Avant d'entreprendre l'étude de Siger, il convient donc de passer en revue les principales solutions proposées au

1. F. Van Steenberghen, *op. cit.*, p. 382.

2. Tel, par exemple, le problème de l'unité substantielle de l'homme, ou celui de l'origine de l'âme.

3. É. Gilson, *Introduction à l'étude de saint Augustin...* (1949³), p. 63.

4. C'est le courant qualifié d'« aristotélisme éclectique néoplatonisant » par F. Van Steenberghen, et dont nous avons esquissé les traits les plus importants pour l'anthropologie dans notre article « Pluralisme de formes ou dualisme de substances ?... » (1969).

problème de la nature de l'âme et de l'intellect par les philosophes qui ont exercé une influence sur le maître brabançon. Cette vue d'ensemble sera nécessairement synthétique, car elle n'a d'autre intention que d'introduire à la pensée de Siger pour mieux en saisir son originalité éventuelle*.

* [Une version espagnole du chapitre premier fut publiée sous le titre « La etapa aporética de la psicología peripatética », dans *Cuadernos de Filosofía* (Universidad de Buenos Aires), t. XIII, n. 19 (1973), p. 61-89.]

Chapitre premier

Le stade aporétique de la psychologie péripatéticienne : Aristote, Théophraste

Si des systèmes aussi opposés que l'averroïsme et le thomisme peuvent se réclamer de l'orthodoxie aristotélicienne, c'est qu'à l'origine de cette tradition se trouvent une grande indétermination et une ambiguïté foncière. Tel est incontestablement le cas du problème noétique dans la psychologie d'Aristote, et plus particulièrement dans son *Traité de l'âme* [1].

Si nous examinons le début de cet ouvrage nous trouverons un programme de recherche bien défini : il s'agit pour Aristote « d'étudier et de connaître d'abord la nature de l'âme et sa substance ; ensuite les propriétés qui s'y rattachent, et dont les unes semblent être des déterminations propres de l'âme elle-même, tandis que les autres appartiennent aussi, mais par elle, à l'animal » [2].

Ce plan de travail est bientôt précisé : « il est d'abord nécessaire de déterminer à quel genre l'âme appartient et ce qu'elle est : je veux dire, si elle est une chose individuelle et une substance, ou une qualité, ou une quantité, ou encore quelque

1. On appelle « problème noétique » celui des relations entre l'âme et le νοῦς. *Cf.* F. Nuyens, *L'Évolution de la psychologie d'Aristote…* (1948). Comme l'a montré cet auteur, le problème noétique ne se pose avec toute sa force qu'à la période finale de la psychologie d'Aristote, c'est-à-dire quand le Stagirite fit de l'âme humaine la forme substantielle du corps.

2. Aristote, *De anima*, I, 1, 402 a 7-9 (nous utilisons la traduction de J. Tricot). [* Deux traductions plus récentes sont dues à R. Bodéüs, Paris, Flammarion, 1993 ; et P. Thillet, Paris, Gallimard, 2005.]

autre des catégories... Il faut déterminer, en outre, si elle est au nombre des êtres en puissance ou si elle n'est pas plutôt une entéléchie... On doit examiner si l'âme est partageable ou sans parties, et si toutes les âmes sont de même espèce ou s'il n'en est rien... D'autre part, nous devons nous garder de passer sous silence la question de savoir si la définition de l'âme est une, comme celle de l'animal, ou si elle est différente pour chaque espèce d'âme, comme pour le cheval, le chien, l'homme, le dieu... [1]. » La méthode de recherche est aussi indiquée en des termes précis : « Si donc il y a quelqu'une des fonctions ou des affections de l'âme qui lui soit propre, l'âme pourra posséder une existence séparée du corps, par contre, s'il n'y en a aucune qui lui soit propre, l'âme ne sera pas séparée [2]. »

Cette question méthodologique va commander toute l'histoire et le développement du problème noétique à travers la longue tradition péripatéticienne. Mais voyons d'abord comment Aristote résout les divers aspects de son programme de recherches. Dès le début, il ressent la difficulté principale de son étude : « Une difficulté se présente à propos des affections de l'âme : sont-elles toutes communes à l'être qui possède l'âme ou bien y en a-t-il aussi quelqu'une qui soit propre à l'âme elle-même ? *Le déterminer est indispensable mais difficile* [3]. » Un premier regard sur les opérations de l'être vivant pourrait incliner à penser qu'elles appartiennent toutes au composé d'âme et de corps, et Aristote mentionne comme exemple la colère, l'audace, l'appétit, la sensation en général, le courage, la douceur, la crainte, la pitié, la joie, ainsi que l'amour et la haine [4]. On remarquera qu'Aristote omet soigneusement de mentionner la pensée. En effet, tout au long des deux premiers livres du *Traité de l'âme*, Aristote fera une série de restrictions qui permettront de préciser le problème noétique : la pensée et son principe, l'intellect, semblent échapper aux déterminations générales de l'âme. Ces restrictions se trouvent situées après d'importants passages concernant la nature de l'âme, comme

1. Aristote, *De anima*, I, 1, 402 a 23-b 7.
2. *Ibid.*, I, 1, 403 a 10-12.
3. *Ibid.*, I, 1, 403 a 3-5.
4. *Ibid.*, I, 1, 403 a 5-6 et 403 a 15-17.

un complément nécessaire qui fixe les limites dans lesquelles il faut comprendre ces passages.

Voici la *première restriction*. Au livre I, chapitre IV, après le fameux passage où Aristote affirme que c'est l'homme, et non pas l'âme, qui est le véritable sujet des opérations [1], il ajoute : « Quant à l'intellect, il semble bien survenir en nous comme possédant une existence substantielle, et ne pas être sujet à la corruption [2]. » La suite de ce passage suscite chez le lecteur les plus sérieux doutes sur la nature de l'intellect. En effet, Aristote esquisse une distinction très importante entre l'intellect, son instrument, l'exercice de la pensée, et le sujet de cette pensée. L'*intellect* est une réalité substantielle, incorruptible, impassible, divine ; pourtant, il est en relation avec le corps (l'imagination), dont il dépend comme d'un *instrument* ; l'*exercice de la pensée* est donc conditionné par l'état de l'instrument et elle peut décliner quand l'organe est détruit ; c'est pour cette raison et dans ces conditions que le *sujet* de l'exercice de la pensée n'est pas l'intellect seul, mais le composé de l'intellect et de son instrument ; *ce sujet est corruptible*, mais *en lui-même* l'intellect est impassible et quelque chose de plus divin [3]. Ce texte nous permet déjà de formuler l'une des structures fondamentales de la noétique d'Aristote : il entend sauvegarder en même temps *l'immanence* de la pensée et la *transcendance* de son principe. Nous verrons bientôt que c'est seulement dans ces conditions que l'exercice de la pensée est possible en tant que tel.

Voici la *deuxième restriction*. Au livre I, chapitre V, après avoir critiqué la théorie des parties de l'âme [4] pour cette raison que l'âme est le principe d'unité et que, comme telle, elle ne peut pas être partageable, Aristote pose une question fondamentale :

1. *Cf.* Aristote, *De anima*, I, 4, 408 b 12-14 : « ... dire alors que l'âme est en colère, c'est comme si l'on prétendait que c'est l'âme qui tisse ou qui construit. Il est sans doute préférable, en effet, de ne pas dire que l'âme éprouve de la pitié, apprend ou pense, et de dire que c'est l'homme, par son âme. »

2. *Ibid.*, 408 b 18-19.

3. *Ibid.*, 408 b 20-30

4. Théorie à laquelle Aristote avait adhéré pendant la période de transition de sa psychologie. *Cf.* F. Nuyens, *L'Évolution*... (1948), p. 213-214.

« si c'est l'âme entière qui maintient la continuité du corps entier, il est logique que chacune de ses parties assure la continuité de quelque partie du corps. Or cela semble impossible : de quelle partie, en effet, l'intellect maintiendra-t-il la continuité, ou comment la maintiendra-t-il ? Il est difficile même de l'imaginer. » La distinction entre l'âme et le νοῦς s'accuse plus nettement, et il semble que ce dernier ne cadre pas avec les exigences de l'unité de l'âme, ou bien qu'il ne doive pas être rangé parmi les puissances de l'âme. Mais jusqu'à présent les dilemmes sont seulement posés et l'on ne trouve pas encore de solution tranchée.

Trois nouvelles restrictions se trouvent au livre II. Elles sont d'autant plus importantes que c'est précisément au deuxième livre qu'Aristote donne une réponse à la question de la nature de l'âme en la définissant comme « entéléchie première du corps naturel ayant la vie en puissance »[1]. Ceci implique un pas décisif dans l'évolution de la psychologie d'Aristote, parce que c'est dans le *Traité de l'âme* que le Stagirite se décida, finalement, à adopter l'hylémorphisme comme doctrine *générale* applicable à tout être vivant, y compris l'homme. Mais au moment même où il applique cette doctrine à l'homme, des restrictions s'imposent au sujet de l'intellect : le νοῦς semble une pièce difficile à harmoniser avec la théorie générale.

Voici la *troisième restriction*. Au livre II, chapitre premier, après avoir énoncé l'une des conséquences de l'hylémorphisme, à savoir que l'âme en tant que forme n'est pas séparable du corps, Aristote ajoute : « tout au moins certaines *parties* de l'âme, si l'âme est naturellement partageable... Cependant rien n'empêche que certaines autres parties, du moins, ne soient séparables, en raison de ce qu'elles ne sont les entéléchies d'aucun corps[2]. » Le texte est important pour plusieurs raisons. Soulignons d'abord qu'il implique que la doctrine des parties de l'âme n'est pas entièrement éliminée de la psychologie d'Aristote, ou du moins qu'elle s'avère

1. Aristote, *De anima*, II, 1, 412 a 27-28 ; *cf.* aussi 412 b 5-6 ; 412 b 9-10.
2. *Ibid.*, II, 1, 413 a 7-8.

nécessaire face au νοῦς, seule « partie » à laquelle peut faire allusion le texte cité. Ensuite, que le passage donne lieu à la formulation d'une nouvelle notion d'âme comme réalité composée, dont certaines parties seraient entéléchies du corps et d'autres seraient séparables [1]. La suite du texte est l'un des passages les plus obscurs du *Traité de l'âme*, et il a donné lieu à des interprétations très divergentes : « De plus, on ne voit pas bien si l'âme est l'entéléchie du corps, comme le pilote, du navire. » Ainsi, le chapitre consacré à la définition générale de l'âme se clôt sur une indétermination et une question ouverte. Mais cela, selon les mots d'Aristote, « doit suffire pour un exposé schématique ».

La *quatrième restriction* renforce encore plus la problématique de la structure interne de l'âme. Celle-ci, selon le Stagirite, est le *principe* des fonctions de l'être vivant, et elle exerce ses fonctions par l'entremise de ses facultés (motrice, sensitive, dianoétique). Or, se demande Aristote : « chacune de ses facultés est-elle une âme ou seulement une partie de l'âme, et, si elle en est une partie, l'est-elle de façon à n'être séparable que logiquement ou à l'être aussi dans le lieu ? Pour certaines d'entre elles la solution n'est pas difficile à apercevoir (elles le sont logiquement)... Mais en ce qui touche l'intellect et la faculté théorétique rien n'est encore évident : pourtant, il semble bien que ce soit là un genre de l'âme tout différent, et que seul il puisse être séparé du corps, comme l'éternel du corruptible [2]. » Ce texte est sans doute l'un des plus célèbres passages du *Traité de l'âme*, et il a joué un rôle central dans les disputes au sein de l'école aristotélicienne. Mais il est aussi l'un des plus problématiques. L'âme y est définie comme principe d'opérations, et l'intellect est rangé parmi ses facultés ou « parties » (dianoétique). Ces « parties » ne sont pas toutes dans une même relation entre elles ni par rapport au corps. Nous avons déjà vu dans le texte précédent que, en tant que facultés d'une âme qui est forme substantielle, elles ne sont pas

1. Cette notion joue un rôle très important dans la psychologie de Siger, comme nous le verrons plus loin, p. 239, n. 2 *sqq*.

2. Aristote, *De anima*, II, 2, 413 b 13-27.

séparables du corps ; à présent, nous savons aussi qu'il n'y a pas entre elles de séparation réelle, mais simplement de raison. Cependant, l'intellect ne s'accorde pas bien avec ce statut ontologique des facultés. Il semble être « un genre d'âme tout différent » [1], caractérisé avant tout par un degré supérieur de séparation, pas seulement par rapport aux autres facultés, mais – le texte est explicite – par rapport au corps [2]. Sa nature est celle des réalités éternelles, et c'est la raison pour laquelle il est séparé du reste du composé (âme-facultés ; âme-corps) par un hiatus ontologique infranchissable dans le système d'Aristote [3]. D'ailleurs, le texte rapporté accentue encore plus la notion d'âme comme réalité composée, du moment que l'intellect diffère des autres « parties » par une distinction qui semble être plus qu'une simple différence logique ou de raison. L'antinomie de l'éternel et du corruptible, de la transcendance et de l'immanence du principe de l'intellection, est présente dans le texte d'une façon aporétique : « rien n'est encore évident. »

La *cinquième restriction* se trouve au chapitre III du livre II. Après avoir établi que la valeur de la définition générale de l'âme est celle d'un terme qui en définitive est équivoque, ou tout au plus analogue, car il s'applique à des choses qui renferment de l'avant et de l'après, c'est-à-dire à des réalités qui constituent une série de consécutifs subordonnés, dont le

1. R.D. Hicks (*Aristotle. De anima*... [1907], p. 326) signale qu'il y a deux traductions possibles de ce texte : l'intellect semble être un autre genre (γένος ; *kind*) d'âme ; l'intellect semble être, de par son genre, quelque chose d'autre que l'âme. Hicks préfère la première version ; Nuyens (*op. cit.*, p. 274) adopte la deuxième, celle qui souligne plus fortement l'opposition âme-νοῦς.

2. Saint Thomas interprète ce passage comme une simple séparation de l'intellect par rapport aux autres facultés. Cf. *De unitate intellectus*, cap. I, § 8 et 16 (éd. Keeler) [éd. Léonine, t. XLIII (1976) p. 293, lin. 146-165 ; p. 294, lin. 292-301].

3. L'univers d'Aristote est fondé sur une distinction métaphysique tranchée entre l'ordre des substances soumises à la génération et à la corruption et l'ordre des substances immuables, éternelles, ingénérables et incorruptibles. *Cf.* B.C. Bazán, *Autour de la controverse*... (1967), p. 487-488 et les textes d'Aristote qui y sont cités (n. 10-14).

propre est de ne pas avoir de genre commun[1], et après avoir établi les principes de la hiérarchie des formes par la célèbre comparaison avec les figures géométriques, Aristote ajoute : « quant à ce qui concerne l'esprit théorétique, c'est une autre question[2]. » Deux choses posent problème dans ce texte. Il faut d'abord déterminer par rapport à quoi il est dit que l'intellect pose « une autre question » ou exige un *autre* discours (est-ce par rapport aux autres facultés, aux âmes inférieures, à l'âme en général ?), et voir ensuite en quoi consiste cette autre question, ce ἕτερος λόγος de l'intellect. S'agissant du premier problème, il n'y a pas de doute : l'intellect est opposé à l'âme et aux facultés qui, dans l'être vivant, actualisent le corps, et sont entre elles dans une situation de subordination fonctionnelle[3] et d'imbrication ontologique[4]. Le νοῦς semble échapper à cette situation, ou bien s'y trouve, mais dans d'autres conditions, de telle sorte qu'il semble n'être pas compris dans la définition générale de l'âme dont il vient d'être question. S'agissant du deuxième problème, le texte ne donne pas les éléments pour le résoudre fondamentalement.

Toutes ces restrictions configurent le « problème noétique » et devront être tenues toujours présentes : dans la mesure où elles posent des questions non résolues, elles empêchent aussi d'appliquer sans réserve les conclusions générales sur la nature de l'âme au cas de l'homme, cet être vivant où jaillit l'activité de la pensée dont le principe doit être quelque chose « de plus divin ». Ce qui fait l'intérêt de tous ces textes n'est pas seulement leur contenu, mais aussi leur emplacement et leur contexte. F. Nuyens a pu conclure, très justement, que les passages mentionnés (et d'autres qu'il analyse) témoignent de la profonde unité de composition du

1. *Cf.* Aristote, *Metaphysica*. II, 3, 999 a 6 ; *Eth. Eud.* I, 8, 1218 a 1 *sqq.* ; *Politica*, III, 1, 1275 a 34 *sqq.*

2. Aristote, *De anima*, II, 3, 415 a 11-12.

3. Les puissances inférieures conditionnent le fonctionnement des puissances supérieures.

4. Les âmes supérieures contiennent virtuellement (comme c'est le cas des figures géométriques) les âmes inférieures et leurs perfections. C'est la doctrine de la hiérarchie des formes à laquelle nous avons fait allusion. *Cf.* B.C. Bazán, *Autour de la controverse...* (1967), p. 452-453.

Traité de l'âme, dominé dès le début par le problème de la relation entre l'âme et le νοῦς [1]. Ajoutons à cela que ces textes sont toujours placés de telle façon qu'ils mettent en question la portée de la doctrine de l'âme qu'Aristote s'efforce d'élaborer, et laissent ouverte une problématique qui semble devoir être réglée à un niveau supérieur à celui de la science « physique ». Tout cela établit le cadre de ce que nous appelons la pensée aporétique d'Aristote parce que, comme nous le verrons, cette instance supérieure d'où l'on attendrait les réponses aux questions soulevées n'apparaît jamais clairement dans ses solutions ; tout au contraire, Aristote semble vouloir la maintenir dans l'indétermination et dans l'ambiguïté.

En effet, telle est l'impression qui se dégage de la lecture du troisième livre du *De anima* qui contient, précisément, la doctrine de l'intellection et du νοῦς [2]. Le chapitre IV de ce livre reprend les questions fondamentales qu'Aristote avait laissées en suspens précédemment : « Voyons maintenant la *partie* de l'âme par laquelle l'âme connaît et comprend, que cette partie soit séparée, ou même qu'elle ne soit pas séparée selon l'étendue, mais seulement logiquement ; nous avons à examiner quelle *différence* présente cette partie et comment enfin se produit l'*intellection* [3]. »

Il n'est pas question ici de faire une analyse détaillée des chapitres IV et V, mais seulement de dégager les idées maîtresses dans une vue synthétique, et de déterminer si les questions posées dans les deux premiers livres, et reprises dans le programme de recherche qu'Aristote vient de proposer, trouvent une réponse claire et nette [4].

Pour des raisons méthodologiques, le problème de l'intellection est le premier à être abordé. En effet, c'est l'analyse de cette opération qui permettra de saisir la nature de son

1. F. Nuyens, *op. cit.*, p. 266.

2. La traduction arabo-latine de Michel Scot et le *Commentarium Magnum* d'Averroès faisaient commencer le livre III au chapitre IV, c'est-à-dire au chapitre consacré à l'intellect.

3. Aristote, *De anima*, III, 4, 429 a 10-12.

4. Pour une exégèse exhaustive, on se rapportera à F. Nuyens, *op. cit.*, p. 277-309.

principe et assurera aussi, tout naturellement, le passage du chapitre IV au chapitre V. Le raisonnement d'Aristote est serré et il oblige à tenir compte de tout un contexte doctrinal. L'intellection se présente, selon le Stagirite, avec des caractéristiques analogues à celles de la sensation ; par conséquent – et telle est la première note qui la définit – l'intellection doit consister à *pâtir sous l'action de l'intelligible*. Cette passion parachève le sujet, car elle consiste avant tout dans l'accomplissement du sujet en tant que sujet connaissant [1]. L'intelligible est donc la perfection de l'intellect ; en le recevant, l'intellect est passif, mais sa passivité vis-à-vis de la forme qu'il reçoit n'est pas une altération, mais « un progrès en lui-même et vers son entéléchie » [2]. Comme nous le verrons bientôt, l'intelligible aussi parvient à son accomplissement dans l'acte de l'intellection. La pensée est donc, et sans contradiction, une action immanente et une passion perfective [3].

S'il en est ainsi, l'intellect est simultanément « *impassible* tout en étant susceptible de recevoir la forme » [4], car il est toujours et davantage « auprès de soi » quand il reçoit l'intelligible comme sa propre entéléchie. Par conséquent, la nature de cette « partie » de l'âme est définie comme celle d'un être *en puissance* par rapport aux intelligibles, ce qui explique aussi qu'elle soit « sans mélange », c'est-à-dire que, pour être vraiment réceptive, elle ne doit précontenir aucun intelligible : « elle n'est en acte aucune réalité avant de penser [5]. »

L'analogie avec la sensation a pourtant une limite, et Aristote, sur la base d'un exemple portant sur les sensibles trop

1. Aristote distingue deux sens du mot *passion* : « en un sens, c'est une certaine corruption sous l'action du contraire, tandis que, en un autre sens, c'est plutôt la conservation de l'être en puissance par l'être en entéléchie dont la ressemblance avec lui est du même ordre que la relation de la puissance à l'entéléchie » (*De anima*, II, 5, 417 b 1-4).

2. Aristote, *ibid.*, II, 5, 417 b 6-7.

3. L'oubli de cette conception de la pensée, et sa substitution par la notion kantienne de *bewirken*, explique les premières lignes de la *Lettre sur l'humanisme* de M. Heidegger.

4. Aristote, *De anima*, III, 4, 429 a 15-16.

5. *Ibid.*, III, 4, 429 a 23-24. *Cf.* 430 a 1 : « il doit en être comme d'une tablette où il n'y a rien d'écrit en entéléchie. »

forts, qui annulent le fonctionnement des sens, tire l'une des conséquences les plus importantes touchant la nature de l'intellect : si « l'intellect, quand il a pensé un objet fortement intelligible, ne se montre pas moins capable, bien au contraire, de penser les objets qui le sont plus faiblement », c'est parce que « la faculté sensible n'existe pas indépendamment du corps, tandis que l'intellect en est *séparé* » [1]. Cet adjectif, χοριστός, appliqué à l'intellect pour définir son rapport au corps et pour le différencier des autres parties de l'âme, est le point capital de ce chapitre IV, du moins pour ce qui concerne notre exposé.

Pour bien comprendre sa signification, il faut tenir compte du contexte plus général du *Traité de l'âme* et de la signification de ce mot dans d'autres ouvrages d'Aristote. Remarquons d'abord que cet intellect dont on vient de dire qu'il est « séparé » est sans doute quelque chose qui appartient à l'âme humaine. Cela découle de l'introduction même du chapitre IV : « Voyons maintenant la partie *de l'âme* par laquelle l'âme connaît et comprend » ; cela ressort aussi du passage dans lequel Aristote dit : « j'entends par intellect ce par quoi l'âme pense et conçoit [2]. » F. Nuyens a montré qu'Aristote affirme l'existence d'un principe intellectif propre à chaque homme, et que cet intellect est défini comme « puissance de connaître la vérité » [3]. C'est sans doute de cet intellect qu'Aristote parle dans ce chapitre IV. Si c'est le cas, il est évident que l'intellect est rangé parmi les puissances de l'âme humaine. Or nous savons, dès le livre II, que l'âme est forme substantielle du corps, et qu'en tant que telle elle ne jouit pas de subsistance propre : c'est le composé qui existe en soi et par soi. Telle est, en effet, une conséquence logique de l'application de l'hylémorphisme à l'homme, parce que les coprincipes (matière et forme) sont unis par une relation transcendantale.

Cependant une « partie » de cette âme-forme est dite « séparée ». Que veut dire χοριστός dans le système d'Aristote ?

1. Aristote, *De anima.*, III, 4, 429 b 2-5.

2. *Ibid*, III, 4, 429 a 22-23.

3. *Ibid.*, I, 2, 404 a 30-31. *Cf.* F. Nuyens, *op. cit.*, p. 269-271, et les textes qui y sont cités.

Le sens de ce mot ne semble pas avoir changé à travers les différentes étapes de la pensée aristotélicienne : il désigne avant tout le statut ontologique de ce qui jouit de la *subsistance*, de l'existence autonome, c'est-à-dire qu'il désigne les *substances* par opposition aux *accidents* et aux *principes* de la substance. Voici quatre textes significatifs :

1. « [...] rien d'autre n'est séparable χοριστόν que la substance [1]. »

2. « [...] la nature doit être, dans les choses qui possèdent en elles- mêmes un principe de mouvement, le type et la forme, non séparables (οὐ χοριστόν), si ce n'est logiquement (κατὰ τὸν λόγον)[2]. »

3. « [...] aucune de ces catégories autres que la substance ne peut exister à l'état séparé (χοριστόν)[3]. »

4. « [...] certains êtres sont séparés, d'autres ne sont pas séparés (ἀχοριστά), et ce sont les premiers qui sont des substances [4]. »

Deux choses sont affirmées explicitement : d'abord que c'est seulement ce qui possède la substantialité qui peut exister à l'état séparé ; ensuite que la forme n'est séparable que logiquement. En quel sens Aristote dit-il que l'intellect est « séparé » ? Le texte n'est pas net. En tant que « partie » de l'âme, on pourrait penser qu'il est séparable κατὰ τὸν λόγον ; mais les passages où apparaît cet adjectif semblent plutôt opposer l'intellect aux autres « parties » de l'âme par une relation réelle d'indépendance vis-à-vis du corps. Le moins que l'on puisse dire est que le chapitre IV contient une profonde ambiguïté touchant la nature de l'intellect, et que *l'antinomie entre la substantialité de l'intellect et son caractère de puissance d'une forme substantielle n'est pas résolue*.

Pourquoi l'intellect doit-il être séparé ? Nous touchons ici le problème des conditions générales de la connaissance intellectuelle. L'intellect est défini par une ouverture sur la totalité des êtres, et sur ce qu'ils ont d'essentiel ; en outre, l'intellect doit être capable de se penser lui-même. Toutes ces

1. Aristote, *Physica*, I, 2, 185 a 31.
2. *Ibid.*, II, 1, 193 b 4-5.
3. Aristote, *Metaphysica*, XII, 1, 1069 a 24.
4. *Ibid.*, XII, 5, 1070 b 35-1071 a 1.

propriétés exigent l'immatérialité du νοῦς. En effet, dit Aristote: « il n'est pas raisonnable d'admettre que l'intellect soit mêlé au corps, car alors il deviendrait d'une qualité déterminée, ou froid ou chaud, ou même posséderait quelque organe, comme la faculté sensitive [1]. » Or les facultés sensitives, par le fait même d'être organiques, sont limitées à un secteur partiel de la réalité sensible. L'intellect, pour être vraiment susceptible de recevoir toutes les formes intelligibles, doit être « séparé ». Mais les formes intelligibles ne sont pas par rapport à l'intellect dans la même relation que les formes sensibles par rapport au sens. Les formes sensibles sont directement actives; autrement dit, elles sont sensibles en acte et peuvent ainsi actualiser directement le sens. Les formes intelligibles, au contraire, sont à l'état potentiel dans la réalité extérieure à l'âme [2]. Pour cette raison, « l'impassibilité de la faculté sensitive et celle de la faculté intellectuelle ne se ressemblent pas » [3]. Or la raison fondamentale du caractère potentiel de l'intelligibilité des formes réside dans le fait qu'elles sont formes dans la matière. Pour qu'elles deviennent intelligibles en acte, il faut les libérer des conditions matérielles [4]. L'intellect qui reçoit ces formes doit être, lui aussi, immatériel: « comme les objets (de la connaissance) sont séparables de leur matière, ainsi en est-il des opérations de l'intellect [5]. » Dans un texte où il prend position vis-à-vis de Platon, Aristote dit que l'on doit « approuver ceux qui ont soutenu que l'âme est le lieu des Idées, sous la réserve toutefois qu'il ne s'agit pas de l'âme entière, mais de l'âme intellectuelle, ni des Idées en entéléchie, mais des Idées en puissance » [6]. En tant que lieu des idées, l'âme intellectuelle doit être « séparée » du corps, car l'intellection exige un principe immatériel. En tant que récepteur des formes qui ne sont intelligibles qu'en

1. Aristote, *De anima*, III, 4, 429 a 24-26.

2. Cf. *ibid.*, III, 4, 429 b 10-15.

3. *Ibid.*, III, 4, 429 a 29-30.

4. Tel est le processus de l'abstraction élaboré par Aristote dans *Anal. post.*

5. Aristote, *De anima*, III, 4, 429 b 22-23.

6. *Ibid.*, III, 4, 429 a 27-28.

puissance, l'intellect doit être en rapport avec le corps et avec les facultés organiques qui le mettent en contact avec la réalité singulière et matérielle où se trouvent ces formes [1].

Nous voyons donc pourquoi l'intellect est séparé. Si les formes ne sont intelligibles que lorsqu'elles sont séparées de la matière, et si dans l'acte d'intellection il doit exister « identité du pensant et du pensé » [2], il est nécessaire que le principe réceptif soit, lui aussi, séparé de la matière. C'est la seule manière de recevoir la perfection essentielle d'une chose (sa forme intelligible) sans que cette réception entraîne une altération (ἀλλοίωσις). Ces formes, en effet, sont l'entéléchie de l'intellect établi comme être en puissance. Et c'est seulement quand il a été actualisé par ces formes que l'intellect devient capable de se penser lui-même [3]. Or c'est ici qu'un nouvel élément s'avère nécessaire. Les formes sont intelligibles en puissance ; l'intellect est en puissance de connaître. Comment feront-ils pour passer à l'acte ? Un principe actif de l'intellection est exigé par le développement même du processus de la pensée. Le but du chapitre v du livre III sera, précisément, d'établir ce principe actif et d'en déterminer la nature.

« Mais, puisque, dans la nature tout entière, on distingue d'abord quelque chose qui sert de matière à chaque genre (et c'est ce qui est en puissance tous les êtres du genre), et ensuite une autre chose qui est la cause et l'agent (αἴτιον καί ποιητικόν) parce qu'elle les produit tous, situation dont celle de l'art par rapport à sa matière est un exemple, il est nécessaire que, dans l'âme aussi, on retrouve ces différences [4]. » Ce passage, qui ouvre le chapitre v, a été l'objet des interprétations les plus divergentes. Nous ne voulons pas en ajouter une de plus, mais bien plutôt montrer son caractère aporétique.

Aristote distingue deux types d'intellect : l'un qui est « analogue à la matière, par le fait qu'il devient tous les intelligibles,

1. C'est la doctrine de la collaboration entre l'intellect et l'imagination qu'Aristote développe aux chapitres VII et VIII, 432 a 1-10.

2. *De anima*, III, 4, 430 a 4 ; III, 5, 430 a 19-20 ; III, 7, 431 a 1 ; 431 b 17-18.

3. *Ibid.*, III, 4, 429 b 5-10.

4. *Ibid.*, III, 5, 430 a 10-14.

et, d'autre part, l'intellect (qui est analogue à la cause efficiente), parce qu'il les produit tous »[1]. Le premier doit être, sans doute, celui dont il vient de parler au chapitre IV, et dont on a montré que la nature est ambiguë (séparé, et pourtant « partie » de l'âme-forme substantielle). Quant au principe actif, que pouvons-nous dire à propos de sa nature ? Est-il immanent ou transcendant à l'âme ? F. Nuyens soutient qu'« il n'y a pas un seul mot pour affirmer que ces deux éléments seraient des propriétés ou des puissances de l'âme », et que « la question de savoir si, par exemple, cet élément actualisateur est quelque chose d'intrinsèque ou d'extérieur à l'âme ne se trouve ni posée ni résolue par Aristote à cet endroit »[2]. Nous sommes d'accord pour l'essentiel avec F. Nuyens, parce que le texte du chapitre V ne pose pas la question d'une façon aussi nette que l'auraient voulu les commentateurs. Aristote ne parle pas de « puissances » ni de « parties » de l'âme ; il se contente de dire que, *dans l'âme*, on doit trouver aussi ces *différences*. Le mot est assez vague pour ouvrir une série interminable de controverses. Mais probablement ces controverses demandent-elles au texte ce qu'il ne veut pas dire. Si au lieu de parler de « puissances », et de vouloir décider s'il s'agit de « propriétés » de l'âme, c'est-à-dire de déterminations qui lui appartiennent d'une façon exclusive, on parle plutôt en termes d'immanence et de transcendance du principe intellectif dans l'homme, on pourra peut-être saisir la véritable *intention* du Philosophe.

Que l'intellect réceptif des formes, et analogue à la matière par le fait qu'il devient tous les intelligibles, soit immanent à l'homme semble chose acquise depuis l'analyse du chapitre IV. Or, au chapitre V, il est rangé parmi les « différences » que l'on trouve « dans l'âme ». On peut légitimement inférer que le principe actif est, lui aussi, et en tant que cause efficiente qui accompagne le principe potentiel dans tous les êtres de nature, immanent à l'homme. De fait, tant l'intellect réceptif que le principe actif reçoivent la qualification de « différences dans

1. Aristote, *De anima*, III, 5, 430 a 14-15.
2. F. Nuyens, *op. cit.*, p. 300.

l'âme »[1]. Si l'on accepte que le premier est immanent, dans la mesure où c'est grâce à lui que l'homme est capable de vérité, on doit, et *a fortiori*, accepter l'immanence du principe actif qui rend possible la connaissance de la vérité. Mais cette présence des deux intellects à l'intérieur de l'homme n'est pas définie par des termes nets. Qu'ils soient immanents ne veut pas nécessairement dire qu'ils soient « puissances » de l'âme, et Aristote se garde d'employer ce mot ou celui de « partie », son équivalent.

Nous avons vu qu'en ce qui concerne l'intellect réceptif le chapitre IV contient une antinomie non résolue qui oppose les termes *séparé* et *partie de l'âme*. Tout se passe comme si Aristote avait voulu sauvegarder en même temps l'immanence et la transcendance de cet intellect. Pour ce qui est du principe actif, le chapitre V va certainement plus loin, et l'antinomie est bien plus accentuée. En effet, si l'immanence du ποιητικόν est présente, c'est sa transcendance qui est mise en relief avec des termes qui semblent lui être exclusifs. Comme l'intellect réceptif, il est, lui aussi, séparé, impassible et sans mélange. Mais sa véritable nature est définie par les mots : « étant par essence en acte »[2]. Cette actualité de sa nature est d'ailleurs exigée par le rôle qu'il exerce dans le processus de l'intellection, processus dont l'analyse a montré la nécessité du ποιητικόν. Cette actualité du principe actif est conférée à la forme intelligible contenue dans l'image (où elle est intelligible en puissance) pour que l'acte d'intellection soit possible. Ce n'est qu'en surélevant les données sensibles au niveau de l'esprit qu'elles peuvent être reçues par l'esprit. Si l'intellect est réceptif et, par conséquent, s'il est actualisé par les intelligibles, il n'est pas moins vrai que l'actualité de l'intelligible provient aussi de l'intellect. La passivité de l'intellect dans l'ordre formel de la spécification est accompagnée par une activité de l'intellect dans l'ordre de la causalité efficiente qui donne à l'intelligible l'accomplissement qui lui manquait. Pour que l'intellection soit une action immanente et une passion

1. διαφοράς : « elements », traduit W.S. Hett (Aristotle, *On the Soul*, Loeb Classical Library, 1957).

2. Aristote, *De anima*, III, 5, 430 a 18.

perfective, il fallait dégager les deux sens de l'intellect et refuser aux données sensibles une causalité efficiente dans l'acte de l'intellection. Même en recevant, l'intellect est maître, car c'est lui qui confère à ce qui est reçu les conditions de réceptivité.

C'est cette maîtrise qu'Aristote veut sauvegarder en soulignant l'actualité et la transcendance du ποιητικόν, dont l'activité paraît permanente : « on ne peut dire que cet intellect tantôt pense et tantôt ne pense pas[1]. » Et tout en étant immanent à l'homme, ce n'est qu'en se détachant qu'il parvient à son essence : « c'est une fois séparé qu'il n'est plus que ce qu'il est essentiellement, et cela seul est immortel et éternel[2]. » Le problème de l'immanence et de la transcendance de l'intellect est indiqué par cet adjectif χοριστείς, parce qu'il ne s'applique qu'aux choses qui ont été unies à d'autres avant de s'en séparer[3]. D'ailleurs, l'adjectif ne peut avoir d'autre point de référence que le corps. C'est donc séparé du corps que l'intellect retrouve sa véritable nature d'être immortel et éternel. F. Nuyens a montré que ce dernier adjectif ne s'applique, dans le système d'Aristote, qu'aux réalités qui ont toujours existé, qui existent maintenant et qui continueront toujours d'exister[4]. C'est ici que la transcendance du principe actif est soulignée avec la plus grande force, et que l'antinomie entre l'homme et le νοῦς est plus évidente. Il s'agit désormais d'une opposition tranchée entre l'ordre des réalités générables et corruptibles auquel appartient l'individu humain, et l'ordre des réalités éternelles auquel appartient le νοῦς. Mais il est vrai aussi que, tout en s'opposant par une différence métaphysique infranchissable, ces deux ordres se rencontrent, pendant la durée éphémère d'une vie, dans l'individu humain ; et, pour cette raison, l'homme a part, d'une façon non précisée dans l'ordre ontologique, mais nécessaire dans l'ordre opérationnel, à cet intellect immortel et éternel.

1. Aristote, *De anima*, III, 5, 430 a 22.
2. *Ibid.*, 430 a 22-23.
3. *Cf.* J. Tricot, *Aristote. De l'âme*, p. 118, n. 9 ; F. Nuyens, *op. cit.*, p. 306.
4. F. Nuyens, *op. cit.*, p. 307-308.

C'est ici que nous devons faire allusion à certains passages du *De generatione animalium* qui ont joué un rôle très important dans la controverse sur la noétique d'Aristote. Examinant le problème de l'origine des puissances de l'âme, le Stagirite déclare que l'être vivant est soumis à un certain développement : « ce n'est pas au même moment, en effet, qu'un être devient animal et homme, animal et cheval, et ainsi de suite pour les autres êtres vivants : car en dernier lieu apparaît la fin, et *c'est le caractère propre à chaque être qui marque la fin* (τέλος) *de la génération.* Voilà pourquoi dans le cas de l'intellect même, savoir *quand, comment et d'où* les êtres qui *participent à ce principe* (τὰ μετέχοντα ταύτης τῆς ἀρχῆς) *en reçoivent leur part* (μεταλαμβάνει), présente la plus grande difficulté (ἔχει τ'απορίαν πλείστην), et il faut s'efforcer de le comprendre dans la mesure de notre capacité (κατὰ δύναμιν) et autant que c'est possible (καθ' ὅσον ἐνδέχεται)[1]. » Cette manière de poser la question est d'une extrême importance. On a déjà remarqué la force particulière des expressions par lesquelles Aristote signale la difficulté du problème et les limites subjectives et objectives de la recherche à entreprendre[2]. De notre côté, nous voulons signaler un fait qui nous paraît capital : l'immanence de l'intellect exprimée par les termes de « participation » et « avoir part ». C'est justement cette participation qui pose les apories et, à l'inverse, les apories confirment l'immanence. Le texte ne fait d'ailleurs aucune allusion au double sens du mot νοῦς distingué dans le *Traité de l'âme* et, qui plus est, l'intellect n'est pas exclu des caractères propres qui marquent l'accomplissement (τέλος) d'un être dans sa propre nature (bien entendu, il s'agit seulement des individus humains ou des êtres supérieurs à l'homme).

L'immanence de l'intellect et la participation de l'homme à ce principe ne sont pas mises en question. Le problème est de déterminer les modalités de cette participation (quand, comment et d'où). Les facultés qui dépendent du corps n'offrent pas ces difficultés : elles sont produites avec le corps

1. Aristote, *De gener. animalium*, II, 3, 736 b 2-8 (trad. P. Louis, Paris, Belles Lettres, 1961).

2. *Cf.* F. Nuyens, *op. cit.*, p. 315-316.

au cours d'un processus de génération naturelle, parce que tous les principes dont l'activité s'exerce par le corps ne peuvent exister sans un corps et sont inséparables du corps. Cependant la pensée est une activité différente : elle n'est pas organique, et son principe doit être « séparé », comme il a été démontré dans le *Traité de l'âme*. « Reste donc que l'intellect seul s'introduise du dehors (θύραθεν) et soit seul divin (θεῖον) car son activité propre n'a rien de commun avec une activité corporelle[1]. » C'est maintenant la transcendance du νοῦς qui est soulignée : puisqu'il est indépendant dans l'agir, il doit être soustrait au processus de la génération ; il survient en nous « du dehors » et jouit d'une nature divine. Tous ces caractères indiquent que le νοῦς est quelque chose de subsistant en soi, et le texte du *De generatione* rappelle un passage du *De anima* auquel nous avons fait allusion plus haut : « quant à l'intellect, il semble survenir en nous comme possédant une existence substantielle, et n'être pas sujet à la corruption[2]. » Dans les deux textes, la présence en nous de l'intellect (sans distinction entre réceptif et actif) est exprimée par des mots qui, tout en indiquant l'immanence et la participation (ἐπεισιέναι – ἐγγίνεσθαι) soulignent avant tout la transcendance et l'indépendance de l'intellect (θεῖον οὐσία τις οὖσα). L'antinomie est maintenue sans décision en faveur de l'un ou l'autre membre. L'intellect est subsistant, il vient du dehors, mais on ne dit pas qu'il est impersonnel : tous les êtres intelligents « en reçoivent *leur* part ». Quant à la participation même, sa nature est laissée dans l'ambiguïté, et son analyse n'est plus poussée. La même indétermination pèse sur l'expression « du dehors » dont la véritable signification n'est pas précisée.

Revenons maintenant au livre III du *Traité de l'âme*. Le passage final du chapitre v est difficile à interpréter et à traduire : « Nous ne nous en souvenons pas, du reste, vu que le principe intellectif est sans doute impérissable, mais que l'intellect passif (παθητικὸς νοῦς) est périssable et que sans lui

1. Aristote, *De gener. animalium*, II, 3, 736 b 27-28.
2. Aristote, *De anima*, I, 4, 408 b 18-19.

nous ne pensons rien [1]. » Ce qui nous intéresse, c'est avant tout le caractère « périssable » attribué à l'intellect passif. Quel est cet intellect ? La plupart des commentateurs anciens ont vu en lui l'imagination ou une autre puissance appartenant à la partie sensitive de l'âme [2]. Cette interprétation permettait d'attribuer aussi l'immortalité à la partie intellectuelle de l'âme humaine (et non seulement au principe actif), et s'accordait mieux avec le fameux texte de la *Métaphysique* : « mais, quant à savoir s'il subsiste quelque chose après la dissolution du composé, c'est à examiner. Pour certains êtres, rien ne s'y oppose : l'âme par exemple est dans ce cas ; non pas l'âme tout entière, mais l'intellect, car pour l'âme tout entière, cela est probablement impossible [3]. » F. Nuyens, par contre, voit dans l'intellect périssable celui dont il a été question au chapitre IV et qui a été défini comme la partie de l'âme par laquelle elle connaît. Cela ne fait qu'accroître les antinomies, car nous avons vu que cet intellect a été qualifié aussi d'« impassible » et de « séparé ». C'est pourquoi F. Nuyens conclut : « On ne peut guère contester qu'on se trouve ici en présence d'une contradiction latente ou, du moins, d'une contradiction qui n'a pas été résolue de façon satisfaisante [4]. » Peut-être l'interprétation des Anciens était-elle correcte ? Rappelons que l'expression ὁ παθητικὸς νοῦς

1. Aristote, *De anima,* III, 5, 430 a 23-25. Nous adoptons la traduction de F. Nuyens (*op. cit.*, p. 309). Voici celle de Tricot : « (Nous ne nous souvenons pas cependant, parce qu'il est impassible tandis que l'intellect patient est corruptible) ; et, sans l'intellect agent rien ne pense. » Voir dans cet auteur les différentes traductions proposées du texte grec (*Traité de l'âme*, p. 183, n. 2 et 3). [La *Vetus* de Jacques de Venise, qui est la traduction latine utilisée par Siger, lisait « non reminiscimur autem quod hoc quidem impassibile sit. Passiuus autem intellectus corruptibilis est, et sine hoc nichil intelligit » (version de R.-A. Gauthier, *Anonymi, Magistri Artium. Lectura in Librum De anima a quodam discipulo reportata*, Roma, Editiones Coll. S. Bonaventura Ad Claras Aquas, 1985, p. 459.]

2. *Cf.* Thémistius, *In De anima*, VI, p. 239 (éd. Verbeke) ; Jean Philopon, *In De anima*, III, 5, p. 61 (éd. Verbeke) ; Averroès, *In De anima*, III, 20, p. 446 (éd. Crawford) ; Thomas d'Aquin, *In De anima*, III, lect. 10, n° 745 (éd. Pirotta), [III, 4, lin, 221-249 (éd. Léonine, t. XLV-1, p. 223 ; voir Apparat de sources, n. 235-242)] ; *cf.* aussi *In Metaph.*, VII, lect. 10, n° 1494 (éd. Cathala-Spiazzi).

3. Aristote, *Metaph.*, XII, 3, 1070 a 24-27.

4. *Cf.* F. Nuyens, *op. cit.*, p. 309.

n'est employée qu'une seule fois par Aristote, et c'est précisément dans le passage que nous venons de citer (430 a 24). Il peut très bien s'agir de la plus haute puissance sensitive, celle qui fournit au principe actif les données pour l'abstraction, et qui est appelée « intellect » d'une façon extensive.

Quoi qu'il en soit, les antinomies sont toujours là : immanence-transcendance, éternité-corruptibilité, substantialité du νοῦς-simple condition de puissance. Ces antinomies sont plus marquées dans le cas du principe actif, mais ne sont pas moins présentes dans celui de l'intellect réceptif. Et la pensée aristotélicienne reste toujours aporétique, sans qu'aucun des membres des antinomies signalées exclue totalement l'autre. Bien entendu, pour ce qui est du principe actif, c'est la transcendance qui l'emporte [1], mais il est aussi immanent [2]. Quant à l'intellect réceptif, c'est l'immanence qui semble l'emporter, mais sa transcendance est également remarquée [3]. Ces antinomies ouvrent la possibilité d'une double considération du νοῦς : en lui-même et comme principe de l'acte de connaissance intellectuelle qui a lieu dans l'homme.

F. Nuyens a raison de dire qu'il n'y a pas un seul mot dans le chapitre v pour affirmer que les deux principes intellectuels sont de simples puissances de l'âme. Sa conclusion, pourtant, excède les données de sa propre analyse. Après avoir examiné les adjectifs « immortel » et « éternel » appliqués au principe actif, F. Nuyens soutient qu'une réalité éternelle ne peut pas appartenir à l'homme, et que, « dans le système aristotélicien, il n'y a pas de place pour l'immortalité personnelle » [4]. Nous croyons que la pensée du Stagirite n'est pas si nette, et qu'elle

1. « C'est une fois séparé qu'il n'est plus que ce qu'il est essentiellement » (430 a 23).

2. F. Nuyens n'a pas souligné suffisamment ce dernier aspect du ποιητικόν. Il va même trop loin quand il affirme, à propos de l'union du ποιητικόν avec l'intellect humain, qu'Aristote ne fournit aucune indication précise « sur ce qui pourrait la justifier ». F Nuyens a montré que le principe actif est un élément nécessaire dont la présence est exigée par l'analyse de l'intellection. Il a aussi consacré très peu d'attention aux expressions qui indiquent l'immanence du ποιητικόν(« dans l'âme », χοριστεὶς).

3. Il est χοριστός, ἀμιγές, ἀπαθής.

4. F. Nuyens, *op. cit.*, p. 309.

préfère le terrain de l'indétermination. De fait, *il n'y a pas un seul mot pour affirmer que ce principe actif éternel n'est pas personnel.* Aristote maintient simplement l'aporie sans la résoudre : l'intellect est éternel par nature alors que l'homme est une réalité périssable, mais en même temps l'homme a part à cet intellect et il possède, en outre, un principe intellectuel réceptif séparé, c'est-à-dire, subsistant. Comme il est dit dans la *Métaphysique*, la question de savoir si quelque chose subsiste après la dissolution du composé « reste à examiner »[1].

Ce caractère aporétique semble être le trait distinctif de la noétique d'Aristote. Nous verrons maintenant que Théophraste l'a conservé comme un bien précieux, et qu'il a développé certaines idées de son maître tout en se maintenant dans la même ligne d'indétermination. L'étude de la noétique de Théophraste a été faite d'une façon très intelligente et exhaustive par E. Barbotin[2] ; cela nous permettra d'insister seulement sur quelques points que nous considérons comme fondamentaux pour la compréhension de Siger de Brabant.

Comme chez Aristote, nous trouvons dans les fragments conservés de Théophraste la distinction de deux νοῦς, l'un qui est en puissance toutes les choses, l'autre qui est essentiellement acte. Comme l'a dit E. Barbotin, cette distinction « tend à sauvegarder conjointement l'indétermination de la faculté et la primauté du νοῦς dans l'ordre des principes. Ce n'est qu'au prix de cette dualité que l'intellect conserve à la fois son entière disponibilité à l'égard des choses, et son empire souverain sur tout ce qui n'est pas lui[3]. » En effet, bien que

1. Cf. *supra*, p. 48, n. 1.

2. E. Barbotin, *La Théorie aristotélicienne de l'intellect d'après Théophraste...* (1954). Il fut pour nous très rassurant de constater que les catégories d'interprétation que nous avons appliquées à l'étude d'Aristote (immanence-transcendance ; pensée aporétique) avaient été appliquées aussi par E. Barbotin dans son livre sur Théophraste depuis quinze ans. Cela nous a confirmé dans nos vues et nous a permis de donner de l'unité aux exposés sur Aristote et sur Théophraste. Nous exprimons ici notre respect pour l'œuvre de E. Barbotin, à laquelle nous emprunterons l'essentiel du chapitre consacré à l'Érésien. Nos lignes s'appuient donc sur son œuvre et n'ont d'autre intention que d'en être un complément.

3. E. Barbotin, *op. cit.*, p. 156.

l'intellect soit réceptif des formes – et en ce sens il est intellect en puissance –, la pensée a toujours pour principe l'intellect – actif –, car c'est lui qui confère aux objets l'intelligibilité en acte dont ils manquaient et qui leur permet d'être reçus par l'intellect en puissance. Si l'intellect est subordonné, c'est toujours par rapport à une réalité d'un ordre identique au sien, et jamais par rapport aux réalités matérielles [1].

Le problème de la nature de ces deux principes d'intellection est posé dans le *Fragment XII* : « Quelles sont donc ces deux natures ? Et qu'est-ce, encore une fois, que ce principe subordonné et comme articulé au principe actif ? L'intellect est, en effet, une sorte de mélange du principe actif et du principe potentiel. Si donc l'intellect moteur est inné, c'est de l'origine qu'il devrait agir et sans discontinuer ; mais s'il apparaît plus tard, avec le concours de quel principe et de quelle manière est-il engendré ? Il semble donc être inengendré, puisque aussi bien il est incorruptible. En ce cas, puisqu'il est immanent, pourquoi n'agit-il pas toujours ? Et pourquoi l'oubli, l'erreur, la fausseté ? N'est-ce pas en raison du mélange [2] ? » Plusieurs idées se dégagent de ce fragment. Quelques-unes sont déjà connues, comme celle de l'éternité et de la transcendance de l'intellect actif (il est ingénérable et incorruptible). D'autres, en revanche, fournissent de précieux éclaircissements sur la noétique aristotélicienne. D'abord, l'intellect est une réalité complexe (une « sorte de mélange », dit Théophraste) dont l'un des éléments, à savoir le principe potentiel, est « subordonné et articulé » à l'autre, à savoir le

1. Cf. *Fragment I*[b] (Them., 108, 1-6 ; Prisc., 27, 8-14) : « En outre, est-ce l'objet qui est principe [de l'intellection], ou [l'intellect] lui-même ? D'une part, en effet, eu égard à la passion, il semblerait que ce soit l'objet, car aucune nature passible ne s'imprime à elle-même une passion ; mais d'autre part, puisque [l'intellect] est principe de toutes choses et que de lui dépend l'exercice de la pensée – à la différence des sens – il semblerait en être lui-même le principe. » Cf. *Fragment I*[c] : « C'est donc suivant une certaine proportion qu'il faut entendre la potentialité dans le cas de l'intellect inhérent à l'âme : c'est en effet *par rapport à l'intellect en acte* [qu'il est dit en puissance]. » Nous employons la traduction de E. Barbotin, *op. cit.*, p. 249-273.

2. *Fragment XII* (Them., *In De anima*, 108, 22-28). *Cf.* E. Barbotin, *op. cit.*, p. 271.

principe actif. C'est ce mélange qui peut expliquer les difficultés que l'auteur se pose : en raison de son union avec le principe potentiel, le principe actif, tout en étant éternel et actuel, agit avec difficulté et de façon discontinue [1]. Une autre idée importante, et exprimée de la façon la plus explicite, est celle de l'*immanence* du principe actif. Il est présent à l'homme d'une manière intime, et cette présence se vérifie dès les débuts de la vie humaine [2]. E. Barbotin a mis en relief cette immanence du principe actif et il a montré qu'elle ne se réduit pas au plan purement *fonctionnel* de l'agir, mais qu'elle se vérifie avant tout au plan *ontologique* ; c'est seulement ainsi qu'on peut comprendre la notion de « mélange » dont parle Théophraste. Nous avions signalé cette immanence à l'occasion de l'analyse de *De anima* III, 5. Il est significatif que les mots employés par Théophraste et par Aristote pour signaler cette immanence aient la même racine [3]. L'immanence du principe actif s'accorde pourtant très bien avec sa transcendance : pour Théophraste ces deux aspects de l'intellect, loin de s'exclure, semblent se concilier et peuvent être maintenus ensemble [4]. Le principe actif est donc pour l'Erésien une réalité éternelle, essentiellement active et transcendante, unie d'une façon intime (mélangé) avec le principe réceptif de chaque individu, avec lequel il constitue cette réalité complexe appelée « intellect ». Il est en cela totalement fidèle à la pensée d'Aristote telle que nous l'avons exposée. Tout comme son maître, Théophraste maintient les deux termes de l'antinomie

1. Pour la notion de « mélange », *cf.* E. Barbotin, *op. cit.*, p. 163-166 et 206 *sqq*.

2. Le νοῦς actif doit être « inné ». L'autre hypothèse, à savoir qu'il « apparaît » plus tard, se heurte à des difficultés insurmontables : « avec le concours de quel principe et de quelle manière est-il engendré ? » D'ailleurs le caractère d'inné s'accorde mieux avec l'éternité de l'intellect, car celle-ci suppose que le νοῦς précède l'individu humain.

3. À savoir le verbe ὑπάρχω (« être dans ; être à la disposition, être présent, se trouver »). *Fragment XII* : Ἐνυπάρχων δ'οὖν διά τὶ οὐκ ἀεί ; *De anima*, 430 a 13-14 : ἀνάγκη καὶ ἐν τῇ ψυχῇ ὑπάρχειν ταύτας τὰς διαφοράς.

4. E. Barbotin, *op. cit.*, p. 214 : « ... immanence *ou* transcendance de l'intellect. L'alternative est ignorée de Théophraste [...] Celui-ci (l'intellect) présente deux caractères apparemment contradictoires, en réalité complémentaires : une transcendance de nature [...] et une immanence de fait. »

immanence-transcendance sans qu'il lui paraisse nécessaire de choisir entre eux ou d'exclure l'un ou l'autre[1]. Nous reprendrons bientôt cet exposé sur le *poietikon*.

Voyons maintenant le principe potentiel qui s'articule au principe actif pour constituer l'intellect. Chez Aristote, c'était avant tout l'immanence de l'intellect réceptif qui était soulignée, mais sa transcendance était également sauvegardée. Chez Théophraste, cette transcendance est encore plus nette. En effet, dans le *Fragment I[a]*, où se pose le problème de l'origine du νοῦς, on peut lire : « En quel sens donc l'intellect, bien qu'il vienne du dehors (ἔξωθεν) et soit en quelque sorte surajouté (ἐπίθετος), peut-il néanmoins être dit congénital (συμφυής) ? Et quelle est sa nature ? Qu'il ne soit rien en acte, mais toutes choses en puissance, fort bien : c'est aussi le cas du sens. Il ne faut pas, en effet, le prendre en une acception demeurée étrangère à (Aristote) lui-même : ce serait ergoter, mais comme une sorte de puissance jouant le rôle de sujet (des formes intelligibles), tout de même que dans le cas des êtres matériels. Mais dès lors, "venu du dehors" n'est pas à entendre au sens de "sur-ajouté", mais au sens "d'inclus dans l'embryon à l'origine du développement organique"[2]. » Ce texte rappelle le passage du *De generatione animalium*[3] où Aristote dit que le νοῦς vient du dehors. Les termes employés par Aristote (θύραθεν) et par Théophraste (ἔξωθεν) indiquent une même idée : la provenance extrinsèque et la transcendance de l'intellect. Or le Stagirite ne précise pas s'il s'agit de l'intellect potentiel ou du principe actif ; l'Érésien, en revanche, est explicite : il s'agit de l'intellect en puissance. Ceci est un fait

1. Montrant que la position de Théophraste sur la nature de l'intellect actif exclut toute assimilation de celui-ci à un moteur extrinsèque (thèse avec laquelle nous sommes pleinement d'accord), E. Barbotin commet une erreur de perspective au sujet de la véritable nature de l'averroïsme : il laisse entendre que la doctrine d'Averroès se serait caractérisée par l'affirmation du caractère extrinsèque de l'intellect actif (cf. *op. cit.*, p. 210). Or le point vraiment original du philosophe de Cordoue est l'affirmation du caractère extrinsèque de l'intellect potentiel (et *a fortiori* de l'intellect actif).

2. *Fragment I[a]* (Them. *In De anima*, 107, 31-108, 1. Prisc. *Metaphr.* 25, 28-29). *Cf.* E. Barbotin, *op. cit.*, p. 249.

3. Aristote, *De generatione animalium*, II, 3, 736 b 27-28.

capital et un éclaircissement qui confirme plusieurs vues que nous avons avancées à propos de la noétique aristotélicienne. Le texte de Théophraste pose d'une manière très lucide l'antinomie de l'immanence et de la transcendance au moyen de l'opposition de deux caractères de l'intellect potentiel qui apparemment s'excluent mutuellement : venu du dehors et pourtant congénital. Dans le système d'Aristote, ces deux termes sont contradictoires : συμφυής désigne quelque chose dont l'origine est étroitement liée au processus de génération naturel, au jeu de forces physiques ou vitales ; θύραθεν et ἔξωθεν, en revanche, font allusion à une provenance extrinsèque qui dépasse les possibilités des forces naturelles. E. Barbotin a montré, par une exégèse profonde, que l'antinomie peut être résolue chez Théophraste par une réélaboration des deux notions. Nous croyons qu'il suffit de rappeler ici la conclusion de son analyse : « La formation de l'embryon, qui trouve son explication dans la poussée des forces vitales, et l'apparition de l'intellect venu du dehors sont simultanées. Bien qu'étranger dans son être et sa provenance au développement embryogénique, le νοῦς mérite l'épithète de congénital parce qu'il s'introduit dans le fœtus à l'origine de son développement : son innéité se réduit donc à une simple coïncidence temporelle, à un pur synchronisme entre son apparition et l'éclosion de la vie humaine. Le dilemme ἔξωθεν-συμφυής, à première vue exhaustif, se trouve ainsi résolu par l'invention d'une voie moyenne, mais au prix d'une élaboration toute nouvelle de la notion d'innéité[1]. »

L'essentiel de l'innovation réside donc dans le nouveau sens de « congénital ». Appliqué à l'intellect potentiel, cet adjectif ne veut plus dire que le νοῦς est le résultat d'un processus de génération naturelle, mais tout simplement qu'il est présent dans l'embryon dès le commencement de la vie. L'adjectif, ainsi, n'est plus contradictoire avec l'adverbe ἔξωθεν. Après avoir précisé de cette façon la pensée de Théophraste, il faut en tirer les conséquences. Si l'intellect n'est pas soumis à la génération et s'il vient du dehors, il est évident qu'il doit être

1. E. Barbotin, *op. cit.* p. 189.

transcendant par rapport aux limites de la durée d'une vie individuelle. Or ce qu'il nous importe de rappeler une fois encore, c'est qu'il s'agit ici de l'*intellect en puissance*. Dans ces conditions, on peut revenir sur un passage du *Fragment I*[c] que nous n'avons pas commenté[1]. « C'est donc suivant une certaine proportion qu'il faut entendre aussi la potentialité dans le cas de l'intellect inhérent à l'âme (ἐπί τοῦ ψυχικοῦ νοῦ) : c'est, en effet, par rapport à l'intellect en acte (qu'il est dit en puissance)[2]. » Dans ce texte, l'intellect potentiel est posé comme quelque chose d'immanent à l'âme, et les expressions de Théophraste rappellent celles d'Aristote : « j'entends par intellect ce par quoi l'âme pense et conçoit[3] » ; « la partie de l'âme par laquelle l'âme connaît et comprend »[4]. Nous avons dit que ces expressions laissent entendre avec évidence que l'homme possède un principe intellectif qui lui est propre et immanent, et qu'elles semblent s'opposer dans le *De anima* à l'adjectif χωριστός dans la mesure où celui-ci souligne le caractère subsistant du νοῦς. Nous trouvons la même antinomie chez Théophraste : l'intellect potentiel est « inhérent à l'âme », mais simultanément il vient « du dehors » et n'est pas soumis aux forces naturelles (dont dépend l'âme en tant que forme substantielle). L'opposition entre l'âme et l'intellect (le problème noétique) est aussi marquée chez Théophraste que chez Aristote, mais elle ne l'est pas plus que la conjonction de ces deux principes (l'un de la vie, l'autre de la pensée) dans l'individu humain. Immanence et transcendance sont maintenues au sein d'une pensée aporétique qui ne croit pas nécessaire de les considérer comme exclusives l'une de l'autre.

Les mots suivants de E. Barbotin peuvent très bien synthétiser ce que nous venons d'expliquer : « Celui-ci [l'intellect] présente deux caractères apparemment contradictoires, en réalité complémentaires : une transcendance de nature, puisqu'il vient de l'extérieur, et une immanence de fait ; il est

1. Cf. *supra*, p. 50, n. 2.

2. *Fragment I*[c] (Them. 108, 6-7 ; Prisc. 26, 1-6). *Cf.* E. Barbotin, *op. cit.*, p. 251.

3. Aristote, *De anima*, III, 4, 429 a 22-23.

4. *Ibid.*, 429 a 10-11.

étranger de par sa dignité au processus générateur de l'homme, et cependant congénital, séparé dans une existence autonome et présent aux individus, simultanément divin et humain. Le νοῦς jouit, dans la pureté de son essence privilégiée, d'une indépendance souveraine à l'égard des âmes individuelles auxquelles il se communique dès l'origine de la vie, mais cette union n'aliène pas ses prérogatives éminentes : présent dans l'homme dont il éveille et actualise la faculté de penser, l'intellect demeure par essence toujours actuel, immortel, ἀθάνατος, éternel, αἴδιος, séparé et séparable, χωριστός ; il persévère dans son existence transcendante, en laquelle se résoudra, sans doute, lors de la dissolution du composé humain, l'intellect individuel [1]. »

Nous avons souhaité transcrire ce long passage de E. Barbotin, parce qu'il marque aussi la fin de notre accord avec le savant historien. En effet, ce texte vaut, à notre avis, tant pour l'intellect actif que pour l'intellect potentiel. Il exprime la nature de l'intellect tout court. Or, pour E. Barbotin, il n'en va pas de même : de fait, dans ce passage, il fait allusion *au seul intellect actif*. Mais si l'on tient compte du *Fragment I*[a] on s'aperçoit que cette position est intenable : E. Barbotin rattache la transcendance de nature au fait que l'intellect vient du dehors, soit, mais cela est dit de l'intellect en puissance ; il affirme que l'intellect est étranger au processus générateur de l'homme et pourtant congénital, soit, mais ces caractères appartiennent à l'intellect potentiel ; d'ailleurs, l'adjectif χωριστός (il faut cette fois tenir compte du *Traité de l'âme*) est appliqué aussi bien à l'intellect potentiel qu'au ποιητικόν. Évidemment, si l'intellect en puissance jouit d'une telle transcendance de nature, le principe actif en jouira aussi, et *a fortiori*, « car toujours l'agent est d'une dignité supérieure au patient » [2]. Cela explique aussi qu'Aristote (et non Théophraste) ait appliqué au seul ποιητικόν les adjectifs « immortel » et « éternel ». Voilà donc notre principale divergence avec E. Barbotin : ce qu'il considère comme valable

1. E. Barbotin, *op. cit.*, p. 214-215.

2. Aristote, *De anima*, III, 5, 430 a 19.

uniquement pour l'intellect actif, nous l'estimons applicable aussi à l'intellect potentiel. Le fondement de notre position est l'analyse du *Fragment I^a* [1].

Pourquoi restreindre au principe actif la transcendance de nature ? Quelle est l'origine de la position de E. Barbotin ? Pour répondre à ces questions, il faut reprendre le problème de la nature et de l'origine de l'intellect en puissance. Le fond du problème est que, pour E. Barbotin, tant Aristote que Théophraste reconnaissent à l'intellect en puissance « un lien étroit de solidarité avec l'âme humaine : il est inhérent à celle-ci comme principe immédiat de la pensée individuelle, mais tandis que ce principe *disparaît à la mort*, l'intellect dans son essence, *qui le meut, incorruptible et éternel*, lui survit » [2]. L'affirmation de la corruptibilité de l'intellect potentiel fait irruption dans l'exposé de E. Barbotin pour se maintenir jusqu'à la fin, et l'on se demande sur quelle base elle est fondée. En effet, *il n'y a pas un seul fragment de Théophraste où cette corruptibilité soit affirmée de façon explicite ou implicite*. Le fait est rendu évident par une note du savant historien. Essayant de justifier son affirmation, il ajoute : « Théophraste est avant tout le témoin des vues d'Aristote ; c'est en cette qualité qu'il reconnaît au seul intellect actif l'incorruptibilité (*Fr.* XII), tandis que le παθητικός νοῦς, principe immédiat de la pensée individuelle, est déclaré corruptible (Arist., *De anima*, III, 5, 430 a 24-25) [3]. » Comme nous le voyons, pour soutenir sa thèse, E. Barbotin doit faire appel à un texte d'Aristote, et non pas de Théophraste. Or nous avons déjà dit que l'interprétation de ce

1. E. Barbotin était conscient de la différence entre Théophraste et Aristote : « L'Érésien traite à part de l'origine du νοῦς potentiel, tandis que le Stagirite, dans le *De generatione animalium*, ne distingue pas entre les deux intellects ; l'analyse des textes montrera si cette disparate présente ou non quelque importance doctrinale » (*op. cit.*, p. 177). L'importance de cette disparate était précisément qu'elle explicite ce qui était resté implicite dans la pensée aristotélicienne, à savoir la transcendance du principe potentiel. E. Barbotin ne répond pas à la question qu'il a posée. Pour ce qui concerne le *Fragment I^a*, Thémistius (*In De anima*, p. 242, lin. 54-55, éd. Verbeke) et S. Thomas (*De unitate*, par. 54, éd. Keeler ; [chap. II, éd. Léonine, t. XLIII, p. 301, lin. 66-92]) ont bien vu qu'il se réfère à l'intellect potentiel.

2. E. Barbotin, *op. cit.*, p. 168.

3. *Ibid.*, p. 168, n. 1.

passage du *Traité de l'âme* est très controversée[1], et que le considérer comme faisant référence à l'intellect potentiel implique, de l'aveu même de l'historien qui a proposé cette exégèse, « une contradiction qui n'a pas été résolue de façon satisfaisante »[2].

Mais voyons si la position de E. Barbotin s'accorde avec les fragments de Théophraste. Pour commencer, il n'est pas exact que Théophraste, dans le *Fragment XII*, restreigne l'incorruptibilité au seul intellect actif. Le fragment dit, en effet : « il (l'intellect moteur) semble donc être inengendré, puisque aussi bien il est incorruptible[3]. » Rien de plus. Ce texte ne veut pas dire que l'intellect potentiel ne jouit pas de cette incorruptibilité. Il n'est tout simplement pas fait mention de l'intellect potentiel. Le fragment de Théophraste est donc très différent du passage du *Traité de l'âme* : « et cela *seul* est immortel et éternel[4]. » D'autre part, les termes dont se sert Théophraste pour désigner l'intellect potentiel (νοῦς δυνάμει) ne correspondent pas à ceux qu'emploie Aristote dans le *De anima* (νοῦς παθητικός)[5], ce qui ne fait qu'accroître les doutes sur la légitimité d'une assimilation pure et simple des deux expressions. Ensuite, tout en reconnaissant l'immanence de l'intellect potentiel (aussi bien que celle de l'intellect moteur), nous avons montré que celui-là vient du dehors et n'est pas soumis aux lois de la génération naturelle. Or c'est une doctrine aristotélicienne suffisamment établie que ce qui échappe au processus de génération est aussi incorruptible[6]. Nous pensons

1. Cf. *supra*, l'alinéa que les notes 1 et 2 de la page 47 appuient. Il semblerait que E. Barbotin dépende donc de l'interprétation de F. Nuyens, qui s'oppose à une longue tradition.

2. F. Nuyens, *L'Évolution...* (1948), p. 309. La contradiction se pose, rappelons-le, entre la corruptibilité et le caractère « séparé » et « impassible » qu'Aristote avait reconnu à l'intellect potentiel.

3. *Fragment XII* (Them., *In De anima*, 108, 22-28). *Cf.* E. Barbotin, *op. cit.*, p. 271.

4. *De anima*, III, 5, 430 a 23.

5. Nous savons aussi que cet adjectif (παθητικός) n'est employé qu'une seule fois par Aristote pour caractériser l'intellect.

6. *Cf.* Aristote, *De caelo*, I, 12, 282 a 30-b 1.

donc que, sur ce point précis, E. Barbotin n'a pas correctement interprété la pensée de Théophraste.

Sa position est d'ailleurs en contradiction avec ce qu'il a lui-même démontré à propos de l'intellect potentiel. En effet, à plusieurs endroits de son ouvrage, E. Barbotin s'est efforcé de soustraire l'intellect potentiel à la causalité biologique naturelle et de le présenter comme le résultat d'une causalité extrinsèque [1]. L'un de ces passages est particulièrement intéressant pour mettre en évidence la contradiction sous-jacente à l'interprétation de E. Barbotin : « Si Théophraste traite séparément de la provenance des deux νοῦς, il leur reconnaît cependant *même origine*, en ce sens précis que leur apparition *ne doit rien d'essentiel au déterminisme biologique*... Par contre – le Stagirite et l'Érésien semblent bien le supposer –, *seul* l'intellect substantiel, éternel, inengendré et incorruptible, préexiste à l'homme individuel... mais sa présence *éveille* dans l'être en croissance une faculté toute nouvelle : *l'intellect potentiel* ; celui-ci se trouve *enveloppé, inclus dans l'ensemble de virtualités dont l'embryon est porteur*. La pensée personnelle demeure *solidaire des conditions physiologiques* : elle doit disparaître à la dissolution du composé, tandis que survivra l'intellect substantiel [2]. » Nous ne pouvons comprendre comment il se peut que les deux intellects aient une même origine (ἔξωθεν), soient soustraits au déterminisme biologique, et qu'en même temps seul l'un d'entre eux soit éternel tandis que l'autre serait corruptible. En outre, la notion d'un intellect « éveillé » ou « suscité » par l'intellect actif est étrangère au contenu explicite du *Fragment I*[a] où il est dit que l'intellect potentiel vient du dehors [3], et ne se trouve en aucun autre fragment connu de Théophraste. Ensuite, nous ne comprenons pas comment il est possible de concilier l'indépendance du νοῦς potentiel par rapport au processus biologique et l'affirmation qu'il se trouve

1. *Cf.* E. Barbotin, *op. cit.*, p. 189-190, 193, 199.

2. E. Barbotin, *op. cit.*, p. 199-200 (nous soulignons).

3. Fait curieux, le seul passage où Théophraste dit que l'intellect vient du dehors concerne l'intellect potentiel. Nous avons interprété qu'*a fortiori* il doit en être de même pour le principe actif. Or E. Barbotin travaille comme si c'était l'inverse.

inclus dans les virtualités de l'embryon : cette dernière notion est absolument étrangère à la pensée de Théophraste[1]. E. Barbotin semble finalement déduire la corruptibilité de l'intellect potentiel et de la pensée personnelle du fait qu'ils sont solidaires, dans l'exercice de l'activité de penser, des conditions physiologiques. Or il avait un peu plus haut soutenu ceci : « le νοῦς humain, considéré *soit comme faculté soit comme substance*, n'est pas lié à des organes corporels au même titre que le sens, mais *son activité dépend de conditions physiologiques*[2]. » S'il en est ainsi on devrait affirmer aussi la corruptibilité de l'intellect « substantiel ». En revanche, si l'incorruptibilité du *poietikon* est fondée sur sa provenance extrinsèque et sur le fait qu'il est « séparé »[3], cette incorruptibilité doit être également attribuée à l'intellect potentiel, et pour les mêmes raisons. Et dans ces conditions la pensée personnelle ne disparaît pas[4]. Bien entendu, l'intellect dépend de l'apport des sens dans la connaissance des choses matérielles[5], et une fois disparu le composé organique on peut légitimement supposer que l'intellect sera privé de ce type de connaissance. Le *Fragment XI* apporte une idée de ce que peut être l'activité du νοῦς indépendant du corps : « Mais c'est évidemment lorsqu'elles seront devenues (intelligibles) et auront été pensées, que ces choses (engagées dans la matière) seront possédées (par l'intellect) ; quant aux intelligibles (par soi), *il les possède toujours* (τὰ δὲ νοητὰ ἀεί)[6]. » On peut donc penser qu'une fois séparé du composé organique l'intellect

1. Cf. *supra* le sens du mot *congénital*. *Cf.* aussi E. Barbotin, *op. cit.*, p. 184.

2. E. Barbotin, *op. cit.*, p. 171.

3. Le *Fragment VII*[c] ne fait pas de distinction entre les deux intellects : « Celle-ci (la faculté sensible) en effet, n'est pas indépendante d'un organe corporel, tandis que l'intellect est séparé. » Le contexte pourtant semble indiquer qu'il s'agit de l'intellect potentiel. *Cf.* E. Barbotin, *op. cit.*, p. 263.

4. En effet, il faut bien dire *personnelle*, car, tout en étant transcendants, les deux principes intellectuels font partie intégrante de l'homme. Tel est le sens profond de l'immanence de l'intellect très bien mise en relief par E. Barbotin, *op. cit.*, p. 185 et p. 193.

5. Dépendance « objective » qui ne retire pas à l'intellect son empire sur l'exercice de la pensée. Cf. *Fragment I*[b] : « l'intellect est principe de toutes choses et de lui dépend l'exercice de la pensée. » Cf. *supra*, p. 50, n. 2.

6. *Fragment XI* (Prisc. 37, 24-27), E. Barbotin, p. 269.

n'aura d'autre objet que les réalités immatérielles (intelligibles par soi).

Concluons. Nous croyons que la différence radicale de nature établie par E. Barbotin entre l'intellect actif et l'intellect potentiel est inacceptable. Tous les deux sont inhérents à l'homme, et cette immanence est l'expression de leur caractère personnel. Tous les deux s'opposent à l'âme qui est le résultat des forces biologiques ; ils ont une provenance extrinsèque dont le sens métaphysique dernier reste caché par les textes [1] ; cette transcendance de nature n'interdit pas leur immanence, mais montre simplement que l'homme n'est pas qu'un être physique : il y a en lui quelque chose de divin qui déborde les limites de la durée d'une vie « organique » et ne se laisse pas réduire à la causalité physique. « Immanence *ou* transcendance : l'alternative est ignorée de Théophraste », a dit avec raison E. Barbotin. Cette pensée, qui cherche la conciliation des opposés, se fait évidente dans ce fragment de Théophraste : « pour tout ce qui est jugements et spéculations, il n'est pas possible de les rattacher à autre chose : c'est au contraire *dans l'âme* elle-même qu'ils trouvent leur principe, leur acte et leur fin, s'il est vrai que *l'intellect est quelque chose de meilleur et de plus divin*, comme *pénétrant du dehors* et absolument *parfait* [2]. » L'intellect tout court est constitué par un « mélange » de l'intellect actif, qui joue un rôle moteur, et de l'intellect en puissance, « articulé et subordonné » au premier. Cette réalité complexe réunit les caractères d'immanence et de transcendance. Elle est, en effet, inhérente à l'homme, et en fait partie intégrante. Mais l'homme n'est pas une réalité simple ; il est un être où se rencontrent l'ordre physique des forces biologiques (le corps et l'âme végétative-sensitive) et l'ordre métaphysique auquel appartient l'intellect (divin et parfait). Le vieux dualisme platonicien qui opposait l'âme au corps est maintenant remplacé par une nouvelle antinomie : c'est l'ensemble âme-corps qui se distingue, tout en constituant une

1. E. Barbotin a signalé la grande indétermination qui plane autour de l'origine métaphysique du νοῦς et autour du processus de la pénétration de l'intellect dans l'homme. *Cf. op. cit.*, p. 198-199.

2. *Fragment XIII* (Du mouvement, I. Simplicius, *In Phys.* 964, 31-965, 6).

unité, de l'intellect (actif et potentiel). Avec les réserves que nous avons faites, le texte suivant de E. Barbotin synthétise d'une façon complète la pensée de Théophraste : « Le respect dû aux principes posés par l'auteur dans la *Métaphysique* ne contraint-il pas d'appliquer à cette union mystérieuse la formule décisive : en l'homme, la nature et l'intellect sont "pour ainsi dire séparés, tout en coopérant d'une manière quelconque pour constituer le tout de l'être" ? (*Met.*, 4 a 11-13). Ni mélange entre eux d'où résulterait une troisième substance, ni réduction de l'un à l'autre : chacun possède une part de réalité qui lui est propre, demeure autonome dans son ordre, et, en ce sens, existe "à part" de l'autre ; mais sans rien perdre de leur franchise, tous deux concourent à former l'homme total, microcosme vivant où se noue l'unité des mondes [1]. »

Nous voilà arrivés à la fin de cette première période de la noétique aristotélicienne. Nous l'avons caractérisée comme une pensée aporétique. Aussi bien Aristote que son disciple Théophraste ont cru devoir poser les antinomies, les développer, mais ils n'ont pas jugé nécessaire de les résoudre en excluant l'un des deux termes en opposition. La transcendance de l'intellect, son appartenance à l'ordre des réalités métaphysiques, est conciliable, dans leur exposé, avec l'immanence du principe intellectuel et son caractère d'élément constitutif de l'homme. Le mystère de l'homme réside justement dans cette antinomie. Vouloir la résoudre équivaut à réduire l'homme à l'un des deux ordres (physique-métaphysique). Telle a été la tentation de certains commentateurs (jusqu'à nos jours). D'autres n'ont fait que poser les apories d'une manière nouvelle.

1. E. Barbotin, *op. cit.*, p. 237.

Chapitre II

L'œuvre des commentateurs : la rupture des apories

1. Alexandre d'Aphrodise (vers 198-211) *

Après Théophraste les membres de l'école aristotélicienne ont été attirés par les problèmes de logique, oubliant les grandes antinomies de la psychologie ouvertes par leur maître. C'est le mérite d'Alexandre, cinq siècles plus tard, de reprendre et de commenter le *Traité de l'âme*, inaugurant ainsi une longue tradition exégétique qui se prolonge jusqu'à nos jours [1]. Il existe trois écrits psychologiques attribués à Alexandre : le premier, un commentaire littéral sur le *De anima*, est aujourd'hui perdu, et nous ne connaissons son existence que par le témoignage de quelques commentateurs anciens (Simplicius, Jean Philopon) [2] ; le second est le *De anima* personnel d'Alexandre [3] ; le troisième est un recueil d'écrits psychologiques dont le *De intellectu (Peri noû)* est le plus important [4]. Ce dernier traité fut

* [Une version adaptée de ce paragraphe fut publiée, sous le titre « L'authenticité du '*De intellectu*' attribué à Alexandre d'Aphrodise », dans la *Revue philosophique de Louvain*, t. 71 (1973), p. 468-487.]

1. *Cf.* P. Moraux, *Alexandre d'Aphrodise*... (1942), p. xvii.

2. *Cf.* E. Zeller, *Die Philosophie der Griechen*... III, 1 (1923), p. 818, n. 2.

3. Édité par I. Bruns, *Alexandri Aphrodisiensis... De anima liber cum Mantissa*... Berlin (1887), Supplementum Aristotelicum II, 1. Toutes les références au *De anima* se font aux pages et lignes de cette édition. [Une traduction française annotée, accompagnée du texte grec de I. Bruns, a été faite par M. Bergeron et R. Dufour, *Alexandre d'Aphrodise, De l'âme*, Paris, Vrin, 2008.]

4. Édités aussi par I. Bruns, *op. cit.* (1892), Supplementum Aristotelicum II, 2 ; le *De intellectu* se trouve p. 106, 19-113, 24. Toutes les références au *De*

le seul des trois à être connu par le Moyen Âge, grâce à la traduction arabo-latine qu'en fit Gérard de Crémone sur la base de la version gréco-arabe de Ishaq ben Honein [1] ; d'où son grand intérêt pour notre enquête. En effet, pour les scolastiques du XIIIe siècle, le *De intellectu* était le témoin de la pensée authentique d'Alexandre ; or P. Moraux a mis en doute cette authenticité ; si l'on veut donc préciser la véritable influence de la psychologie alexandriste sur Siger de Brabant et sur la philosophie médiévale en général, il faudra résoudre d'abord ce problème d'histoire littéraire.

Avant d'entreprendre l'étude de la noétique d'Alexandre, il convient de rappeler quelques points essentiels de sa psychologie générale. P. Moraux a montré que le caractère le plus frappant de la psychologie pré-alexandriste est l'abandon de la théorie hylémorphique d'Aristote. Pour quelques penseurs influencés par le stoïcisme, l'âme était devenue un corps matériel – l'éther – dans un autre corps matériel (tel est le cas de Kritolaos et de ses partisans) ; pour d'autres l'âme n'était qu'un accident du corps, le fruit de la structure hautement organisée du corps, et par conséquent quelque chose dont le propre est de n'avoir aucune subsistance propre (tel est le cas d'Aristoxène, Dicéarque et Straton) [2]. Ces courants matérialistes ont influencé fortement la psychologie d'Alexandre. Pour lui, le monde des êtres générables et corruptibles comprend deux sortes de corps : les uns, simples, composés de matière première et de forme, et doués d'un mouvement uniforme ; les autres, composés, dont le substrat n'est plus la matière première, mais une réalité composée de plusieurs éléments dont les uns jouent par rapport aux autres le rôle de

---

intellectu se font en mentionnant la page et les lignes de cette édition ; la traduction française de tous les textes d'Alexandre est celle que P. Moraux offre dans son livre. [Il existe une traduction anglaise récente de F.M. Schroeder, dans Id. et R.B. Todd, *Two Greek Aristotelian Commentators on the Intellect*, Toronto, Pontifical Institute, 1990, p. 46-58 ; éd. révisée : Themistius, *On Aristotle's On the Soul*, Ithaca (NY), Cornell UP, 1996.]

1. G. Théry, *Autour du décret de 1210*... II (1926), p. 82-83. Texte latin du *De intellectu*, p. 74-82.

2. P. Moraux, *op. cit.*, p. 9-10.

matière ou de forme, et dont la combinaison donne comme résultat une nouvelle configuration ou « forme ». « Lors de la composition d'un tel composé, chacun des éléments-substrats possédait sa forme propre ; mais, loin d'admettre que ces différentes formes présentes dans le substrat disparaissent devant la forme du tout engendré, Alexandre dit qu'*elles contribuent à la génération de la forme commune*, qui est "forme des formes, perfection des perfections" (*De an.*, 8, 8 *sqq.*) ; c'est ce qui explique que la forme des composés est principe de mouvements abondants et variés [1]. » Comme nous le voyons, Alexandre a fait subir des profondes modifications aux notions de matière et de forme. Elles ne sont plus considérées comme coprincipes unis par une relation transcendantale au sein de laquelle la matière est caractérisée comme pure puissance et la forme comme principe absolument déterminant. Le substrat de la forme est maintenant une réalité positive, douée d'organisation, et la forme, loin d'être la cause de l'organisation et la fin du processus qui mène à cette organisation, n'est plus que le résultat de la combinaison d'éléments qui constituent le substrat.

Alexandre est ainsi l'un des prédécesseurs du pluralisme de formes, repris et élaboré par Avicebron, qui devient une doctrine courante dans la deuxième moitié du XIIIe siècle [2]. L'âme, y compris l'âme humaine, n'échappe pas à cette doctrine de la forme. En effet, pour Alexandre, l'âme est le résultat du mélange des formes des éléments qui constituent le corps [3]. Cette notion de κρᾶσις est fondamentale, parce qu'elle réduit l'âme à la condition d'accident du corps et lui enlève toute priorité dans l'ordre causal et final : les êtres naturels, des corps inférieurs jusqu'à l'homme, sont constitués par le jeu des forces physico-chimiques dont la combinaison ou le mélange

1. P. Moraux, *op. cit.*, p. 30-31.

2. Dans notre dissertation *Autour de la controverse...* (1967), nous n'avons pas tenu compte d'Alexandre parmi les antécédents du pluralisme de formes. R. Zavalloni, dans son grand ouvrage, *Richard de Mediavilla...* (1954), n'en tient pas compte non plus. Nous voulons ici combler cette lacune.

3. Alexandre, *De anima*, 24, 3-4 ; *De anima libri mantissa*, 104, 28-34 (cités par P. Moraux, *op. cit.*, p. 32).

donne naissance aux diverses manifestations de la nature. Ce matérialisme foncier d'Alexandre a été bien mis en évidence par P. Moraux: « Il n'y a donc plus un hiatus profond entre le vivant et le non-vivant ; l'un n'est que le prolongement direct et *continu* de l'autre, puisque le vivant provient *entièrement* du non-vivant, même dans l'élément formel qui le caractérise ; la matière première et les contrariétés primordiales peuvent donner naissance à tout le monde sublunaire, sans qu'il soit nécessaire de recourir à la théorie de l'éternité de l'espèce et au traducianisme ou à la notion de création : nous avons affaire, en un mot, à un système *matérialiste* ; ce matérialisme découle d'une théorie de la pluralité des formes qui n'a rien d'aristotélicien... On le voit, ce matérialisme est aussi, par certains côtés, une sorte d'évolutionnisme qui se serait figé sur place et qu'il suffirait de déployer dans le temps pour obtenir le monisme évolutionniste qui se retrouve au fond de tant de philosophies ou de conceptions scientifiques modernes [1]. »

Des conséquences très importantes découlent de ce matérialisme. Tout d'abord il est évident que l'âme, n'étant plus que la perfection du corps et le résultat de son organisation, ne peut survivre à la dissolution du mélange qui lui a donné naissance. Pas de place, dans le système d'Alexandre, pour l'immortalité personnelle. Ce qui chez Aristote était aporie est devenu maintenant chose claire. En effet, pour Alexandre l'intellect humain n'est plus qu'une simple *disposition*, indissolublement liée au corps comme l'âme dont il est une puissance ; par conséquent il n'échappe pas à la destinée réservée à l'âme, et l'immortalité lui est refusée [2]. Nous verrons plus loin l'étrange doctrine de l'immortalité à laquelle fait appel Alexandre pour satisfaire aux exigences posées par quelques textes du Stagirite. Cette solution du problème de l'immortalité sera l'une des manifestations du profond conflit qui traverse toute l'œuvre d'Alexandre entre ses tendances

1. P. Moraux, *op. cit.*, p. 32-33. Pour la notion de *krasis, cf.* Alexandre, *De anima*, 8, 22-9, 3 ; 10, 14-19 ; 10, 24-26.

2. P. Moraux, *op. cit.*, p. XIX.

matérialistes et les doctrines aristotéliciennes qu'il doit commenter[1].

Voyons donc la doctrine de l'intellect chez Alexandre. L'étude de la noétique de l'Exégète a été faite d'une façon remarquable par P. Moraux, et nous emprunterons à cet auteur l'essentiel de son exposé dont le point de départ est la constatation d'importantes divergences entre la doctrine du *De anima* d'Alexandre et la nóetique du *De intellectu*. À la suite de P. Moraux nous exposerons séparément les doctrines de ces deux ouvrages.

Prenons d'abord le *De anima*. L'intellect humain passe par trois stades qui marquent sa progressive actualisation. Dès sa naissance, l'homme est doué d'une faculté innée, définie par sa capacité de recevoir les formes et comme telle dépourvue de toute actualité : c'est l'*intellect en puissance* (νοῦς δυνάμει), dont le propre est d'être une simple disposition qu'Alexandre assimile à une tablette non écrite ou, pour être exact, à l'aspect non écrit de la tablette[2]. En effet, la présence d'une détermination quelconque empêcherait cette faculté de recevoir toutes les formes. Mais il faut bien comprendre : cette potentialité de l'intellect humain n'est pas seulement, comme chez Aristote, une potentialité dans l'ordre de la connaissance et par rapport aux intelligibles ; Alexandre va plus loin car il enlève à cette faculté toute densité ontologique. L'intellect n'a d'autre nature que celle d'un être en puissance, raison pour laquelle Alexandre l'appelle « intellect matériel » (νοῦς ὑλικός). Cependant, et nous trouvons ici une nouvelle contradiction de la psychologie d'Alexandre, cette faculté, purement potentielle, est capable d'exercer une activité cognitive complète : c'est elle, en effet, qui abstrait, garde des concepts et connaît. À la suite de sensations répétées, un résidu permanent se

1. La principale contradiction a été bien relevée par P. Moraux : « ... d'une part, il admet que dans la génération de l'être vivant, c'est la matière qui joue le rôle essentiel, la forme n'étant qu'un résultat de l'organisation de la matière ; d'autre part, il attribue à ce résultat une importance si prépondérante qu'il finit par dominer la matière : il en devient la forme, le moteur et la fin ! » (*op. cit.*, p. 48 ; *cf.* aussi p. 75 et p. 170-171).

2. Alexandre, *De anima*, 84, 14-24 et 84, 24-85, 10.

maintient dans l'imagination de l'homme, et sur la base de cette image l'intellect potentiel accomplira la saisie de l'universel : « Cet embrassement περίληψις, cette saisie λῆψις de l'universel grâce à la similitude des sensibles particuliers constitue l'intellection ; en effet, le rassemblement des traits semblables (ἡ τῶν ὁμοίων σύνθεσις) est, alors déjà, œuvre de l'intelligence[1]. » Les deux termes techniques employés par Alexandre pour désigner l'acte intellectuel laissent entrevoir que l'intellect n'est pas une puissance purement réceptive, mais aussi active. Λῆψις et son verbe λαμβάνειν révèlent le double aspect de l'intellect en tant que passif (réceptif) et actif (capable de prendre ou d'abstraire l'universel). C'est donc bien à l'intellect matériel que revient l'acte de connaître dans ses diverses facettes. Comme l'a démontré P. Moraux : « abstraction, réception et connaissance constituent, dans la pensée de l'Aphrodisien, une opération unique, indivisible [...] *cette opération émane tout entière de l'intellect humain, et... d'un aspect unique de cet intellect*[2] », à savoir, de l'intellect en puissance.

À la suite de saisies successives des universaux, l'intellect matériel constitue en son sein une réserve de concepts. Il est maintenant dans son deuxième stade, appelé par Alexandre « intellect habituel » (νοῦς ἐν ἕξει). Cet *intellectus in habitu* est l'état parfait de l'intellect matériel[3]. L'intellect humain, parvenu à son état d'intellect habituel, est capable d'une nouvelle activité, puisqu'il peut désormais penser les formes intelligibles qu'il possède en lui-même, sans devoir réaliser une

1. Alexandre, *De anima*, 83, 11-13.

2. P. Moraux, *op. cit.*, p. 71 (souligné par l'auteur).

3. Alexandre, *De anima*, 85, 11-14...20-22...25 ; 86, 6 : « L'intellect appelé *habitus* est la forme, la puissance d'action et la perfection de l'intellect matériel ; ce dernier acquiert l'*habitus* dont nous parlons par suite de la préhension de l'universel, et grâce à sa capacité d'extraire de la matière des formes qui, d'une certaine façon, sont identiques entre elles... Cet *habitus* s'installe dans l'intellect, à l'origine, grâce à la sublimation de l'activité continue sur les sensibles... car, lorsqu'il est acquis de la sorte, par ces activités ininterrompues, un état habituel qui lui permette d'accomplir à lui seul le reste de ses fonctions, alors, l'intellect prend le nom d'*habitus*... Lorsque cet *habitus* passe à l'acte, l'intellect devient intellect en acte : car l'intellect en habitus est en quelque sorte une réserve de concepts latents et en repos » (cité par P. Moraux, *op. cit.*, p. 68).

nouvelle abstraction. C'est à présent par un simple retour sur lui-même que l'*intellectus in habitu* saisit l'universel [1].

Dans l'acte de penser les formes, c'est-à-dire dans l'acte par lequel l'intellect se tourne vers les concepts qu'il contient pour leur rendre l'intelligibilité actuelle, il devient aussi intellect en acte, et par conséquent intelligible en acte, et dès lors il est capable aussi de se penser lui-même. C'est dans cette opération que l'intellect parvient à son état le plus parfait, et reçoit le nom d'« *intellect en acte* » (νοῦς κατ'ἐνέργειαν).

Le trait caractéristique du *De anima* d'Alexandre est de s'attacher à décrire les différents *états* de l'intelligence humaine : les expressions « intellect matériel », « intellect habituel », « intellect en acte » ne désignent pas trois intellects distincts, mais bien trois aspects d'un seul et même intellect, selon qu'il se trouve en puissance à l'égard des intelligibles, qu'il les détient virtuellement présents en lui ou que, par un retour sur lui-même, il les contemple dans leur complète immatérialité [2]. Ces trois états d'un seul intellect suffisent à expliquer tout le processus de la connaissance : l'intellect potentiel est capable d'abstraire ; l'intellect *in habitu* pense par un simple retour sur lui-même. Dans ces conditions, le νοῦς ποιητικός n'est pas du tout nécessaire à l'acte de connaître [3].

En effet, le rôle assigné par Alexandre à cette pièce de la noétique aristotélicienne est bien différent de celui qu'on a relevé dans le *Traité de l'âme* du Stagirite : « Cet [intellect agent]

1. Alexandre, *De anima*, 86, 4-28 : « Puisque l'intellect en acte n'est rien d'autre que la forme pensée... l'intellect en *habitus*, c'est-à-dire celui qui, à lui seul est capable de penser et de saisir en soi les formes intelligibles... peut également se penser soi-même. En effet, il n'est autre chose que la forme pensée, puisqu'en pensant il devient ce qu'il pense... lorsqu'il pense, il pense essentiellement et au premier titre la forme pensée, accidentellement, il se pense soi-même, parce que c'est un de ses accidents de devenir identique dans l'acte de penser, à l'objet de pensée... C'est pourquoi l'on peut affirmer avec raison que l'intellect en acte, s'identifiant à l'intelligible, se pense soi-même » (cit. par P. Moraux, *op. cit.* p. 77-78).

2. P. Moraux, *op. cit.*, p. 79.

3. *Ibid.*, p. 87. Comme nous verrons, cette affirmation n'est pas entièrement exacte, car l'intellect agent reste toujours un élément nécessaire dans le processus de la connaissance (comme source d'intelligibilité ; pas comme principe abstractif).

est la forme intelligible au sens propre et au plus haut degré, c'est-à-dire la forme immatérielle. Car dans tous les domaines, l'être qui possède fondamentalement et au plus haut degré une propriété est cause de l'existence de cette propriété dans les autres êtres : par exemple, le suprême visible, c'est-à-dire la lumière, est cause de la visibilité des autres visibles ; de même aussi, le bien suprême et souverain est cause de l'excellence des autres biens, car on juge [de la valeur] de ces derniers par l'importance de leur contribution [à la possession] du bien suprême. Donc, ce qui est intelligible au plus haut point et par soi est évidemment cause de l'intellection des autres [intelligibles]. Tel est donc le rôle de l'intellect agent : car s'il n'existait pas quelque intelligible par nature, aucune autre chose ne pourrait devenir intelligible, comme nous l'avons dit ; car dans tous les domaines où il existe un être qui possède pleinement une propriété et un autre qui la possède à un degré moindre, ce dernier la détient toujours du premier [1]. »

L'intellect agent est donc cause de l'intelligibilité des choses sensibles en tant qu'il leur donne leur principe d'intelligibilité, à savoir la forme. C'est parce qu'il est l'intelligible suprême que le νοῦς ποιητικός peut exercer cette causalité qui lui est propre. Mais celle-ci se réduit au plan physique, elle n'a pas de rôle psychologique. L'intellect humain doit encore abstraire, par ses propres forces, la forme intelligible immergée dans la matière. L'intellect agent n'exerce sur notre intellect aucune action directe [2]. Sur la base des propriétés qu'Aristote attribue au ποιητικόν, Alexandre conclut qu'il faut l'identifier avec le Premier Moteur [3]. *L'assimilation de l'intellect agent à Dieu ne conduit pas chez Alexandre à un extrinsécisme* parce que, comme nous l'avons dit, le principe actif n'exerce qu'une action indirecte sur notre intellect, et c'est à celui-ci que revient toute la responsabilité de l'activité cognitive.

Dieu, comme intelligible suprême, peut devenir aussi objet de l'intellect humain (cette théorie est évidemment hétérodoxe

1. Alexandre, *De anima*, p. 88, 24-89, 8 (trad. P. Moraux, *op. cit.*, p. 88-89).
2. P. Moraux, *op. cit.*, p. 92.
3. Alexandre, *De anima*, 89, 19-21 (*cf.* P. Moraux, p. 93-94).

pour un aristotélicien), et en tant que pensé par notre intellect une sorte d'identité entre Dieu et nous se produit comme conséquence de la doctrine aristotélicienne de l'identité du pensant et de l'objet connu [1]. Or le concept de Dieu n'est pas constitué par un acte d'abstraction ; au contraire, le propre de l'intellect agent est d'être intelligible en acte par soi. En ce sens on peut dire qu'il arrive en nous « du dehors », car il est indépendant de notre pensée et de notre pouvoir d'abstraction. Pour cette raison Alexandre assimile le concept du ποιητικόν (Dieu) au νοῦς θύραθεν [2]. De la possibilité d'avoir le concept de la divinité, et de la doctrine de l'identité du pensant et du pensé, Alexandre fait découler une étrange théorie de l'immortalité. On se souvient que, dans l'hylémorphisme de l'Aphrodisien, le caractère mortel de l'âme et de l'intellect est chose établie [3]. Cependant, par le fait que l'âme et l'intellect s'identifient à Dieu dans l'acte de le connaître, une certaine immortalité peut être affirmée. Il ne s'agit pas, de fait, de l'immortalité de l'âme ou de l'intellect, mais bien plutôt *du concept de Dieu en nous*, c'est-à-dire du νοῦς θύραθεν : « Il ne s'agit pas de l'intellect sujet ou matériel (celui-ci périt avec l'âme dont il est une faculté, et quand il périt, son *habitus*, sa perfection, sa faculté disparaît avec lui) mais il s'agit de l'intellect qui s'assimile complètement à l'intellect divin en le pensant... cet intellect, c'est l'intellect venu en nous du dehors νοῦς θύραθεν, l'intellect incorruptible [4]. » À la base de cette doctrine de l'immortalité se trouve un réalisme naïf, selon

1. *Cf.* Aristote, *De anima*, III, 4, 430 a 3-4 ; III, 5, 430 a 20 ; III, 7, 431 a 1 ; 431 b 17-18.

2. Alexandre, *De anima*, 90, 20-24 : « Les autres objets de pensée viennent, eux aussi, de l'extérieur, sans cependant être intellects (avant d'être pensés), mais en devenant intellects lorsqu'ils sont pensés ; celui-là, au contraire, c'est en tant qu'intellect qu'il vient du dehors, car seul de tous les objets de pensée, il est intellect par lui-même et indépendamment de l'acte de pensée ; il est incorruptible, puisque telle est sa nature » (trad. P. Moraux, p. 98-99 ; *cf.* p. 104-105).

3. *Ibid.*, 21, 22-24 : « Étant, comme on l'a dit, forme du corps, puisqu'une forme de ce genre est inséparable du corps, l'âme doit périr avec le corps, du moins ce qui en elle est forme d'un corps périssable » (trad. P. Moraux, *op. cit.*, p. 95).

4. Alexandre, *De anima*, 90, 16-20 (trad. P. Moraux, *op. cit.*, p. 97-98).

lequel « l'idée possède réellement les déterminations de l'être qu'elle représente » [1]. Mais ni l'âme ni l'intellect ne jouissent du privilège de la survie : en tant qu'accidents résultant de l'harmonie interne du corps ils sont destinés à périr avec leur substrat corporel. L'immortalité est réservée au νοῦς θύραθεν, à la pensée de l'objet suprêmement intelligible.

Telle est, synthétiquement, la noétique du *De anima*. Voyons maintenant les idées maîtresses du *De intellectu* attribué à Alexandre. Les deux traités s'accordent sur une série de doctrines. L'*intellect matériel* est défini, dans les deux ouvrages, comme une pure puissance réceptive, dépourvue de tout substrat ontologique [2]. Tous les hommes possèdent, dès leur naissance, cette puissance réceptive, mais tous ne parviennent pas à la développer. La puissance réceptive, une fois développée, est appelée *intellectus in habitu* [3]. Dans les deux ouvrages l'*intellect agent* est assimilé à la divinité [4], et son concept est appelé νοῦς θύραθεν [5]. L'intellect humain, pour sa part, est capable de réaliser tous les actes nécessaires pour parvenir à la connaissance de l'universel [6] et, finalement, c'est l'intellect *in habitu* qui peut se penser lui-même lorsqu'il pense les objets [7].

Cependant P. Moraux a mis en évidence des divergences qui opposent les deux traités : « Le νοῦς ὑλικός [intellect matériel] était dans le *De anima* une faculté complètement développée en tant que puissance opérative ; dans le *De intellectu*, seul le νοῦς ἐν ἕξει peut abstraire ; dès lors, le νοῦς

1. P. Moraux, *op. cit.*, p. 98.

2. *De intellectu*, 107, 9-11 : « c'est de toutes les réalités qu'il est réceptif, puisqu'il est possible de tout penser ; il n'est donc aucune des réalités en acte, mais bien toutes en puissance, et c'est justement en cela que consiste sa quiddité » (trad. P. Moraux, *op. cit.*, p. 186).

3. *De intellectu*, 107, 19-25.

4. *Cf.* P. Moraux, *op. cit.*, p. 125 et 133 ; G. Théry, *Autour du décret...* II (1926), p. 33.

5. *De intellectu*, 108, 23-24.

6. *Ibid.*, 110, 12-14.

7. *Ibid.*, 109, 3-11. Toutes les coïncidences signalées font reconnaître à P. Moraux (*op. cit.*, p. 132) « que le *De anima* et le *De intellectu* appartiennent bien à une même veine en ce sens qu'ils incarnent une même tendance de l'exégèse aristotélicienne ».

ὑλικός ne sera plus qu'un état imparfait de la faculté, une pure puissance à la réception des concepts. Second changement capital : dans le *De anima*, la ἕξις [l'habitus] se constituait grâce aux traces laissées dans la mémoire intellectuelle par l'activité abstractive, réceptive et cognitive du νοῦς δυνάμει. Dans le *De intellectu*, le passage à la ἕξις n'est plus la conséquence de l'opération intellectuelle, mais bien le développement de la faculté intellectuelle elle-même. Comment va s'effectuer ce passage ? Quelles forces vont présider à l'épanouissement du νοῦς δυνάμει ? La réponse à ces questions ne peut manquer d'opposer à nouveau le *De anima* au *De intellectu*. En fait l'auteur y répond en attribuant au νοῦς ποιητικός [intellect agent], c'est-à-dire à Dieu lui-même, la constitution de la ἕξις. Ainsi se crée entre les deux traités une nouvelle opposition, laquelle affecte le rôle du νοῦς ποιητικός, et par là même, l'ensemble de l'action divine sur le monde [1]. »

Il ne faut pas se méprendre au sujet de l'action de l'intellect agent dans le *De intellectu*. Son activité n'est pas abstractrice, contrairement à ce que soutient G. Théry [2]. Il n'agit pas sur *l'objet de connaissance*, mais, selon P. Moraux, sur le *sujet connaissant*, et cette action n'est pas indirecte, comme dans le *De anima*, mais *directe*. En effet, l'intellect agent est intelligible en acte par lui-même, « ce n'est pas notre pensée qui lui confère sa quiddité d'intellect, mais il la possède par nature, étant à la fois intellect en acte et intelligible en acte » [3]. Dans ces conditions, il peut être reçu immédiatement par notre intellect matériel ; de fait, il est la première actualité de notre puissance réceptive, laquelle, ainsi actualisée, « devient intellect *in habitu* » [4]. Ce n'est qu'une fois en possession de cette première actualité que l'intellect humain est rendu capable d'abstraire et par conséquent de connaître les autres intelligibles. L'intellect agent, en tant que pensé par nous (νοῦς

1. P. Moraux, *op. cit.*, p. 120-121.

2. G. Théry, *op. cit.*, p. 31.

3. *De intellectu*, 108, 27-28 (trad. P. Moraux, p. 188). Dans le *De anima* aussi l'intellect agent est l'intelligible suprême, indépendant de notre activité abstractive.

4. *Ibid.*, 107, 30-31.

θύραθεν), « fait de l'intellect en puissance ou matériel, un intellect en acte, en mettant en lui l'*habitus* noétique », et « est la cause qui porte l'intellect matériel à séparer, en la rapportant à une forme de ce genre (c'est-à-dire immatérielle et intelligible en acte comme la forme de l'intellect agent en nous), chacune des formes engagées dans la matière, à l'imiter, à la penser et à la rendre intelligible » [1]. De cette façon, le premier développement de l'intellect matériel, le passage à la première actualité dont dépend tout développement ultérieur, est l'œuvre de l'intellect agent en tant qu'objet suprêmement intelligible, premièrement saisi par notre intellect. L'abstraction n'est plus, comme dans le *De anima*, l'œuvre de l'intellect matériel purement potentiel, mais de l'intellect *in habitu*, c'est-à-dire de l'intellect matériel déjà actualisé par une forme pure, intelligible par nature. « Entre la forme de qualité inférieure, si l'on peut dire, qui est contenue dans le sensible, et la forme immatérielle (ou νοῦς θύραθεν) possédée par l'esprit, il existe un rapport de subordination (ἀναφορά) ; donc, si l'intellect peut dégager la forme du tout matériel où elle est virtuellement intelligible, c'est parce que d'une part, il possède en lui une forme pure, et que d'autre part il rapporte la forme sensible à cette forme intelligible en acte [2]. »

Voilà l'essentiel des différences entre les deux traités. Comme nous l'avons vu, elles ont pour point de départ une conception différente du νοῦς ἐν ἕξει [intellect *in habitu*]. Arrivé à ce point, P. Moraux se pose le problème de l'authenticité du *De intellectu*. Deux hypothèses sont possibles pour expliquer les divergences : ou bien il s'agit d'œuvres d'auteurs différents, ou bien les deux traités représentent deux étapes dans l'évolution de la pensée d'un même auteur. P. Moraux prend rapidement position contre cette dernière possibilité : « L'un des deux traités que nous avons étudiés constituerait-il, par rapport à l'autre, un progrès dans l'exégèse et dans la recherche philosophique ? Nous ne le pensons pas... Au contraire, les théories exposées s'opposent purement et

1. *De intellectu,* 108, 19-22 (trad. P. Moraux, p. 187).
2. P. Moraux, *op. cit.*, p. 131.

simplement. Le *De anima* n'apparaît pas comme le développement du *De intellectu* et la réciproque est également vraie [1]. » À l'appui de son affirmation, il présente une série d'arguments : on ne trouve dans aucun des deux ouvrages de références ou de critiques à la position de l'autre, ce qui, selon P. Moraux, devrait arriver dans l'hypothèse de l'identité des auteurs ; les mêmes mots (νοῦς ὑλικός et νοῦς ἐν ἕξει) recouvrent des réalités différentes dans les deux écrits ; il y a un parallélisme entre le *De intellectu* et les *Apories* pseudo-alexandrines ; les textes du *De anima* sont obscurs, ce qui pourrait expliquer les variantes du *De intellectu*. Pour finir, P. Moraux conclut que le *De intellectu* est une déformation involontaire du *De anima* due peut-être à un plagiat ou à un simple travail scolaire [2].

La position de P. Moraux repose, on le voit bien, sur une appréciation négative de la valeur philosophique du *De intellectu*. Nous voudrions reprendre critiquement ces conclusions et nous tâcherons de voir s'il est vraiment impossible de voir dans le *De intellectu* le développement et la correction de certaines thèses capitales du *De anima*. Pour ce faire, il faut revenir sur les points faibles et les contradictions de ce dernier traité mis en évidence par P. Moraux lui-même. La première et la plus fondamentale des contradictions est celle qui consiste à attribuer des opérations, telles l'abstraction et la connaissance, à une faculté (le νοῦς ὑλικός) dont l'essence est d'être une simple disposition entièrement potentielle : « on lui accorde la possibilité de se meubler de formes, comme si, dans le cas de la tablette, c'était le non-écrit lui-même qui se couvrait d'écriture [3]. » S'il en est ainsi, la constitution de l'intellect *in habitu* demeure inexpliquée dans le *De anima*. En effet, cet *habitus* apparaît comme l'état de l'intellect matériel résultant de son activité cognitive préalable. Or nous avons vu que cette activité attribuée à l'intellect matériel enveloppe une contradiction ou

1. P. Moraux, *op. cit.*, p. 135.

2. *Ibid.*, p. 142.

3. P. Moraux, *op. cit.*, p. 75. *Cf.* p. 117-118 ; 173-174 : « une non-substance qui agit : voilà bien la plus grave hérésie qui puisse sortir de la bouche d'un aristotélicien. »

un résidu inexplicable. Puisqu'on a exclu toute intervention *directe* de l'intellect agent dans le processus de la connaissance, la saisie de l'universel – l'abstraction – devient l'œuvre de l'intellect réceptif lui-même. Autrement dit, ce qui est en puissance passe à l'acte sans l'intervention d'aucune réalité actuelle. On ne voit pas bien comment l'intellect matériel, s'il est une puissance dépourvue de toute actualité, peut extraire l'essence des choses matérielles intelligibles en puissance.

Nous croyons que le *De intellectu*, loin de s'opposer « purement et simplement » au *De anima*, lui apporte des corrections et des compléments importants qui permettent de mieux comprendre l'acte de connaître dans la noétique d'Alexandre. Dans le *De intellectu* l'intellect matériel est la faculté capable de penser, mais pour y arriver il faut qu'il soit doué d'une capacité effective de saisir les formes intelligibles. Dans l'état de simple puissance cette capacité lui est refusée. Il faut qu'il parvienne à un certain degré d'actualité, laquelle, par principe, lui doit être *accordée* (étant en lui-même pure puissance, il ne peut pas agir par lui-même). Une seule réalité peut, selon le *De intellectu*, être immédiatement saisie par notre intellect : c'est l'intellect agent, car celui-ci est intelligible par sa propre nature et s'impose de lui-même à notre intellect sans qu'il faille aucune activité de notre part. Grâce à ce premier intelligible « venu du dehors », l'intellect matériel acquiert l'actualité nécessaire pour entreprendre l'activité de connaître : il devient intellect habituel. L'abstraction consistera précisément à ramener les formes immergées dans la matière à l'intelligibilité en acte semblable à celle que possède l'intellect grâce à la présence en lui du νοῦς *venu du dehors*. Mais la présence de l'intellect agent en nous n'est pas le résultat d'une activité spéciale de la divinité visant notre actualisation : la divinité ne fait que se penser à elle-même ; c'est en raison de son caractère d'intelligible par nature qu'elle *s'impose* directement à notre faculté intellectuelle, et grâce à cette lumière ainsi acquise nous pouvons étendre notre connaissance aux formes matérielles. Comme dans le *De anima*, l'intellect agent est source d'intelligibilité non pas parce qu'il est la cause immédiate de l'abstraction, mais parce qu'il est l'intelligible premier.

Cette doctrine nous paraît en parfaite continuité avec la noétique du *De anima*. Bien plus, le *De intellectu* apporte des corrections importantes sur certains points faibles qui devaient avoir préoccupé Alexandre. Tel est le cas, particulièrement, de la capacité d'agir qu'on attribue à l'intellect matériel. Ce qui, d'après l'exposé de P. Moraux (*cf.* n. 1, p. 76), était pleinement contradictoire dans le *De anima* devient plus cohérent dans le *De intellectu* : l'intellect matériel *reçoit* une première actualité (le νοῦς venu du dehors) sans qu'il doive exercer aucune activité (ce qui lui serait d'ailleurs impossible), car cette actualité provient de l'intelligible par excellence, source de toute intelligibilité ; et c'est ainsi actualisé que notre intellect se met à connaître. Ce n'est plus une pure puissance qui abstrait, mais une faculté douée d'une lumière reçue qui lui permet de ramener toutes les formes matérielles à l'intelligibilité actuelle. Le *De intellectu* lève une des plus graves incohérences du *De anima*, et dans ces conditions nous ne pouvons pas accepter la tranchante opposition que croit voir P. Moraux entre les deux traités. Si l'on tient compte en outre des similitudes existantes entre ces écrits, et mises en pleine lumière par P. Moraux lui-même, on peut conclure que rien ne s'oppose à l'hypothèse d'une évolution de la pensée d'Alexandre, et par conséquent à l'identité des auteurs de ces deux écrits[1]. Le *De intellectu* ne nous paraît pas être non plus une « déformation involontaire » ni un simple « travail scolaire » ; au contraire, il nous semble que plusieurs thèses fondamentales de l'alexandrisme y sont approfondies et obtiennent une plus grande cohérence.

Pour fonder cette conclusion, nous reprendrons certains textes du *De anima* employés par P. Moraux et nous essaierons de les rapprocher de certains passages du *De intellectu*, afin de montrer le parallélisme et l'affinité de doctrine sur des points

1. Outre les similitudes, P. Moraux a relevé dans le *De intellectu* plusieurs « contradictions » qui sont de nature semblable à celles qu'il a relevées dans le *De anima*. *Cf. op. cit.*, p. 126.

que P. Moraux considère comme exposés de façon divergente dans les deux écrits.

Reprenons d'abord l'épineuse question de la constitution de l'*habitus* noétique et de l'influence de l'intellect agent dans le *De anima*. Devons-nous dire que l'*habitus* est l'œuvre exclusive de l'intellect patient, le νοῦς ποιητικός n'exerçant qu'une action médiate sur l'intellect ? En réalité, le texte le plus explicite d'Alexandre nous met en garde contre une réponse trop tranchée : εἶναί τινα δεῖ καὶ ποιητικὸν νοῦν, ὅς αἴτιος τῆς ἕξεως τῆς τοῦ ὑλικοῦ νοῦ γίνεται[1]. L'intellect agent est donc *cause* de la constitution de l'*habitus*. Comment s'exerce cette causalité ? P. Moraux considère que le texte cité n'implique aucune action *directe* de l'intellect agent sur l'intellect matériel ; tout simplement, celui-là, étant le suprême intelligible, confère l'intelligibilité aux objets qui ne sont pas intelligibles par nature[2]. La suite du texte d'Alexandre permettra de voir dans quel sens cette interprétation est acceptable. De fait, l'Exégète procède en trois étapes (*cf.* n. 1, p. 79). Tout d'abord, il établit un principe général d'une très grande importance : « dans tous les domaines, l'être qui possède fondamentalement et au plus haut degré une propriété est cause de l'existence de cette propriété dans les autres êtres » (ἐν πᾶσιν γὰρ τὸ μάλιστα καὶ κυρίως τι ὂν καὶ τοῖς ἄλλοις αἴτιον τοῦ εἶναι τοιούτοις). Ensuite, Alexandre donne un exemple d'origine aristotélicienne : « le suprême visible, c'est-à-dire la lumière, est cause de la visibilité des autres visibles. » Finalement, il assimile le rôle de l'intellect agent à celui de la lumière : « ce qui est intelligible au plus haut point et par soi est, évidemment, cause de l'intellection des autres <intelligibles> (αἴτιον καὶ τῆς τῶν ἄλλων νοήσεως). Tel est donc le rôle de l'intellect agent : car s'il n'existait pas quelque intelligible par nature, aucune autre chose ne pourrait devenir intelligible (εἰ γὰρ μὴ ἦν τι νοητὸν φύσει, οὐδ' ἂν τῶν ἄλλων τι νοητὸν ἐγίνετο)[3]. » L'intellect agent serait donc cause de l'*habitus*

1. Alexandre, *De anima*, 88, 24. Cf. *supra*, p. 70, n. 2.
2. P. Moraux, *op. cit.*, p. 88.
3. Alexandre, *De anima*, 88, 26-89 (trad. P. Moraux, p. 88-89)

noétique non pas comme exerçant une causalité abstractive directe, mais comme condition de possibilité de l'intellection en tant que fondement de l'intelligibilité des êtres. Entre ceux-ci et le νοῦς ποιητικός s'établit une relation de *participation*, très bien mise en lumière par P. Moraux. Mais il est clair que l'abstraction est toujours le fait de l'intellect humain, l'intellect divin se limitant à conférer aux objets matériels « un caractère qui les rend aptes à tomber sous l'action abstractive de notre esprit »[1].

Voyons maintenant le processus de constitution de l'*habitus* dans le *De intellectu*. La différence entre cet écrit et le *De anima* est peut-être moindre que P. Moraux ne le dit. En effet, comme dans le *De anima*, le *De intellectu* affirme que l'intellect agent est la cause de l'*habitus* : ὁ ποιητικός, δι' ὃν ὁ ὑλικὸς ἐν ἕξει γίνεται[2]. Pour expliquer cette action, on fait appel au même exemple de la lumière : « de même que la lumière est, pour les couleurs visibles en puissance, la cause qui les fait passer à la visibilité actuelle, ainsi ce troisième intellect – l'agent – fait de l'intellect en puissance ou matériel, un intellect en acte en mettant en lui l'*habitus* noétique (οὕτως καὶ οὗτος ὁ τρίτος νοῦς τὸν δυνάμει καὶ ὑλικὸν νοῦν ἐνεργείᾳ νοῦν ποιεῖ ἕξιν ἐμποιῶν αὐτῷ τὴν νοητικήν)[3]. » Pourquoi peut-il exercer cette action ? Parce que l'intellect agent est l'intelligible par nature, φύσει νοητον ; et l'intelligible en acte, ἐνεργεία τοιούτον (même explication dans le *De anima*). Pour ces raisons, cet intelligible suprême s'impose à notre intellect sans qu'il faille l'abstraire, et c'est dans ce sens qu'il « vient du dehors » : « il arrive en nous de l'extérieur, lorsque nous le pensons, puisque c'est par la préhension de la forme que l'intellection se produit en nous, et qu'il est la forme immatérielle indépendante de la matière sans en avoir été séparée par la pensée abstractive. Dans ces conditions, il est évidemment séparé de nous, puisque ce n'est pas notre pensée qui lui confère sa quiddité d'intellect, mais il la possède par nature, étant à la fois intellect en acte et

1. P. Moraux, *op. cit.*, p. 92.
2. *De intellectu*, 107, 29-30.
3. *Ibid.*, 107, 31-34 (trad. P. Moraux, p. 186-187).

intelligible en acte [1]. » On trouve la même doctrine, et presque dans les mêmes termes, dans le *De anima* : « Celui-là, au contraire, c'est en tant qu'intellect qu'il vient du dehors, car seul de tous les objets de pensé il est intellect par lui-même et indépendamment de l'acte de pensée [2]. » Comment l'intellect agent exerce-t-il sa causalité dans la constitution de l'*habitus* ? Nous avons déjà esquissé les traits fondamentaux de cette action, mais nous voudrions insister sur ce point, parce que la question est décisive pour déterminer l'authenticité du *De intellectu*. Il est clair que l'intellect agent n'exerce pas une causalité abstractive : celle-ci reste toujours une opération propre à l'intellect réceptif ; tout simplement, celui-ci abstrait, une fois parvenu à son état d'intellect habituel, c'est-à-dire, une fois qu'il a acquis sa première actualité par la réception de l'intellect venu du dehors, lequel s'impose de soi en raison de son intelligibilité en acte. P. Moraux voit dans ce processus une action directe ou immédiate de l'intellect agent sur l'intellect potentiel, laquelle serait à opposer à l'action médiate (comme fondement de l'intelligibilité des objets) exposée dans le *De anima*. Nous ne croyons pas que cette interprétation soit exacte. Il semble, en effet, que, même pour le *De intellectu*, l'action de l'intellect agent est de fournir une lumière dans laquelle les intelligibles en puissance peuvent devenir, si l'intellect potentiel les y réfère, intelligibles en acte, mais qu'elle n'est pas une action directe sur l'intellect potentiel. Telle est l'idée qui se dégage d'un texte que nous avons cité ci-dessus (*cf.* n. 2, p. 74) : « cet être (l'agent) est à la fois intelligible par sa propre nature et intellect en acte ; il est la cause qui porte l'intellect matériel à séparer, en la rapportant à une forme de ce genre, chacune des formes engagées dans la matière, à l'imiter, à la penser et à la rendre intelligible [3]. »

1. *De intellectu*, 108, 23-28 (trad. P. Moraux, p. 188).

2. Alexandre, *De anima*, 90, 21-22. Il est intéressant de souligner que les deux écrits déduisent de cette nature de l'intellect « venu du dehors » son incorruptibilité : ἄφθαρτος δέ, ὅτι ἡ φύσις αὐτοῦ τοιαύτη (*De anima*, 90, 23) ; τὸ δὲ τοιοῦτον εἶδος καὶ ἡ χωρὶς ὕλης οὐσία ἄφθαρτος (*De intellectu*, 108, 28-29).

3. *De intellectu*, 108, 19-22 : τοῦτο δὴ τὸ νοητόν τε τῇ αὑτοῦ φύσει καὶ κατ'ἐνέργειαν νοῦς, αἴτιον γινόμενον τῷ ὑλικῷ νῷ τοῦ κατὰ τὴν πρὸς τὸ

P. Moraux lui-même a commenté ce passage d'une façon qui nous permet de réduire les divergences entre les deux écrits d'Alexandre. Ce qui nous intéresse, c'est son exégèse des termes ἀναφορά et ἀναφέρειν. D'après le savant historien, « ils désignent un rapport d'inférieur à supérieur, que ce soit le rapport de moyen à la fin, celui de l'espèce au genre, ou simplement *celui d'une chose possédant telle qualité à une autre qui possède cette qualité à un degré plus éminent*[1]. Ce rapport de subordination (ἀναφορά) est tout à fait dans la même ligne que la doctrine de la participation exposée dans le *De anima*, et il permet de compléter le parallélisme que nous avons commencé d'établir entre les deux écrits. Concernant la constitution de l'*habitus*, le *De anima* contient trois affirmations : l'intellect agent est cause de la ἕξις ; il est cause comme la lumière ; il est cause parce qu'il est l'intelligible par nature et au plus haut degré et, comme tel, il est cause de l'intelligibilité des autres formes. Nous avons repéré les deux premières thèses dans le *De intellectu* ; maintenant, nous pouvons dire que les deux écrits donnent aussi un même fondement métaphysique à cette action de l'intellect agent. Étant l'intelligible par nature (φύσει νοητόν), il est « l'agent de la pensée qui mène à l'acte l'intellect matériel »[2], non pas par une action directe sur cet intellect réceptif, mais plutôt comme *source* d'intelligibilité, qui baigne les formes dans une lumière qu'il possède au plus haut degré et qui s'est imposée à l'intellect matériel comme sa perfection première, à laquelle cet intellect matériel lui-même réfère toutes les formes engagées dans la matière. L'activité abstractive appartient toujours à l'intellect humain, mais le fondement métaphysique de la pensée est l'intellect divin, suprême intelligible et cause de l'intelligibilité et de l'intellection. C'est pourquoi l'intellect matériel doit rapporter les formes (qu'il sépare et par conséquent qui dépendent de lui) à cette perfection intelligible « venue du dehors » (et par

---

τοιοῦτο εἶδος ἀναφορὰν χωρίζειν τε καὶ μιμεῖσθαι καὶ νοεῖν καὶ τῶν ἐνύλων εἰδῶν ἕκαστον καὶ ποιεῖν νοητὸν αὐτό.

1. P. Moraux, *op. cit.*, p. 130. Cf. *supra*, p. 75, n. 1.

2. *De intellectu*, 108, 1-2

conséquent indépendante de lui). Pour les rendre intelligibles, l'homme doit établir entre les formes immergées dans la matière et cet « intelligible par nature » une relation d'imitation (μιμεῖσθαι) qui s'accomplit précisément par la séparation (χωρίζειν), grâce à laquelle les formes sont rendues immatérielles comme l'intelligible en acte. Une même idée est exprimée tant dans le *De anima* que dans le *De intellectu* et cette idée est très profonde : l'intellect humain, tout en étant la faculté abstractive (la cause efficiente), n'est pas le fondement dernier de la pensée et de la vérité. Ce rôle (qui n'est pas idéogénésique mais métaphysique) revient à l'intellect divin comme lumière, modèle et source de l'intelligibilité à laquelle toutes les formes doivent être subordonnées.

C'est ainsi que nous devons comprendre cette affirmation commune aux deux écrits : « l'intellect agent est cause de l'*habitus* noétique. » Mais le *De intellectu*, appliquant une série de principes énoncés aussi dans le *De anima* et communs aux aristotéliciens, ajoute une précision tout à fait nécessaire. L'intellect qui exerce l'abstraction n'est pas l'intellect matériel à son état purement potentiel, mais bien l'intellect matériel parvenu à un premier état d'actualité grâce à la présence en lui de l'intelligible venu du dehors, celui qui seul s'impose à la pensée de par sa propre nature. En vertu de la théorie de l'identité du pensant et du pensé, l'intellect matériel se fait, lui aussi, intelligible en acte, s'approprie cette lumière qui, ainsi intériorisée, lui permettra de séparer toutes les autres formes et de les rapporter à cette perfection intelligible. Cette doctrine, loin de s'opposer à celle du *De anima*, éclaircit la pensée d'Alexandre sur un point qui avait mérité de très justifiables préventions de la part de P. Moraux. Comme nous l'avons dit, elle permet de lever une contradiction latente dans le *De anima*, à savoir qu'une réalité tout à fait potentielle puisse être capable d'agir. Ce complément est ajouté sans faire violence aux idées exprimées dans le *De anima*, car si, comme il est dit dans cet écrit, l'intellect habituel est constitué par la foule de concepts logés dans notre faculté réceptive, le *De intellectu* précise que la ἕξις a pour origine un intelligible qui s'impose de soi à notre esprit avant tous les autres concepts, qui vient du dehors, et qui fonde l'intelligibilité de toutes les autres formes, lesquelles seront ainsi abstraites par une réalité possédant déjà une première actualité.

Il est évident que cette actualité, justement parce qu'elle est première, ne pouvait pas être le résultat d'une activité de l'intellect matériel, défini précisément comme pure puissance; elle devait lui être *conférée* (c'est la même idée qui est exprimée par le *De anima* lorsqu'il dit que l'intellect agent vient « du dehors »). Grâce à cette première motion l'intellect devient capable de rapporter les formes immergées dans la matière à la lumière qu'il a reçue. Devons-nous dire que cette actualisation de l'intellect serait le fruit d'une *action* directe de l'intellect divin sur l'intellect matériel? Rien n'autorise à l'affirmer. L'intellect agent est cause de l'*habitus* noétique sans qu'une action de sa part soit nécessaire. Tout simplement il arrive en nous de l'extérieur (ἔξωθεν γινόμενος ἐν ἡμῖν)[1], ce qui veut dire, à notre avis, que la constitution de l'*habitus a lieu* par la simple *présence* de l'intelligible par nature qui s'impose de soi à toute réalité intellectuelle sans qu'il faille aucune action, ni de la part de l'intellect matériel (incapable de se donner l'actualité qui lui manque), ni de la part de l'intellect agent. En effet, l'intellect divin, divin et transcendant, reste toujours immuable dans sa transcendance, « car il ne pense rien d'autre que lui-même »[2]. S'il est dit cause de l'*habitus* ce n'est pas parce qu'il sort de lui-même pour agir sur l'intellect matériel, mais parce que, étant le premier intelligible, il actualise cet intellect avant tous les autres concepts, et il devient ainsi source de l'intelligibilité des autres formes.

Encore cette dernière fonction de l'intellect agent doit-elle être bien comprise. P. Moraux, rencontrant cette même doctrine dans le *De anima*, avait montré très heureusement que l'intellect agent n'est pas source de l'intelligibilité *actuelle* des formes; tout simplement, il fournit aux êtres hylémorphiques l'élément formel, mais « l'intelligibilité reste *potentielle* aussi longtemps que n'est pas intervenu l'esprit humain qui saisit la

1. *De intellectu*, 108, 23.
2. *Ibid.*, 109, 25: οὐδὲν γὰρ ἄλλο ἢ αὑτὸν νοεῖ.

forme en elle-même, indépendamment de la matière à laquelle elle est jointe »[1]. Or, cette explication ne fait qu'accroître les ressemblances avec le *De intellectu*, car c'est dans ce sens même qu'est expliqué le rôle de l'intellect agent comme source d'intelligibilité. L'intellect divin, s'étant imposé à l'intellect matériel en raison de son intelligibilité actuelle, confère à celui-ci une lumière grâce à laquelle les autres formes pourront devenir intelligibles si l'intellect les y réfère.

Voici le texte qui appuie les affirmations contenues dans les deux derniers alinéas : « En effet, tout comme *la lumière*, qui est cause de la vision en acte, est perçue elle-même ainsi que ce qui l'accompagne, et *grâce à elle*, la couleur, ainsi l'intellect extérieur est cause de notre intellection tout en étant pensé lui-même : *il ne crée pas l'intellect*, mais perfectionne par sa propre nature l'intellect existant et le conduit vers ses fonctions propres. Donc l'intelligible par nature c'est l'intellect suprême ; les autres intelligibles existent par l'art et par l'opération de l'intellect humain : *l'intellect potentiel les crée*, sans pâtir et sans être amené à l'existence par une cause étrangère (même avant son acte il était intellect), mais *après avoir été augmenté et perfectionné*. Une fois perfectionné, il pense, et les intelligibles par nature, et ceux qui dépendent de son activité et de son art propre. L'action est en effet le trait propre de l'intellect, et penser c'est, pour lui, agir et non pâtir[2]. »

Ainsi donc, la causalité que l'intellect agent exerce sur l'intellect potentiel n'est ni créatrice ni motrice, elle est plutôt de l'ordre formel de la spécification : l'intellect divin est le *primum cognitum* parce qu'il s'impose de par sa propre nature (φύσει νοητόν) à l'intellect réceptif. Celui-ci garde toujours l'initiative vis-à-vis des intelligibles en puissance qu'il actualisera en les rapportant à la lumière intelligible venue du dehors. C'est ainsi que l'intellect agent est source d'intelligibilité sans être source d'intelligibilité actuelle, car celle-ci est toujours l'œuvre de

1. P. Moraux, *op. cit.*, p. 92.

2. *De intellectu*, 111, 32 – 112, 5 (trad. P. Moraux, p. 191-192). Nous préférerions traduire les lignes 111, 36 à 112, 1 comme suit : « L'intellect donc est quelque chose d'intelligible par nature, tandis que les autres intelligibles le sont par l'art... »

l'intellect humain. Dans ces conditions nous paraît excessive l'affirmation de P. Moraux selon laquelle le *De intellectu* contient une doctrine opposée à celle du *De anima* qui « affecte le rôle du νοῦς ποιητικός et, par là même, l'ensemble de l'action divine sur le monde » [1]. Entre les deux traités, il n'y a pas d'opposition ; les différences entre eux sont plutôt une précision et un développement de thèses qui, implicites ou imparfaitement exprimées dans le *De anima*, parviennent à leur état plus achevé dans le *De intellectu*. Ce dernier traité nous paraît donc, et telle est notre conclusion, l'expression la plus mûre de la pensée d'Alexandre d'Aphrodise et, comme tel, il doit être rangé parmi les écrits authentiques de l'Exégète*.

Nous ne voulons pas terminer ce bref exposé de la pensée d'Alexandre sans faire deux observations supplémentaires sur l'œuvre de P. Moraux.

1. Il nous semble que plusieurs jugements de valeur portant sur la doctrine d'Alexandre dépendent, chez P. Moraux, d'une certaine exégèse de la psychologie d'Aristote qui consiste, pour le fond, à déclarer historiquement exacte l'interprétation thomiste du *Traité de l'âme*. Il est clair que le matérialisme d'Alexandre – compris comme faisant de la forme l'effet et non pas la cause de l'organisation du composé – est hétérodoxe pour un aristotélicien, mais sa conséquence, à savoir la mortalité de toute âme (forme substantielle), ne l'est pas. Pour Aristote, en effet, la destruction du composé entraîne celle de ses coprincipes. Si l'âme de l'homme est une véritable forme substantielle, elle ne peut pas échapper à cette conséquence. Pour cette raison la doctrine d'Alexandre ne nous paraît pas une « étrange théorie » ni un motif véritable de « scandale » pour les

1. P. Moraux, *op. cit.*, p. 120.

* [Dans un travail postérieur, « Le *De anima* dans la tradition grecque », *Aristotle on Mind and the Senses*. Proceedings of the Seventh Symposium Aristotelicum, Cambridge, 1978, p. 296-305, P. Moraux a modifié sa thèse et a accepté l'authenticité du *De intellectu*. Quelques différences avec ma position demeurent cependant : pour lui le *De intellectu* précède le *De anima* ; pour moi, c'est l'inverse.]

commentateurs postérieurs[1]. D'ailleurs, l'assimilation de l'intellect agent à la divinité nous paraît tout simplement l'explicitation de l'une des exégèses orthodoxes possibles du *Traité de l'âme*. F. Nuyens et E. Barbotin ont démontré que le principe actif est, chez Aristote, de nature divine[2] et que l'immanence de l'intellect agent dans l'homme ne signifie en aucune manière son assimilation à la condition de simple « puissance » de l'âme[3]. Dans la mesure où l'œuvre de P. Moraux dépend d'une « interprétation classique de la psychologie d'Aristote », il nous semble que plusieurs de ses jugements sur la noétique d'Alexandre devraient être revus[4].

2. À la fin du *De intellectu*, Alexandre expose la doctrine d'un auteur anonyme dont nous nous permettons de transcrire le passage le plus important : « il affirmait que l'intellect existe à l'intérieur même de la matière comme une substance à l'intérieur d'une substance, et qu'il y est en acte, agissant sans cesse de son activité propre ; et lorsque du corps qui a été mélangé est né, par suite de la mixtion, du feu ou quelque chose d'analogue qui puisse fournir un organe à l'intellect qui se trouve dans ce mixte (vu qu'il est dans tout corps et que nous avons affaire à un corps), cet organe est appelé intellect en puissance ; il est une certaine faculté née lors de la fusion des corps, faculté qui est apte à la réception de l'intellect en acte. Chaque fois que (l'intellect en acte) utilise cet organe, il agit pour ainsi dire organiquement ; cette activité est relative à la matière et se produit par la matière. On dit alors que c'est nous qui pensons. Notre intellect est en effet composé, d'une part, de la puissance qui est instrument de l'intellect divin et qu'Aristote appelle intellect potentiel, et d'autre part, de

1. *Cf.* P. Moraux, *op. cit.*, p. 95 et 97. P. Moraux dépend, nous semble-t-il, de l'interprétation proposée par M. De Corte (*La Doctrine de l'intelligence chez Aristote*, Paris, 1934). S'il avait pu connaître l'interprétation de F. Nuyens (*L'Évolution*... (1948), p. 309), il ne serait pas si surpris de voir un aristotélicien nier l'immortalité de l'âme humaine et de l'intellect réceptif.

2. *Cf.* F. Nuyens, *L'Évolution*... (1948), p. 306-308 ; E. Barbotin, *La Théorie aristotélicienne*... (1954), p. 216-240.

3. P. Moraux, *op. cit.*, p. 100 *sqq.*

4. *Cf.* une opinion semblable chez É. Gilson, *Autour de Pomponazzi*... (1961), p. 165, n. 1, à qui nous empruntons l'expression écrite entre guillemets.

l'acte de cet intellect (divin). En l'absence de l'un des deux composants, il est impossible que nous pensions [1]. »

Nous avons voulu transcrire ce long passage parce qu'il pourrait être un antécédent important des courants « averroïstes » du XIIIe siècle. Cependant, il nous paraît que P. Moraux exagère quand il qualifie cette doctrine d'averroïsme « avant la lettre » [2]. De fait, P. Moraux commet une erreur de perspective au sujet de l'averroïsme. D'abord il n'est pas exact qu'Averroès ait identifié « l'intellect agent à la divinité » [3] ; ensuite le propre de l'averroïsme, c'est la doctrine de la transcendance et de l'unicité de l'intellect possible ou matériel (et *a fortiori* de l'agent), un point sur lequel l'Anonyme de la fin du *De intellectu* ne dit absolument rien. On peut aller plus loin : dans la mesure où l'Anonyme fait de l'intellect réceptif quelque chose de corporel, il s'oppose à Averroès. En effet, pour le philosophe de Cordoue l'intellect passif corruptible dont parle Aristote (*De anima* 430 a 24) n'est autre chose que l'imagination, et non pas l'intellect possible ou réceptif, lequel jouit de la même transcendance que l'intellect agent.

2. Thémistius (c. 320-390)*

Nous nous sommes occupé de la pensée de Thémistius dans un travail antérieur [4]. Nous reprendrons ici l'essentiel de ce premier exposé, en élargissant quelques points de vue qui nous semblent aujourd'hui plus importants. Une impression s'est dégagée lors la lecture des maîtres du XIIIe siècle : c'est qu'après la traduction de sa paraphrase sur le *De anima* [5]

1. *De intellectu*, 112, 10-22 (trad. P. Moraux, *op. cit.*, p. 192).

2. P. Moraux, *op. cit.*, p. 157.

3. *Ibid.*, p. 158 ; *cf.* p. 163.

* [Une version augmentée du paragraphe sur Thémistius fut publiée en espagnol sous le titre « La noética de Temistio », dans la *Revista Venezolana de Filosofía* (Caracas), n. 5-6 (1976-1977), p. 51-82.]4. B. C. Bazán, *Autour de la controverse…* (1967), p. 502-509.

5. La traduction fut faite par Guillaume de Moerbeke et achevée à Viterbe le 22 novembre 1267. La découverte qui a permis d'établir cette date est expliquée par G. Verbeke, *Thémistius. Commentaire sur le Traité de l'âme…* (1957), p. XII.

Thémistius est devenu l'une des pièces fondamentales de la controverse sur la nature de l'âme et de l'intellect. Outre l'importance que lui ont donnée les maîtres du Moyen Âge pour les besoins de leur polémique, Thémistius nous paraît être un penseur qui, en lui-même, mérite d'être considéré comme un élément majeur dans l'histoire de la noétique [1]. Nous espérons justifier cette affirmation au cours de cet exposé synthétique de sa doctrine [2].

Le point de départ du problème noétique chez Aristote a été, selon F. Nuyens, l'application de l'hylémorphisme à l'homme. En effet, l'intellect semble dépasser les possibilités d'une forme substantielle de la matière. Nous avons examiné plus haut combien de précautions prend Aristote à l'égard de l'intellect quand il s'agit de lui appliquer les conséquences de la doctrine générale de l'âme [3]. Thémistius, lui aussi, adopte la doctrine hylémorphique et l'applique à l'homme. Pour lui, l'âme, en général, est acte et entéléchie première du corps [4]. Et, à la suite d'Aristote, il reprend également les précautions et les

1. Et cela malgré son éclectisme. *Cf.* l'opinion contraire chez E. Barbotin, *La Théorie aristotélicienne*... (1954), p. 54 : « philosophie éclectique et dépourvue d'originalité ».

2. L'emploi fréquent de Thémistius par saint Thomas a été solidement démontré par les études de M. De Corte (*Thémistius et Saint Thomas*... 1932) et de G. Verbeke (*op. cit.*, Introduction : *Thémistius et le De unitate intellectus*). L'étude de M. Verbeke a été un point de départ très suggestif sur lequel nous avons compté de façon permanente. [R.-A. Gauthier, qui considère cette étude « comme définitive », a apporté des précisions importantes sur l'utilisation que Thomas fait de la paraphrase de Thémistius dans son commentaire sur le *De anima* ; cf. *Sentencia libri De anima*... (1984) p. 273*-282*. Signalons aussi que les citations explicites de Thémistius dans le *De anima intellectiva* de Siger de Brabant sont plus nombreuses (7 fois) que les citations explicites d'Averroès (2 fois). Selon J.J. Duin, *La Doctrine de la Providence*... (1954), Siger commença l'étude de Thémistius après avoir lu le *De unitate intellectus* de Thomas.]

3. Cf. *supra*, p. 31-35, notes, les « cinq restrictions » qu'Aristote impose à l'application de la définition générale de l'âme.

4. Thémistius, *In De anima*, III, p. 94, 80-81 (éd. Verbeke) : « Necessarium ergo animam speciem esse et endelichiam et sic substantiam ut speciem » ; p. 96, 26-27 : « Endelichia igitur anima corporis vitam habentis et ut prima, non ut secunda » ; p. 101 : « anima quidem igitur ambae endelichiae et magis prima, corporis autem subiectum. »

restrictions concernant l'intellect [1]. Cette situation met évidemment en question la valeur de la définition générale de l'âme. Alexandre d'Aphrodise avait déjà avancé que la définition proposée par Aristote n'avait qu'une valeur analogique [2], et, selon P. Moraux, il avait fini par identifier la vie à la possession de l'âme végétative, réduction qui n'est en rien justifiée et qui ne découle pas du caractère analogique de l'âme [3]. Pour Thémistius, la définition générale de l'âme n'implique pas l'existence d'un genre ou d'une nature commune aux réalités diverses signifiées par elle, et cela parce que les différentes âmes sont subordonnées entre elles « secundum prius et posterius ». S'il en est ainsi, la définition de l'âme n'est pas une définition propre, mais, ajoutons-nous, analogique [4]. L'essentiel est de chercher ce qui est propre et caractéristique à chacune des âmes. Celle qui présente le plus grave problème est, évidemment, l'âme intellective : « De speculativo autem intellectu altera ratio : *forte enim iste neque potentia neque pars praedictae animae, substantia autem altera dignior deveniens in deteriori* [5]. » Nous verrons comment cette hypothèse émise par Thémistius est confirmée par la suite de l'exposé : l'intellect n'est pas une partie de l'âme qui est forme du corps : tout au contraire, il est une substance plus digne, affectée d'une certaine déchéance par suite de son union au corps.

La méthode appliquée par Thémistius dans sa recherche sur la nature de l'intellect est tout à fait aristotélicienne : c'est l'analyse de l'opération de connaître qui doit nous révéler la nature de son principe [6]. Cette analyse est entreprise au livre V de la paraphrase, où Thémistius fait l'exégèse du chapitre IV du

1. Thémistius, *In De anima*, III, p. 102, 36-39 ; p. 108, 45-48.

2. *Cf.* P. Moraux, *Alexandre d'Aphrodise...* (1942), p. 51-53.

3. P. Moraux (*op. cit.*, p. 54-55) a soutenu que, chez Alexandre, la définition analogique de l'âme entraîne nécessairement la réduction de la vie à la vie végétative.

4. *Cf.* Thémistius, *In De anima*, III, p. 112-113.

5. *Ibid.*, p. 114, 80-83.

6. *Ibid.*, p. 115, lin. 90-94 : « Si autem oportet dicere, quid sit unumquodque horum, puta quid quod intellectivum, aut quid quod sensitivum, prius considerandum quid sit intelligere et quid sentire ; priores enim et manifestiores nobis potentiis sunt operationes. »

troisième livre du *Traité de l'âme*. L'examen des conditions de la connaissance intellectuelle amène Thémistius à dégager certaines propriétés du principe intellectif : il doit être impassible et entièrement réceptif ; autrement dit, il ne doit posséder aucune forme propre ; son essence est celle d'un être en puissance [1]. Mais, pour que cette impassibilité et cette réceptivité soient possibles, il faut que l'intellect ne soit pas mêlé au corps : « qui ergo vocatur *intellectus animae* (dico autem intellectum quo intelligit et suscipit anima, non ille quo saepe abutentes ferimus et super phantasiam), nihil entium est actu ante aliquid intelligere... *Propter quod neque rationabile est ipsum esse mixtum corpori* ; corporis enim ad corpus mixtura est. Necesse autem corpus existentem actu esse et formam habere propriam ; sed neque organo utique utetur corpore sicut sensus ; etenim sic absumet qualitatem organi... [2]. » Nous trouvons ici le *premier sens* du mot *intellectus* chez Thémistius. Il s'agit de l'*intellect potentiel*, purement réceptif [3], dont le caractère personnel est nettement affirmé *(intellectus animae)* non moins que son caractère immatériel *(immixtum corpori)*. Nous aurons l'occasion de reprendre la question de la véritable nature de cet intellect potentiel.

C'est justement la potentialité de ce principe intellectuel qui requiert l'existence d'un principe actif capable de le conduire à l'acte. Sans quoi la nature ne parviendrait pas à son but, puisque sans ce principe actif, l'homme ne pourrait pas accomplir l'acte qui lui est propre [4]. Pour cette raison,

1. Thémistius, *In De anima*, V, p. 214-215.

2. *Ibid.*, V, p. 215, 15-22.

3. Car il n'a d'autre réalité que les objets qu'il pense *(noemata)* ; cf. *In De anima*, V, p. 217, 50-52 : « nihil enim aliud intellectus est quam noemata, idest intellecta vel conceptus. Factus igitur idem his quae intelliguntur, intelligit tunc et seipsum. »

4. Thémistius, *In De anima*, VI, p. 223-224, 77-86 : « Quoniam eorum quae a natura fiunt unumquodque praesumptam habet potentiam, sequentem autem perfectionem, et non sistit in bona aptitudine et in eo quod potentia (frustra enim utique haberet haec a natura), palam quia et humana anima non usque ad hoc quod haberet eum qui potentia intellectus processit, neque usque ad hoc quod esset apta nata ad intelligere idonee, sed assequi necessarium est bonae aptitudini finem, cuius gratia a natura instituta est ; oportet igitur potentia intellectum perfici : perficitur

Thémistius conclut : « Necesse ergo et in anima existere has differentias et esse hunc quidem aliquem potentia intellectum, hunc autem aliquem actu intellectum perfectum et non adhuc potentia et eo quod est esse aptum natum, sed intellectum existentem actu, qui illi qui potentia complexus et producens ipsum in actum eum qui secundum habitum intellectum efficit, in quo universalia noemata, idest intellecta, et scientiae[1]. » Nous voici devant le *deuxième sens* du mot *intellectus* : c'est l'*intellect actif*[2], dont l'activité est double. D'une part, il actualise l'intellect potentiel selon un mode qu'il faut encore déterminer ; d'autre part, il rend intelligibles en acte les formes immergées dans la matière[3]. C'est pour cela que Thémistius l'appelle *productor noematum*[4]. En tant que principe efficient de l'intellection il doit posséder, et à plus forte raison, toutes les propriétés de l'intellect potentiel : « separatus, impassibilis, immixtus »[5] ; il est même semblable à Dieu : « propter quod et deo maxime assimilatur, etenim deus aliqualiter quidem est ipsa entia, aliqualiter autem horum productor[6]. » Cependant Thémistius n'identifie pas l'intellect agent à Dieu. En effet, bien qu'il lui reconnaisse non seulement l'immortalité, mais aussi l'éternité[7], et bien qu'il lui

autem nihil a seipso, sed ab alio. Necesse ergo et in anima existere has differentias. »

1. Thémistius, *In De anima*, VI, p. 224, 86-92.

2. Chez Thémistius l'expression νοῦς ποιητικός est déjà généralisée. Elle remplace le neutre τὸ ποιητικόν employé par Aristote. Comme nous le verrons, cette différence est d'ordre sémantique : le principe actif dont la nature était indéterminée chez Aristote (personnel ou suprapersonnel ?) devient pour Thémistius un constitutif du moi.

3. Thémistius, *In De anima*, VI, p. 225, 6-8 : « intellectus iste qui actu producens potentia intellectum non solum ipsum actu intellectum fecit, sed et potentia intelligibilia actu intelligibilia ipsi instituit. »

4. *Ibid.*, p. 226, 31.

5. *Ibid.*, p. 225, 1-2.

6. Thémistius, *In De anima*, p. 226, 31-33.

7. Il le fait sur la base du texte d'Aristote et du *Fragment XII* de Théophraste (transmis précisement par Thémistius). Cf. *In De anima*, VI, p. 232-233.

attribue le caractère d'intelligible *per se* [1], Thémistius se refuse pourtant à l'assimiler à la divinité première : « Quoniam et quando dicit : " hoc est solum immortale et perpetuum", non utique dicit ad primum deum referens. Non enim hunc solum ponit immortalem et perpetuum sed et fere omnes virtutes motivas divinorum corporum, quas sub numero reducere in compilatione *Metaphysicae* non recusat ; in humana vero anima et in his quae circa hanc potentiis solam ipsam immortalem esse determinans recte utique dicit : "et hoc est solum immortale" [2]. »

L'intellect est quelque chose de divin ; il n'est pas, cependant, la divinité première. Cette opposition à Alexandre est d'une très grande importance : Thémistius affirme explicitement le caractère *personnel* non seulement de l'intellect réceptif, mais aussi bien de l'intellect actif [3]. Cette appartenance à l'homme est témoignée par un fait d'expérience : « propter quod et in nobis est intelligere quando volumus [4] ». L'intellect actif est uni au principe potentiel d'une façon intrinsèque, et constitue avec lui une unité semblable à celle qui existe entre la matière et la forme [5]. Ces deux intellects personnels sont séparés, immortels et éternels [6]. Mais la priorité de nature revient à l'intellect actif, bien que l'on puisse attribuer, dans l'individu, une priorité temporelle à l'intellect potentiel [7]. Cette immanence des principes

1. Thémistius, *In De anima*, VI, p. 227, 49-55 : « Est autem actus incessabilis et sine labore et immortalis et aeternus, intellectus et intelligibilis idem certitudinaliter, non adhuc secundum aliud et aliud, neque propter aliud, sicut reliqua intelligibilia...sed propter seipsum intelligibilis et natura quae a seipso et intelligi et intelligere habens. »

2. *Ibid.*, p. 233-234, 82-88.

3. *Ibid.*, VI, p. 233, 77-79 : « in anima enim ait esse talem intellectum et animae humanae velut quandam partem honoratissimam. » Cf. *supra*, n. 4, p. 91 : « Necesse ergo et in anima existere has differentias. »

4. *Ibid.*, p. 225, 19.

5. *Ibid.*, p. 226, 23-25 : « sic enim et qui secundum actum intellectus intellectui potentia superveniens unus fit cum ipso ; unum enim quod ex materia et forma. »

6. *Ibid.*, p. 227, 43-51. *Cf.* B. Bazán, *Autour de la controverse...* (1967), p. 505.

7. *Ibid.*, p. 227, 40-43 : « in homine quidem igitur prior qui potentia intellectus eo qui actu ; prior enim tempore omnis aptitudo actu :

intellectifs permettra à Thémistius de formuler une importante doctrine du *moi*. La réalité humaine complète comprend non seulement les principes d'ordre intellectuel, mais aussi le corps et les puissances inférieures. Entre toutes ces réalités il y a une subordination de puissance à acte. Or, dans les êtres ainsi composés et structurés, une distinction s'impose entre ce qu'ils sont (de manière totale) et l'élément formel qui les constitue dans leur essence [1]. Pour trouver *l'essence* du moi, il faut déterminer donc quel est le principe le plus noble et le plus actuel dans l'homme, car en tant qu'être composé chaque homme peut dire de soi-même : « aliud quidem ego, aliud autem mihi esse » [2]. Thémistius pose le problème d'une façon très claire et il le résout non moins nettement : « Nos igitur sumus aut qui potentia intellectus aut qui actu. Siquidem igitur in compositis omnibus ex eo quod potentia et ex eo quod actu, aliud est esse hoc et aliud esse huic, aliud utique erit ego et mihi esse, et *ego quidem compositus intellectus ex potentia et actu, mihi autem esse ex eo quod actu est* [3]. » Suivant une tradition néoplatonicienne [4], Thémistius opère d'abord une réduction du moi à l'âme intellective (et ses deux intellects), ensuite une réduction de l'essence du moi à l'élément actuel de l'âme, où la nature semble s'arrêter une fois son but atteint : nous sommes l'intellect actif [5].

L'immanence et le caractère personnel de l'intellect actif ne vont pas sans causer des problèmes. Thémistius est pleinement conscient des difficultés exégétiques que pose le *Traité de l'âme* et de celles qui découlent des principes généraux de la philosophie d'Aristote. Comment concilier, en effet, ce caractère personnel et multiple de l'intellect avec l'image de la

---

simplicior autem non prior, nunquam enim prius imperfectum perfecto, neque potentia actu. »

1. *Cf.* G. Verbeke, *op. cit.*, p. LX.
2. Thémistius, *In De anima*, VI, p. 229, 81.
3. *Ibid.*, p. 228, 69-72.
4. *Cf.* G. Verbeke, *op. cit.*, p. LIX.
5. Thémistius, *In De anima*, VI, p. 229, 81-91 : « Esse enim mihi [...] activus intellectus. » Pour une réduction semblable du moi à l'âme intellective, cf. *infra*, n. 4, p. 111 et B. C. Bazán, « Pluralisme de formes... » (1969), p. 40, n. 39.

lumière employée par le Stagirite ? Et d'où tireront-ils leur principe de multiplication, ces intellects qui, par définition et par les exigences de leur activité, sont dits immatériels et séparés ? En résumé, l'intellect actif est-il unique ou multiplié[1] ? L'hypothèse de l'unicité se heurte à la doctrine déjà formulée du caractère personnel de l'intellect ; d'ailleurs, dans l'hypothèse de l'unicité, l'immortalité du νοῦς n'aurait plus de signification pour chacun de nous. Mais l'hypothèse de la multiplication se heurte à des obstacles tout aussi grands : si pour assurer la communication entre les intellects on affirme leur unité spécifique et leur multiplicité numérique, on doit introduire en eux de la matière, ce qui est contraire à la nature de l'intellect ; si pour assurer leur multiplicité en respectant leur immatérialité on affirme qu'ils sont des formes pures, on les multiplie spécifiquement, ce qui rend impossible la communication entre les intellects. Ce dernier point a été bien mis en lumière par G. Verbeke, mais nous voulons insister là-dessus. Le point de départ de l'argument est que dans l'intellect *actif son activité est identique à son essence*[2]. Si l'intellect est unique, alors tous les intellects réceptifs qui lui sont unis devraient penser les mêmes objets ; mais si, en revanche, ces intellects sont multiples spécifiquement (la multiplicité numérique étant exclue par principe), les intellects réceptifs « ne pourraient plus penser tous les objets, car leurs possibilités seraient limitées par le contenu de l'intellect actif correspondant »[3].

1. Thémistius, *In De anima*, p. 234, 95-3 : « utrum unus activus iste intellectus aut multi ? Ex lumine quidem enim cui comparatus est, unus utique erit ; unum enim aliqualiter utique et lumen, magis autem et luminis emissor, a quo omnes animalium visus producuntur ex potentia in actum. Sicut igitur nihil ad unumquemque visuum luminis communis incorruptio, ita nihil ad unumquemque nostrum activi intellectus perpetuitas. Si autem multi et secundum unumquemque eorum qui potentia est unus activus, unde different invicem ? Nam in eisdem specie secundum materiam partitio est... » Pour une difficulté semblable chez Avicenne, voir *infra*, n. 2-3, p. 116.

2. *Ibid.*, p. 235, 5 : « omnes habent essentiam eamdem cum operatione » ; p. 236, 26 : « idem est in intellectu substantia operationi. »

3. G. Verbeke, *op. cit.*, p. XLIII.

Thémistius arrive finalement à une solution qui lui permet de concilier les exigences des principes en cause : au-dessus des intellects actifs personnels existe un intellect actif premier, unique, source de toute intelligibilité et de toute activité intellectuelle. Nous trouvons ici le *troisième sens* du mot *intellectus*. Thémistius l'appelle *Primus illustrans*, et le distingue de l'intellect actif personnel, qui est *illustratus* par rapport au premier et *illustrans* par rapport à l'intellect réceptif (qui est seulement *illustratus*)[1]. L'existence de cette source commune d'intelligibilité est attestée par la présence chez tous les hommes de certaines conceptions communes et par la compréhension des premiers principes ; un fait inexplicable, selon Thémistius, sans la participation à une source commune et première d'intelligibilité[2]. Mais le véritable nerf de l'argumentation reste le principe de « l'identité dans l'intellect actif entre son essence et son activité : dire que deux personnes pensent le même objet, c'est admettre une identité non seulement dans l'activité intellectuelle, mais aussi dans l'essence même de leur intellect actif. Par ailleurs, l'argument de Thémistius se réfère à la compréhension humaine en général : si les hommes sont capables de communiquer entre eux et de se comprendre, c'est qu'il y a quelque chose de commun et d'identique qui les unit malgré les différences individuelles[3]. »

Jusqu'à présent nous avons trois éléments fondamentaux de la noétique de Thémistius. Les deux premiers, à savoir l'intellect potentiel et l'intellect actif, sont personnels et multiples. Cette immanence des deux principes intellectuels, si vigoureusement affirmée par le commentateur grec, va de

1. Thémistius, *In De anima*, VI, p. 235, 7-11 : « ... primus quidem illustrans est unus, illustrati autem et illustrantes plures, sicut lumen ; sol quidem enim est unus, lumen autem dices utique modo aliquo partiri ad visus ; propter hoc enim non solem in comparatione proposuit sed lumen, Plato autem solem... »

2. *Ibid.*, p. 235, 12-18 : « Si autem ad unum activum intellectum omnes reducimur compositi ex eo qui potentia et actu, et unicuique nostrum esse ab illo uno est, non oportet mirari. Unde enim communes conceptiones ? Unde autem et qui sine doctrina et similis primorum principiorum intellectus et primarum dignitatum ? Forte enim neque cointelligere invicem existeret utique, si non aliquis unus erat intellectus, quo omnes communicamus. »

3. G. Verbeke, *op. cit.*, p. L-LI.

pair avec une affirmation également vigoureuse de leur transcendance par rapport au corps. En effet, les deux principes sont « séparés », bien que l'actif le soit encore plus en raison de sa priorité ontologique [1]. Cette transcendance est assurée par l'incorruptibilité des deux principes, mais, et tel est le point qu'il nous importe de souligner, l'incorruptibilité, pour Thémistius comme pour Aristote ou Théophraste, implique l'éternité : les intellects étant incorruptibles sont aussi inengendrables. De fait, comme nous espérons le démontrer par la suite, les deux principes intellectifs personnels constituent une véritable substance éternelle, opposée à une autre substance corruptible composée de corps et âme sensitive.

Pour avoir une vue complète de l'anthropologie philosophique de Thémistius, il manque encore une pièce d'importance capitale. Au cours de son commentaire, Thémistius parvient au fameux passage du *Traité de l'âme* : « Nous ne nous souvenons pas cependant parce qu'il est impassible, tandis que l'intellect patient est corruptible et sans lui rien ne pense » (430 a 24-25). Quel est cet intellect patient, cet *intellectus passivus* [2] dont parle Aristote ? La doctrine du νοῦς παθητικός de Thémistius est l'un de ses apports les plus originaux. D'après lui le texte du *Traité de l'âme* ne se comprend que dans l'hypothèse de l'incorruptibilité de l'intellect personnel (actif et potentiel), car ce à quoi Aristote essaie de répondre est cette question : comment est-il possible que nous ne nous souvenions plus après la mort de ce que nous avons fait pendant

1. Thémistius, *In De anima*, VI, p. 239, 85-87... 94-97 : « Separatus quidem igitur et ipse et immixtus et impassibilis (verbotenus enim de ipso – l'intellect potentiel – haec ait), non tamen separatus similiter activo... Quare manifestus est existimans quidem ambos separatos, magis autem separatum activum et magis impassibilem et magis immixtum, et tempore quidem prius nobis infieri eum qui potentia, natura autem et perfectione esse priorem eum qui actu. »

2. Voici le texte tel qu'on le lit dans la traduction latine de la paraphrase de Thémistius (*In De anima*, VI, p. 231) : « non memoramur autem quia hoc quidem impassibile, *passivus* autem intellectus corruptibilis et sine hoc nihil intelligit. » Pour ce texte, voir *supra*, n. 1, p. 47.

notre vie d'union avec le corps[1] ? Pour Thémistius, quand Aristote parle d'un intellect corruptible il ne peut pas s'agir de l'intellect potentiel, lequel, tout comme l'actif, est incorruptible : « Quem quidem igitur dicit passivum intellectum et corruptibilem procedentes considerabimus et *quod non eum qui potentia* hunc accipit, *sed alterum aliquem intellectum, quem communem nominavit in primis*, cum quo ea quae hic intelligit et cum quo de his quae hic meditatur, cuius est amare ait et odire et memorari[2]. » Nous trouvons ici *le quatrième sens* du mot *intellectus* : le νοῦς παθητικός dont parle Aristote, c'est l'*intellect commun* ou *intellect passif*. L'origine de cette expression doit être cherchée dans le passage du premier livre du *De anima* auquel fait allusion Thémistius : « Et la pensée, ainsi que l'amour ou la haine, sont des affections (πάθη), non pas de l'intellect, mais du sujet qui le possède, en tant qu'il le possède. C'est pourquoi aussi, ce sujet une fois détruit, il n'y a plus ni souvenirs ni amitiés : ce ne sont pas, en effct, disions-nous, les affections de l'intellect, mais du composé (ἀλλὰ τοῦ κοινοῦ) qui a péri, et l'intellect est sans doute quelque chose de plus divin et impassible[3]. » Thémistius considère qu'entre les deux

1. Thémistius, *In De anima*, p. 230, 5-8 : « cur utique non memoramur eorum quae in vita post mortem. » Voir plus loin (n. 2, p. 98) la question concernant l'autre aspect du problème : pourquoi ne nous souvenons-nous pas de ce que l'intellect faisait par lui-même avant de s'unir au corps. La question n'a de sens que dans l'hypothèse de l'éternité de l'intellect.

2. *Ibid.*, VI, p. 229-230, 97-1 ; *cf.* p. 238, 74-81 : « At vero de intellectu potentia ait impassibilem oportere ipsum esse et separatum et susceptivum speciei et potentia talem, sed non hanc, et neque misceri ipsum corpori, neque organum habere corporeum, neque similem impassibilitatem esse huius et sensus. Si igitur non repugnantia dicit de hoc, *alius utique erit secundum ipsum qui communis alius qui potentia*, et communis quidem corruptibilis et inseparatus et corpori mixtus, qui autem potentia impassibilis et immixtus corpori et separatus (haec enim de ipso palam ait). »

3. Aristote, *De anima*, I, 4, 408 b 26-29. Voici la version de ce texte dans la traduction latine de la paraphrase de Thémistius (p. 72, lin. 41-45 : « Meditari autem et amare aut odire non sunt illius *passiones*, sed huius habentis illud : propter quod et hoc corrupto neque memoratur neque amat ; non enim illius erat, sed *communis quod periit*. Intellectus autem forte divinius aliquid et impassibile est. » La traduction française n'est pas adaptée à l'interprétation de Thémistius. En effet, *toû koinoû* semble y indiquer le composé d'intellect et de corps. Nous avons soutenu que l'expression

passages cités du *De anima* il y a un parallélisme complet : dans les deux cas est affirmée l'existence d'un intellect impassible (incorruptible) et d'un autre intellect sujet à la corruption et auquel appartient la mémoire [1]. Le premier survient en nous comme ayant une subsistance propre et éternelle, donc antérieure à l'union avec le corps. Cela est présupposé par la question posée par Thémistius : « Propter quid igitur non meminimus ea quae activus intellectus operatur per seipsum et antequam ad consistentiam nostram supervenerit [2] ? » Quant à l'autre principe, cet intellect commun (*communis,* κοινός) ou passif (*passivus,* παθητικός), Thémistius dit qu'il s'agit d'un principe inséparable du corps, uni étroitement au corps, et par conséquent lié à sa corruptibilité [3]. La véritable nature de cet *intellectus passivus* et l'origine platonicienne de cette doctrine sont révélées par un texte où Thémistius met en rapport la théorie de l'immortalité contenue dans le *Timée* et dans l'*Éthique à Eudème* avec les passages cités du *Traité de l'âme* : « Plato intellectum solum immortalem existimat et ipsum animae existentem, *passiones* autem corruptibiles et rationem quae inest his, quam Aristotelem *passivum intellectum nominat* [4]. » Thémistius identifie donc le παθητικὸς νοῦς avec les passions, c'est-à-dire avec la partie supérieure de l'âme unie au corps (l'irascible chez Platon, la sensitive chez Aristote). Les passions méritent le nom d'intellect étant donné leur caractère instrumental dans l'activité cognitive et du fait qu'elles « ne sont pas tout à fait irrationnelles, puisqu'elles peuvent obéir à la raison et que, réduites à leur juste mesure, elles constituent les vertus ; par ailleurs, le courage, la crainte et l'espoir ont

désigne le composé d'intellect et de son instrument ; voir *supra*, n. 3, p. 31 (au sujet de la « première restriction »). Pour Thémistius, cela désigne, en revanche, une puissance particulière du corps animé, comme nous allons le voir immédiatement.

1. *Cf.* Thémistius, *In De anima*, VI, p. 230-231.

2. *Ibid.*, VI, p. 231, 33-35. *Cf.* Aristote, *De anima*, I, 4, 408 b 18-19 : « Quant à l'intellect, il semble bien *survenir* en nous comme possédant une existence substantielle et n'être pas sujet à la corruption. »

3. Thémistius, *In De anima*, VI, p. 231, 35-41.

4. *Ibid.*, p. 240-241, 26-28.

nettement un caractère rationnel, puisqu'ils se rapportent à l'avenir »[1].

La relation entre l'intellect commun (ou passif) et le corps est définie par Thémistius comme une relation entre acte et puissance (forme et matière). Ceci est un point fondamental : l'homme est dit composé d'âme et de corps au niveau de la relation existante entre l'intellect commun et le corps ; ce composé est corruptible : « corruptibilem autem dicit communem, *secundum quem homo compositus ex anima et corpore*, in quo sunt irae et concupiscentiae, quae et Plato corruptibilia existimat, ut palam est ex his quae dicuntur in Timaeo[2]. » La définition générale de l'âme, adoptée par Thémistius, doit être donc comprise comme se référant exclusivement à l'intellect commun ou passif dans le cas de l'homme[3].

Nous avons maintenant tous les éléments pour essayer une synthèse de l'anthropologie de Thémistius. L'homme apparaît comme un être composé de deux réalités appartenant à des ordres divers. L'une, générable et corruptible, est constituée par le corps et sa forme, l'intellect commun, qui relève de l'ordre des réalités physiques. En tant que composée de matière et de forme, cette première réalité est une véritable substance. De l'autre côté, nous avons les deux intellects personnels, l'actif et le potentiel, tous les deux séparés du corps, ingénérables et incorruptibles, unis aussi entre eux comme la matière et la forme[4], et relevant de l'ordre des

1. G. Verbeke, *op. cit.*, p. LXI-LXII. *Cf.* Thémistius, *In de anima*, VI, p. 241, 28-34 : « Non enim omnino irrationabiles sunt passiones animae humanae, quae et obediunt rationi et erudiuntur et instruuntur, sed hae quidem irrationabilium imperceptivae rationis omnino, aut vix et tenuiter vestigium rationis insinuantes, hae autem in humana anima complexae sunt rationi ; audacia enim et timor et spes mox insinuant esse rationalis animae ; in futurum enim tempus protenduntur. » Pour la nature sensitive de l'intellect passif, cf. *supra*, n. 2, p. 47.

2. Thémistius, *In De anima*, VI, p. 239, 1-4.

3. C'est dans ces limites que doivent être comprises les définitions données *supra*, n. 1, p. 89.

4. Thémistius, *In De anima*, VI, p. 244, 98-3 : « alium autem eum qui sicut compositus ex eo qui potentia et actu, quem et separatum esse a corpore ponunt incorruptibilem et ingenitum, et aliqualiter quidem duas

réalités métaphysiques. Étant donné leur nature et la relation qui les unit, ces deux intellects constituent aussi une réalité substantielle, qui ne peut pas être considérée comme une simple « partie » de l'âme, mais comme une réalité complète qui survient au composé matériel comme ayant une existence antérieure, et subissant par suite de cette union un certain décalage : « dignior deveniens in deteriori »[1]. L'homme est donc un composé de *deux substances*, mais sa véritable essence réside dans l'intellect actif : nous sommes l'intellect agent (*cf.* n. 7, p. 93). Avec Thémistius le platonisme pénètre dans l'histoire des exégèses du *Traité de l'âme*. Quelle est la relation entre les deux substances qui composent l'homme ? Il est évident d'abord que l'intellect préexiste au composé matériel, qu'il « survient » (*ad consistentiam nostram* supervenerit) comme du dehors. En d'autres passages, Thémistius dit que l'intellect « habite » en nous (*propter* habitationem *intellectus in corpore).* Mais la véritable relation est établie à partir de l'exégèse du *Fragment I*[a] de Théophraste, dont le texte a été transmis précisément par Thémistius. On se souvient du problème posé par Théophraste : « En quel sens donc l'intellect, bien qu'il vienne du dehors et soit en quelque sorte surajouté, peut-il néanmoins être dit congénital[2] ? » La question est, au fond, celle-ci : comment concilier la transcendance du νοῦς avec son immanence dans le composé périssable ? Cette problématique est exprimée par l'opposition des mots ἔξωθεν-συμφής : le premier s'applique aux réalités qui ne sont pas soumises à la génération ; le deuxième aux réalités qui sont le fruit d'un processus naturel de génération. À la suite de Théophraste, Thémistius donne un nouveau sens au mot *connaturalis* : il indique seulement l'appartenance de l'intellect au composé dès le premier moment de notre existence temporelle et

---

naturas hos intellectus, aliqualiter autem unam : unum enim quod ex materia et specie. »

1. Cf. *supra*, n. 2, p. 90. C'est une variante de la « chute » platonicienne.

2. Thémistius, *In De anima*, VI, p. 242, 56-57 : « Intellectus autem qualiter a foris existens et tamquam superpositus, tamen connaturalis ? » Pour Théophraste, voir *supra*, n. 2, p. 52.

corporelle[1]. Cette présence de l'intellect signifie une union intime, *sans qu'elle soit définie par Thémistius comme une union de matière et de forme*. Reprenant la doctrine du *Fragment XII* de Théophraste, Thémistius parle d'un « mélange » *(mixtura)*[2], et il l'interprète dans le sens d'une union entre l'intellect éternel (actif et potentiel) et l'intellect informant le corps (l'intellect commun ou passif). Cette union continue d'être un « mélange » de deux substances, et elle explique l'oubli de notre existence antérieure : « ex quibus omnibus palam est, quod non male suspicamur *alium* quidem quemdam apud ipsos esse passivum intellectum et corruptibilem, quem et communem nominant et inseparabilem a corpore, et propter mixturam ad hunc oblivionem et deceptionem fieri ait Theophrastus : *alium* autem eum qui sicut compositus ex eo qui potentia et actu, quem et separatum esse a corpore ponunt incorruptibilem et ingenitum, et aliqualiter quidem duas naturas hos intellectus, aliqualiter unam : unum enim quod ex materia et specie[3]. » Les deux intellects (actif et potentiel) sont donc « connaturels » et « mélangés » à notre réalité corporelle animée. Cependant, l'immanence est plus accentuée dans le cas de l'intellect potentiel : « magis est animae connaturalis »[4] ; « non tamen separatus similiter activo »[5]. L'intellect actif est, en revanche, « magis separatus, magis impassibilis et magis immixtus »[6]. Cette transcendance plus accentuée du principe actif a sa racine dans la relation de participation que celui-ci maintient avec le *Primus Illustrans*, principe premier et source commune d'intelligibilité[7].

1. Thémistius, *In De anima*, VI, p. 242, 61-62. *Cf.* G. Verbeke, *op. cit.*, p. LIV-LV.

2. Cf. *supra*, n. 1, p. 51.

3. Thémistius, *In de anima*, VI, p. 244, 94-2.

4. *Ibid.*, p. 225, 3-4.

5. *Ibid.*, p. 239, 87.

6. *Ibid.*, p. 239, 95-96.

7. *Cf.* G. Verbeke, *op. cit.*, p. LV. Nous ne sommes pas d'accord avec le professeur de Louvain quant à la nature de l'intellect réceptif (potentiel). En effet, G. Verbeke affirme que celui-ci est « purement immanent » *(loc. cit.)*. Nous croyons qu'il est aussi transcendant, car Thémistius lui applique les mêmes adjectifs que ceux qu'il attribuait à l'intellect actif : éternel, séparé,

Concluons. Avec Thémistius la noétique péripatéticienne s'engage dans une voie d'explicitation progressive de certains problèmes laissés dans l'indétermination par les fondateurs. On trouve dans son commentaire sur le *Traité de l'âme* une vigoureuse affirmation du caractère personnel et multiple des intellects potentiel et actif. Mais en même temps, ces deux principes constituent une réalité substantielle éternelle, attachée par des liens temporels à la substance corporelle qui nous constitue aussi. L'exégèse de Thémistius résout le problème de la corruptibilité du νοῦς παθητικός en l'assimilant à une puissance d'ordre sensitif (l'*intellectus communis*)[1]. C'est cette âme inférieure qui est forme du corps; l'intellect, en revanche, est séparé. L'homme comprend ces deux réalités, l'une éternelle, l'autre corruptible, mais sa véritable essence réside dans l'intellect actif. Par l'intermédiaire de cet intellect l'homme participe de la réalité première *(Primus illustrans)*. Ce qui est perdu, c'est l'*unité* métaphysique de l'homme. Le mot *connaturalis,* par lequel s'exprime la relation existant entre les deux substances qui composent l'homme, ne suffit pas à garantir une véritable unité métaphysique. Le néoplatonisme s'est désormais installé au cœur de l'école aristotélicienne. Les anciennes antinomies du *Traité de l'âme* seront remplacées par d'autres, non moins redoutables : comment concilier l'immortalité de l'âme (assurée par sa nature de substance spirituelle) et l'unité de l'homme[2] ?

---

impassible, préexistant au composé et immortel. Thémistius souligne seulement que la transcendance de l'actif est plus accentuée *(magis)* ; il ne la refuse jamais au réceptif.

1. Cette interprétation sera reprise par Jean Philopon, Averroès et saint Thomas. Cf. *supra,* n. 2, p. 47.

2. L'exégèse de Jean Philopon est aussi dans la ligne du néoplatonisme : l'homme est avant tout son âme éternelle ; celle-ci est unie accidentellement au corps périssable. Le dualisme de Jean Philopon est explicite, et dans ce contexte le problème noétique ne se pose pas. *Cf.* B.C. Bazán, *Autour de la controverse*... (1967), p. 509-513.

* [Une version espagnole du paragraphe suivant sur Avicenne fut publiée sous le titre « La noética de Avicena » dans la *Revista de Filosofía de la Universidad del Zulia* (Venezuela), n. 3 (1980), p. 115-138.]

3. Avicenne (980-1037)

La noétique d'Avicenne est étroitement liée à sa psychologie générale [1], et celle-ci s'intègre dans une métaphysique émanatiste dont il importe de connaître les lignes fondamentales. Dans cette synthèse de la pensée du maître arabe, nous procéderons donc en trois étapes. Dans la première nous exposerons le contexte métaphysique où s'insère la doctrine de l'âme ; ensuite nous donnerons les traits principaux de la psychologie avicennienne ; enfin nous présenterons la théorie de l'intellect.

a) Le contexte métaphysique

Les *falāsifa* ont constitué en Islam une philosophie éclectique : sur un fonds commun de néoplatonisme ils ont eu recours à des catégories aristotéliciennes : le résultat est une pensée très caractéristique qu'on ne peut pas qualifier simplement de « syncrétisme » [2]. Nous avons indiqué les causes historiques de cet éclectisme dans un travail antérieur [3] : les deux sources de la réflexion philosophique en Islam, à savoir le Coran et les textes des philosophes grecs, demandent un effort de conciliation. En effet, le créationnisme, le monothéisme et la dimension éthique de la révélation islamique exigent des philosophes arabes un dépassement de la sagesse grecque. C'est d'ailleurs Aristote, parmi les philosophes grecs, qui faisait le plus autorité. Or plusieurs textes en circulation sous le nom du Stagirite n'étaient que des traités néoplatoniciens : tel est le cas de la *Théologie d'Aristote* (paraphrase des trois dernières *Ennéades* de Plotin) et du *Livre des causes* (commentaire de propositions extraites de l'*Elementatio Theologica* de Proclus). Ces ouvrages sont à la base du néoplatonisme en Islam et expliquent, chez tant de philosophes, la volonté d'accorder Aristote et Platon [4].

1. *Cf.* É. Gilson, « Les sources gréco-arabes... » (1929), p. 38.
2. Cf. H. Corbin, Histoire de la philosophie islamique... (1964), p. 217.
3. *Cf.* B.C. Bazán, *Autour de la controverse*... (1967), p. 513-514.
4. H. Corbin, *op. cit.*, p. 35.

Dès Al-Kindī (796-873) l'émanatisme néoplatonicien s'implante dans la métaphysique arabe pour expliquer l'origine des êtres[1]; mais Al-Kindī n'applique la doctrine de l'émanation qu'à partir de la Première Intelligence : celle-ci, en revanche, est le résultat d'un acte créateur volontaire de Dieu. Chez Al-Fārābī (872-950), l'émanatisme est adopté sans nuances. Le principe *ex uno non fit nisi unum* commande le processus : à partir du Premier Être, parfaitement un et superessentiel (Dieu), provient par émanation la première Intelligence ; celle-ci, nécessaire mais distincte de l'Un, contient une certaine composition résultant de ses actes de connaissance ; ces actes de contemplation donnent naissance, toujours par émanation, à une série descendante d'Intelligences, Âmes célestes et Corps célestes, jusqu'à la Dixième Intelligence qui commande le monde sublunaire et qui joue le rôle d'intellect agent pour l'homme[2]. Ce même processus cosmogonique sera repris et amplifié par Avicenne. Chez lui l'idée orthodoxe de création subit une altération radicale, non seulement à cause de la doctrine émanatiste, mais avant tout en raison du caractère nécessaire du processus d'émanation. « La création consiste dans l'acte même de la pensée divine se pensant soi-même, et cette connaissance que l'être divin a éternellement de soi-même, n'est autre que la Première Émanation, le Premier Νοῦς παθητικός ou Première Intelligence. Ce premier effet unique de l'énergie créatrice, identique à la pensée divine, assure la transition de l'Un au multiple, en satisfaisant au principe : de l'Un ne peut procéder que l'Un[3]. » À partir de la Première Intelligence procèdent, par émanation, trois nouvelles réalités, qui sont le fruit d'un triple acte de connaissance par lequel la Première Intelligence saisit son être : elle connaît son Principe comme étant distinct d'elle, et de cet acte provient la Deuxième Intelligence ; elle connaît son essence comme étant

1. C'est pour Al-Kindī que fut traduite la *Théologie d'Aristote*. La traduction est l'œuvre d'Ibn Na'ima al-Himsī. *Cf.* H. Corbin, *op. cit.*, p. 218.

2. *Cf.* H. Corbin, *op. cit.*, p. 226-227. On trouvera ici d'importantes remarques sur les parallélismes existants entre les doctrines émanatistes et l'angélologie et la prophétologie des sectes de l'Islam.

3. H. Corbin, *op. cit.*, p. 239-240.

nécessaire (non pas *per se*, mais en dépendant de l'Un), et de cet acte provient l'Âme de la Première Sphère ; enfin elle se connaît comme étant créée, et de cet acte provient le corps éthéré de la Première Sphère, le processus émanatiste en triades continues, avec chaque fois une certaine déchéance, établissant une hiérarchie dans les êtres d'après la place qu'ils occupent dans l'échelle émanatiste. Cette hiérarchie est double : celle des dix Intelligences et celle des neuf Âmes qui communiquent aux neuf Sphères un mouvement dont le point de départ réside dans leur désir tendu vers l'Intelligence dont elles procèdent. La dixième Intelligence « n'a plus la force de produire à son tour une autre Intelligence unique et une autre Âme unique. À partir d'elle, l'Émanation explose, pour ainsi dire, dans la multitude des âmes humaines, tandis que de sa dimension d'ombre procède la matière sublunaire »[1]. Cette dernière Intelligence remplit d'abord un rôle *physique* : d'elle débordent les formes et la matière qui constitueront les êtres

1. H. Corbin, *op. cit.*, p. 241. La formule la plus condensée de la cosmogonie avicennienne se trouve dans le *Livre des directives et remarques*, p. 431-433 (éd. Goichon) : « Le Premier crée une substance intellectuelle qui est vraiment créée, et, par son intermédiaire, une substance intellectuelle et un corps céleste. Pareillement, de cette substance intellectuelle (viennent une intelligence et un corps céleste) jusqu'à ce que les corps célestes soient au complet. Cela aboutit à une substance intellectuelle de laquelle ne suit pas de corps céleste... Il faut donc que la matière du monde des éléments fasse suite à la dernière intelligence, et rien n'empêche que les corps célestes apportent en ceci une sorte de secours ; mais cela ne suffit pas pour établir qu'elle en découle tant que les formes ne lui sont pas jointes. Quant aux formes, elles débordent aussi de cette intelligence, mais elles sont diverses dans leur matière, selon que celle-ci les mérite diversement d'après ses préparations variées... Les âmes végétales, animales et raisonnables débordent de la substance intellectuelle qui est proche de ce monde. À l'âme raisonnable s'arrête la hiérarchie de l'être des substances intellectuelles. Elle a besoin d'être perfectionnée par les organes corporels et les effusions d'en haut qui l'avoisinent. » Cf. *Metaph*, IX, 4, f. 104 vb et les développements du *Récit de Ḥayy ibn Yaqẓān*, édité par H. Corbin, *Avicenne et le récit visionnaire*, II (1954), p. 52. [On a maintenant une édition critique de la *Métaphysique* d'Avicenne : *Liber de Philosophia prima sive Scientia divina*, I-IV. Édition de la traduction latine médiévale et lexiques par S. Van Riet. Introduction doctrinale par G. Verbeke. Louvain, E. Peeters-Leyden, E.J. Brill, 1977 ; *Liber de Philosophia prima sive Scientia divina*, V-X (mêmes éditeur et maison d'édition), 1980].

générables et corruptibles du monde sublunaire, mais aussi les âmes humaines qui, elles, sont immortelles. La dernière Intelligence exerce aussi un rôle *psychologique* : comme nous le verrons, elle confère les formes intelligibles aux intellects humains. Ce double rôle justifie l'appellation de *Dator formarum* que la tradition lui a accordée.

b) La psychologie d'Avicenne

C'est dans le cadre de cette métaphysique émanatiste qu'il faut placer la psychologie générale d'Avicenne. Nous avons exposé l'anthropologie avicennienne dans un travail antérieur [1]. Nous nous permettons de reprendre ici l'essentiel de cette analyse, auquel nous ajouterons certains développements qui intéressent une meilleure compréhension de la pensée de Siger de Brabant.

La psychologie d'Avicenne est néoplatonicienne, et son trait le plus caractéristique est le dualisme : âme et corps sont conçus comme deux substances complètes et indépendantes dans leur être, mais unies entre elles d'une façon qu'il faut préciser soigneusement. Ce qui importe avant tout, selon Avicenne, c'est d'établir le caractère substantiel de l'âme. En effet, l'âme est une réalité susceptible de deux considérations : elle peut être considérée, à la suite d'Aristote, comme la perfection du corps [2], mais, pour atteindre sa véritable nature, il faut dépasser ce point de vue. « Dicemus igitur quod, cum <nos> scierimus animam esse perfectionem, quacumque declaratione aut differentia designaverimus perfectionem, non dicemus *nos tamen adhuc* propter hoc scire animam quid

1. B. C. Bazán, « Pluralisme de formes... » (1969), p. 38-41.

2. L'idée avicennienne de « perfection » n'équivaut pas à la notion aristotélicienne d'entéléchie première. *Cf.* L. Gardet, *La Pensée religieuse d'Avicenne*... (1951), p. 163 : « L'âme est forme du corps, selon le mot à mot d'Aristote (comprenons ici : perfection), mais le corps, selon une pure inspiration platonisante, n'est que l'instrument de l'âme. L'union avec le corps est profitable à l'âme, mais le corps, une fois ce profit assuré, lui est une prison, une cage. Elle est esprit, et elle est au plus bas degré de la hiérarchie des esprits. La postulation de sa nature cependant n'est pas d'être unie au corps. »

sit, sed sciemus eam secundum hoc quod est anima. Hoc enim nomen anima non est inditum ei ex substantia sua, sed ex hoc quod regit corpora et refertur ad illa, et idcirco recipitur corpus in sui diffinitione. Exempli gratia, sicut opus accipitur in diffinitione opificis, quamvis non accipiatur in diffinitione eius secundum quod est homo. Et ideo tractatus de anima fuit de scientia naturali, quia tractare de <anima secundum hoc quod est anima, est tractare de > ea secundum quod habet comparationem ad materiam et ad motum. Unde oportet ad sciendum essentiam animae facere alium tractatum per se solum[1]. »

Pour saisir l'âme dans sa réalité propre, il faut donc se placer d'un point de vue plus haut que celui du physicien. Celui-ci, en effet, ne voit en elle que le principe qui régit le corps, ce qui n'est qu'*un* des aspects de l'âme, qui d'ailleurs n'est pas essentiel (non est inditum ei ex substantia sua). En elle-même l'âme est une réalité spirituelle qui ne relève pas de l'ordre des réalités étudiées par le physicien[2]. Maintenir comme seule valable la définition aristotélicienne qui ne fait de l'âme qu'une « perfection » du corps équivaut à employer une définition qui « la désigne dans ce qu'elle fait, non dans ce qu'elle est »[3] et cela revient à laisser dans l'ombre ce qu'est ce principe perfectif en lui-même. Cette double considération de l'âme trouve son parallèle dans la doctrine des « deux faces » de l'âme dont nous aurons l'occasion de parler dans un instant.

1. Avicenne, *De anima*, Prohemium, f° 1vb (Venise 1508). [Je n'ai pas eu accès à l'édition critique des trois premiers livres du *De anima* au moment de rédiger la thèse ; ils furent publiés peu après : *Liber De anima seu sextus de naturalibus*, I-II-III. Édition critique de la traduction latine médiévale et Lexiques par S. Van Riet. Introduction sur la doctrine psychologique d'Avicenne par G. Verbeke. Louvain-Peeters-Leyden, E. J. Brill, 1972. J'ai utilisé cette édition critique (p. 26, ligne 24-p. 27, ligne 36) pour corriger le texte de Venise (ce sont les mots en italiques) et combler une omission et une lacune (les mots sont entre crochets pointus) ; l'orthographe de Venise ne fut pas changée. Toutes les citations des livres IV-V suivent l'édition critique de S. Van Riet, *Liber de anima seu sextus de naturalibus* IV-V... (1968).]

2. *Cf.* G. Verbeke, « Le *De anima* d'Avicenne... » (1968), p. 11.

3. É. Gilson, « Les sources gréco-arabes... » (1929), p. 39.

Quelle est donc la nature véritable de l'âme ? Pour Avicenne, l'âme est une substance spirituelle, donc simple, sujet de toutes les opérations de l'homme : « anima est... substantia solitaria, idest per se, quae habet aptitudinem ad actiones, quarum quaedam sunt quae non perficiuntur nisi per instrumenta et per usum eorum ullo modo, quaedam vero sunt quibus non sunt necessaria instrumenta aliquo modo[1]. » Il importe de bien préciser la méthode appliquée par Avicenne pour déterminer le caractère substantiel de l'âme. Comme l'a montré É. Gilson, cette méthode est commandée par un principe également mis en œuvre par saint Augustin et par Descartes à l'occasion du même problème, et qui sera repris par plusieurs penseurs du XIIIe siècle : « des choses distinctes correspondent toujours à des définitions distinctes, donc ce que l'on pense à part existe à part[2]. » Cette méthode est appliquée dans la fameuse hypothèse de l'« homme volant ». Le but de cette hypothèse est de montrer la spiritualité de l'âme, soit son indépendance existentielle vis-à-vis du corps, et, par voie de conséquence, le caractère substantiel d'une telle réalité spirituelle. Supposons, dit Avicenne, qu'un homme soit créé par Dieu à l'état d'adulte, mais de telle façon qu'il ne possède aucun contact avec le monde sensible extérieur ni avec ses propres organes corporels. Pour que cela soit possible, il doit être suspendu dans le vide, de telle sorte qu'il ne puisse recevoir aucune impression sensible ni externe ni interne. Bien que dépourvu de sensations, cet homme, selon Avicenne, aurait conscience d'exister, mais il n'y aurait rien, dans cet acte d'autoconscience, qui appartienne à l'ordre de l'extension. Il se saisirait comme un être dont toute la nature n'est que pensée. S'il pouvait imaginer à ce moment-là un membre corporel quelconque, il ne le saisirait pas comme faisant partie de son être, ni comme étant nécessaire à son essence. Or les réalités que l'on sépare dans un acte de conscience, en leur

1. Avicenne, *De anima*, V, 1, p. 80, 59-63 (éd. Van Riet). *Cf.* G.C. Anawati, *La Destinée de l'homme selon Avicenne*... (1960), p. 260-261.

2. É. Gilson, *op. cit.*, p. 40 et n. 1. *Cf.* aussi B.C. Bazán, « Pluralisme de formes... » (1969), p. 45 (pour Guillaume d'Auvergne) et 58-59 (pour Jean de la Rochelle) ; G. Verbeke, *op. cit.*, p. 37, n. 127.

reconnaissant des propriétés essentielles différentes, sont également différentes dans l'ordre de l'être [1].

L'hypothèse de l'« homme volant » implique, d'abord, que l'homme est capable d'une connaissance qui ne s'appuie pas sur l'expérience sensible : cette connaissance est l'autoconscience, la présence de l'âme à elle-même sans intermédiaires [2]. Cela montre ensuite que le corps n'est pas saisi comme faisant partie du moi révélé dans l'autoconscience, et que par conséquent le corps n'en fait pas réellement partie. L'essence du moi réside dans l'âme : c'est elle « la substance qui dispose des parties de ton corps, et par suite, de ton corps. Cette substance est unique en toi ; *plutôt elle est toi...* » [3] ; « cognosco quod aut ipsa verissime est ego, aut quod ipsa est ego regens hoc corpus [4] ». « Le moi est donc conçu comme le centre spirituel

1. Avicenne, *De anima*, Prohemium, f° 2 rb (Venise 1508) : « Dicemus igitur quod aliquis ex nobis putare debet quasi subito creatus esset et perfectus, sed velato visu suo ne *exteriora videret*, et creatus esset sic quasi moveretur in aere aut <in> inani, ita ut eum non tangeret spissitudo aeris, quam ipse sentire posset, et quasi essent disiuncta membra eius ita ut non concurrerent sibi nec contingerent sese. Deinde *videat si affirmat* esse suae essentiae : non enim dubitabit affirmare se esse, non tamen affirmabit exteriora suorum membrorum, nec occulta suorum interiorum, nec animum, nec cerebrum, nec aliquid *aliud extrinsecus, sed* affirmabit se esse, cuius non affirmabit longitudinem nec latitudinem nec spissitudinem. Si autem in illa hora possibile esset ei imaginari manum aut aliquod membrorum, non tamen illud imaginaretur esse partem sui, nec necessarium suae essentiae. Tu <autem> scis quod id quod affirmatur aliud est ab eo quod non affirmatur, et concessum aliud <est> ab eo quod non conceditur. Et quoniam essentia quam affirmabat esse est propria illi, eo quod illa est *ipsemet*, et est praeter corpus eius et membra eius, quae non affirmat, ideo expergefactus habet viam evigilandi ad sciendum quod esse animae est aliud quam esse corporis ; immo non eget corpore ad hoc ut sciat animam et percipiat eam. » Cf. *De anima*, V, 7, p. 161, 47 *sqq* ; *Livre des directives et remarques*, p. 303-304 (Goichon). Le texte de l'édition de Venise fut corrigée à l'aide de l'édition critique de S. Van Riet (p. 36-37) : les mots corrigés sont en italiques ; les additions, entre crochets pointus ; deux petites additions fautives de Venise ont été simplement éliminées ; cf. *supra*, n. 1, p. 107.

2. Cf. Avicenne, *Livre des directives et remarques*, p. 308-310 (éd. Goichon). *Cf.* aussi G. Verbeke, « Le *De anima* d'Avicenne... » (1968), p. 37.

3. Avicenne, *Livre des directives et remarques*, p. 310-311 (éd. Goichon).

4. Avicenne, *De anima*, V, 7, p. 165, 90-91. *Cf.* H. Corbin, *Avicenne et le récit visionnaire...* II (1954), p. 32 ; L. Gardet, *La Pensée religieuse d'Avicenne...*

de la personne humaine qui est immédiatement présente à elle-même [1]. »

La spiritualité de l'âme et son indépendance existentielle par rapport au corps sont démontrées par d'autres arguments. Cette fois, c'est l'activité intellectuelle même qui témoigne de la spiritualité de l'âme. En effet, le réceptacle des intelligibles ne peut pas être corporel : « receptibile formarum intelligibilium aliqua substantia est ex nobis non corporalis [2]. » De fait, l'intelligible est abstrait des conditions matérielles, ce qui exige un sujet récepteur également immatériel [3]. Un troisième argument est fondé sur l'infinité des intelligibles que l'âme peut connaître, ce qui requiert la spiritualité du sujet connaissant, car seule une réalité spirituelle peut concevoir

---

(1951), p. 88-89 ; A.-M. Goichon, *Le Récit de Ḥayy ibn Yaqẓān*... (1959), p. 189 ; J. Chaix-Ruy, *L'Homme selon Avicenne*... (1960), p. 246-247.

1. G. Verbeke, *op. cit.*, p. 37. É. Gilson (« Les sources... », p. 40) et G. Verbeke (*op. cit.*, p. 127, n. 127) ont mis en relief les parallélismes entre l'hypothèse de l'homme volant et les arguments de saint Augustin (*De Trinitate*, X, 10, 13-16) et Descartes (*Discours de la méthode*, IVe partie). L'argument de l'« homme volant » est repris par plusieurs maîtres du XIIIe siècle. Nous l'avons repéré chez Guillaume d'Auvergne et Jean de la Rochelle (*Autour de la controverse,* p. 45 *sqq.*). É. Gilson signale aussi la présence de cet argument chez Matthieu d'Aquasparta (*Quaestiones disputatae selectae*, q. V, éd. Quaracchi, t. I, p. 324) et chez Vital du Four (*Huit questions disputées sur le problème de la connaissance*, q. IV, éd. F. Delorme, *AHDLMA*, II, 1927, p. 242). On trouvera dans l'étude de G. Verbeke une bibliographie actualisée concernant les relations entre l'argument de l'« homme volant » et le *cogito* cartésien.

2. Avicenne, *De anima*, V, 2, p. 89, 94-95. Ce premier argument est développé entre les lignes 35 et 95 du chapitre mentionné.

3. *Ibid.*, V, 2, p. 89, 97-8 : « Virtus intellectiva abstrahit intelligibilia a quantitate designata et ab ubi et a situ et a ceteris omnibus quae praediximus... Impossibile est autem dici quod (forma intelligibilis) habeat esse sic in esse extrinseco : restat ergo dici non esse separatam a situ et ubi, nisi cum habet esse in intellectu ; et quod, cum habet esse in intellectu non est habens situm nec potest innui nec separatim ostendi nec dividitur nec habet aliquid eorum quae sunt hiusmodi : ergo impossibile est eam esse in corpore. » *Cf.* Apparat critique, notes correspondant aux lignes 6-8 : on y trouvera une traduction anglaise d'un texte parallèle de la Najât et la traduction française des dernières lignes du texte latin cité : « et puisque, lorsqu'elle existe dans l'intellect, la forme intelligible n'a pas de position spatiale, qu'elle ne peut être ni désignée par un geste, ni montrée séparément, ni divisée, ni être affectée par rien de tel, il est donc impossible qu'elle soit dans un corps. »

l'infini (potentiel)[1]. Enfin il est impossible qu'une réalité capable de saisir sa propre essence (autoconsciente) soit matérielle ou emploie un instrument corporel[2].

De la spiritualité de l'âme, Avicenne conclut à sa substantialité. Ses activités, et particulièrement la façon qu'elle a de se connaître, montrent que l'âme n'est pas une forme imprimée dans la matière ni un accident dans un sujet, mais que, au contraire, son statut ontologique est celui d'une véritable substance, d'un être subsistant dont l'être ne dépend pas du corps[3]. Comme nous l'avons déjà dit, cette âme-substance est l'essence du moi : *ipsa verissime est ego*[4]. Si l'âme est substance, elle ne peut pas être assimilée aux formes substantielles dont le propre est d'être imprimées dans leur matière et de subsister par l'être du composé : « anima non est impressa in corpore nec habet esse per corpus[5]. » Cette indépendance existentielle de l'âme est d'autant plus complète qu'Avicenne affirme l'existence d'opérations cognitives que l'âme réalise sans l'apport des données sensibles : la connaissance de soi[6]. Ainsi établie dans

1. Avicenne, *De anima*, V, p. 92, 41-47 : « Item iam probatum est quod intelligibilia posita, quae virtus rationalis solet intelligere sigillatim, sunt infinita in potentia. Iam etiam probatum est quod id quod praevalet rebus infinitis in potentia, impossibile est esse corpus aut virtutem quae est in corpore. » *Cf.* p. 92, 41-p. 98, 39. *Cf.* aussi, *Livre des directives et remarques*, p. 414.

2. *Ibid.*, p. 98, 40-42 : « omnis virtus apprehendens per instrumentum non apprehendit essentiam suam, nec instrumentum, nec quia apprehendit. » Nous empruntons le classement des arguments à S. Van Riet, *Avicenna, De anima*, p. 82, apparat critique, note à la ligne 98. *Cf.* É. Gilson, « Les sources gréco-arabes... » (1929), p. 45-46.

3. Avicenne, *De anima*, I, 3, f° 3 va (Venise 1508) : « Ergo anima est substantia quia est forma quae non est in subiecto » (éd. Van Riet, p. 60, lin. 60-61, avec une petite inversion : « Ergo anima substantia est... »

4. *Cf.* G. Verbeke, *op. cit.*, p. 38-39 : « Ce moi qui constitue le centre d'unité de la personne humaine est un moi substantiel : l'âme humaine est une substance, car elle peut exister par soi. » Nous rencontrons chez Avicenne une doctrine du moi semblable à celle de Thémistius ; cf. *supra*, n. 5 et 7, p. 93. Le fonds commun aux deux auteurs est le dualisme néoplatonicien.

5. Avicenne, *De anima*, V, 2, p. 101, 87-88 ; [cf. *De anima*, I, 1, p. 113, 44 (éd. Van Riet) : « Anima autem humana non habet se ad corpus ut forma »].

6. *Cf.* G. Verbeke, *op. cit.*, p. 29.

l'ordre des substances spirituelles, l'âme, de toute évidence, ne relève pas d'une façon exclusive de l'étude du physicien. Celui-ci ne la saisit que dans une *fonction*, non pas dans son *essence*. L'étude de l'âme dans sa réalité propre appartient au métaphysicien, qui peut la saisir comme une substance spirituelle simple [1]. Mais si l'étude de l'âme dépasse l'ordre de la physique, c'est parce que l'homme, lui aussi, dans l'essence de son *ego*, est au-delà de la nature [2].

Quelle est la relation entre l'âme substance et le corps ? L'union de l'âme et du corps n'est pas, comme chez Aristote, une union substantielle, et ne mène pas à la constitution d'un tout substantiel ; le corps reste toujours quelque chose d'accidentel à l'âme [3]. La relation entre ces deux réalités est loin d'être la relation transcendantale existant entre les co-principes. É. Gilson et G. Verbeke ont montré que, pour Avicenne, il n'y a qu'une âme unique dans l'homme, et qu'elle est principe unique de toutes les activités vitales de l'être vivant [4]. Cette thèse de l'unité de l'âme n'équivaut pas à la doctrine de l'unité de la forme substantielle. Pour que l'assimilation des deux thèses soit valable il faudrait qu'Avicenne ait identifié le corps à la matière première. Or pour lui cela est impossible. La matière qui reçoit l'âme est déjà informée par la forme corporelle et, qui plus est, elle doit être suffisamment organisée pour la recevoir. C'est cette « préparation » de la

1. *Cf.* B.C. Bazán, « Pluralisme de formes... » (1969), p. 39, n. 29 ; A.-M. Goichon, *Le Récit de Ḥayy ibn Yaqẓān...* (1959), p. 67.

2. Ce dépassement de la nature est abondamment exposé par Avicenne en *De anima*, V, 1. Ce sujet a été bien mis en relief par G. Verbeke, *op. cit.*, p. 13-19.

3. *Cf.* A.-M. Goichon, *Le Récit de Ḥayy ibn Yaqẓān...* (1959), p. 189 : « Dans le *Poème de l'âme*, Avicenne présente l'âme humaine comme la dernière des intelligences pures, emprisonnée dans le corps qui lui est une gêne, et non pas comme la partie d'un être dont l'âme et le corps sont essentiellement unis » ; L. Gardet, *La Pensée religieuse d'Avicenne...* (1951), p. 91 : « tandis que le corps ne saurait vivre sans l'âme ; l'âme est par sa nature destinée à vivre sans le corps, et leur union ne forme point un tout substantiel » ; G.C. Anawati, *La Destinée de l'homme selon Avicenne...* (1960), p. 261. Cités dans B.C. Bazán, « Pluralisme de formes... » (1969), p. 39, n. 36.

4. *Cf.* É. Gilson, « Les sources gréco-arabes... » (1929), p. 42-44. G. Verbeke, *op. cit.*, p. 39-40.

matière qui rend possible le « débordement des formes » à partir de la Dixième Intelligence [1]. Cette règle est aussi valable pour les âmes humaines : « ... animae non fuerunt creatae et multiplicatae nisi cum aptitudine corporum, eo quod *secundum aptitudinem corporum oportet attribui esse animae a causis separatis* [2]. »

Cette « préparation » de la matière, implique-t-elle une causalité quelconque du corps dans l'apparition de l'âme ? Pour Avicenne, le corps n'est pas la cause de l'existence de l'âme, car s'il en était ainsi leurs essences seraient relatives, ce qui nuirait au caractère substantiel que le maître arabe accorde tant à l'âme qu'au corps [3]. De fait, le corps n'est ni cause efficiente, ni cause réceptive, ni cause formelle de l'âme ; tout au plus est-il cause accidentelle de l'âme en raison de sa préparation [4]. En quel sens le corps peut-il être dit cause accidentelle de l'âme ? En ce sens que l'âme est créée par l'Intelligence agente au moment où le corps est parvenu à un état d'organisation qui le rend apte à être au service de l'âme. De cette façon, la création de l'âme et celle du corps sont concomitantes, et entre ces deux réalités s'établit une relation d'harmonie et de mutuelle adaptation. Le corps est fait pour

1. Cf. *supra*, n. 1, p. 105 : « Quant aux formes, elles débordent de cette Intelligence, mais elles sont diverses dans leur matière, selon que celle-ci les mérite diversement, d'après ses préparations variées. »

2. Avicenne, *De anima*, V, 4, p. 124, 96-98.

3. *Ibid.*, V, 4, p. 114, 50-54 : « Si autem anima sic pendet ex corpore sicut ex eo cum quo habet simul esse, et hoc fuerit ei essentiale, non accidentale, tunc uniuscuiusque eorum essentia relativa est ad alterum, et sic nec corpus nec anima est substantia ; sed est utrumque substantia. »

4. *Ibid.*, p. 115, 63-79 : « Impossibile est autem ut corpus sit causa efficiens... Impossibile est etiam corpus esse causam recipientem : iam enim probavimus et ostendimus quod anima non est impressa in corpore aliquo modo... Impossibile est etiam corpus esse causam formalem animae aut perfectivam... Ergo non pendet anima ex corpore ut causatum a sua causa essentiali, quamvis complexio et corpus causae sint animae accidentales. »

être au service de l'âme ; l'âme porte en elle une inclination naturelle vers tel corps déterminé [1].

Les âmes tirent leur caractère individuel de cette inclination vers un corps déterminé, et du fait que leur origine est liée à un instant déterminé par la préparation de la matière. C'est ainsi que le corps devient cause accidentelle de la multiplication des âmes [2]. L'individuation est donc le résultat de la relation âme-corps. Or cette relation n'est pas celle qui existe entre une forme et sa matière (dans ce cas, l'âme serait une forme matérielle) ; par ailleurs Avicenne n'accepte pas que le corps soit *cause réceptive* de l'âme ; cette relation ne peut être qu'une situation accidentelle coïncidant avec la création de l'âme. L'individuation est par conséquent un *caractère accidentel* dont le fondement dernier n'est pas tout à fait clair dans la pensée d'Avicenne [3]. Le caractère problématique de la multiplication des âmes chez Avicenne est un aspect du plus haut intérêt pour notre enquête. De fait, le fond du problème

1. Avicenne, *De anima*, V, 4, p. 115-117, 80-94 : « Cum enim creatur materia corporis quod sit dignum fieri instrumentum animae et eius regnum, tunc causae separatae quae solent dare unamquamque animam, creant animam... cum fit aptitudo recipiendi animam et aptitudo instrumentorum, comitatur tunc creari a causis separatis illud quod est anima. » Cf. *ibid.*, p. 124-125 et G. Verbeke, *op. cit.*, p. 40.

2. *Ibid.*, V, 3, p. 107, 70-79 : « Dicemus etiam aliter quod qualibet anima non fit singularis ex tota collectione speciei, nisi ex dispositionibus accidentibus ei quae non comitantur eam ex hoc quod est anima, alioquin convenirent in eis omnes animae ; accidentia vero consequentia accidunt sine dubio in principio temporali, et consequuntur causam quae accidit quibusdam et non aliis ; singularitas ergo animarum est aliquid quod esse incipit, et non est aeternum quod semper fuerit, sed incepit esse cum corpore tantum. Ergo iam manifestum est animas incipere esse cum incipit materia corporalis apta ad serviendum eis, et corpus creatum est regnum eius et instrumentum. »

3. G. Verbeke, *op. cit.*, p. 32, n. 108 : « Avicenne reconnaît que le rapport entre l'âme et le corps est difficile à comprendre : d'après lui, l'âme individuelle commence à exister quand la matière corporelle est apte à l'accueillir. L'âme est individualisée grâce à son union avec le corps... Ce qui constitue évidemment une difficulté, c'est que l'âme, qui est une substance, a besoin du corps pour être individualisée. » Cf. *De anima*, V, 4, p. 124, 96-04, à noter : « non est causa essentialis multiplicitatis ullo modo, sed fortassis est causa accidentalis. »

consiste en ceci que l'âme est une *substance spirituelle*, non pas une forme substantielle, et que *pourtant elle est multipliée sous une même espèce*.

Comment est-il possible qu'une forme simple et subsistante puisse être multipliée numériquement sous une même espèce ? La réponse est impossible dans le cadre de la philosophie d'Aristote. Avicenne est conscient du problème, ce qui se manifeste dans la position qu'il prend vis-à-vis des trois états possibles de l'âme par rapport au corps. D'abord, le maître arabe prend nettement position contre la thèse de la *préexistence* des âmes : pour lui, les âmes commencent à exister au moment où elles sont insérées dans leurs corps. L'une des raisons de sa position est précisément que, étant des formes pures, les âmes ne sauraient être multipliées sans la relation à leurs sujets réceptifs [1]. Le principe appliqué est donc aristotélicien, et il importe de souligner sa présence au cœur de l'anthropologie d'Avicenne. Ensuite, *pendant* leur union aux corps les âmes sont individuées par cette relation dont le caractère accidentel a été déjà mis en évidence [2]. En dépit de la faiblesse de ce fondement, Avicenne affirme la multiplicité des âmes, contraint par l'argument qui deviendra célèbre dans la controverse sur le monopsychisme : « Nos scimus etiam quod anima non est una in omnibus corporibus. Si enim esset una in omnibus illis et esset multae propter relationem, tunc aut esset sapiens in omnibus illis, aut insipiens in omnibus illis, et non lateret unum quicquid esset in anima alterius [3]. » En réalité l'individualité est une perfection que les âmes *développent* pendant leur vie d'union aux corps « propter diversitatem materiarum quas habebant et propter diversitatem temporis suae creationis et propter diversitatem affectionum suarum

1. Avicenne, *De anima*, V, 3, p. 106, 49-53 : « Inter animas autem non est alteritas in essentia et forma : forma enim earum una est. Ergo non est alteritas nisi secundum receptibile suae essentiae cui comparatur essentia eius proprie, et hoc est corpus. Si autem anima esset tantum absque corpore, *una anima non posset esse alia ab alia numero*. »

2. *Cf.* G. Verbeke, *op. cit.*, p. 32 : « D'après Avicenne, le caractère individuel des âmes leur est accidentel. »

3. Avicenne, *De anima*, V, 3, p. 110, 7-10.

quas habebant secundum diversa corpora sua quae habebant »[1]. Comme nous allons le voir immédiatement, l'âme, étant donné son indépendance essentielle, est immortelle, ce qui permet d'envisager aussi le problème de la multiplicité des âmes *une fois qu'elles sont séparées du corps*. Pour Avicenne, l'individualité est un caractère qui n'est plus perdu par l'âme après qu'elle l'a acquis. Cependant ce caractère est accidentel et son fondement, la relation au corps, l'est aussi, ce qui explique le profond désarroi d'Avicenne lorsqu'il essaie de justifier la permanence de l'individualité de l'âme une fois qu'elle s'est séparée du corps : « Ergo anima non est una, sed est multae numero, et eius species una est, et est creata sicut postea declarabimus. Sed sine dubio aliquid est propter quod singularis effecta est ; illud autem non est impressio animae in materia (iam enim destruximus hoc) ; immo illud est aliqua de affectionibus et aliqua de virtutibus et aliquid ex accidentibus spiritualibus, aut compositum ex illis, propter quod singularis fit anima, *quamvis illud nesciamus*[2]. »

Nous voyons donc comment le problème de la multiplicité numérique des âmes devient difficile lorsqu'on fait de l'âme une substance spirituelle et non plus une forme substantielle de la matière. Si l'individualité provient de la relation au corps, et si cette relation est accidentelle, l'individualité et la multiplicité numérique ne peuvent être que des accidents qui n'ont pas leur fondement dans l'essence même de l'âme, laquelle, par nature, est indépendante du corps dans l'ordre de l'être. Le néoplatonisme aristotélisant est affecté, dans cette question, d'une ambiguïté foncière et d'une indétermination qui expliquent, dans une large mesure, le développement ultérieur de la controverse sur le monopsychisme[3].

1. Avicenne, *De anima*, V, 3, p. 110, 98-1. *Cf.* p. 111-112, 27-43, et G. Verbeke, *op. cit.*, p. 33, n. 112.

2. *Ibid.*, p. 111, 19-25.

3. Rappelons que, chez Thémistius, cette ambiguïté est aussi présente car, au fond, il affirme la multiplicité des intellects personnels sans avoir levé la difficulté qu'il s'était posée lui-même, à savoir l'impossibilité, pour une forme immatérielle, de se multiplier numériquement, voir *supra*, les difficultés exprimées dans les notes 1-2, p. 94 et 1, p. 95

Si le commencement dans l'être se fait pour l'âme en même temps que son union avec le corps, et si elle tire son individualité de cette relation, cela ne veut pas dire qu'à la destruction du corps l'âme soit aussi condamnée à la mort. Cela n'arrive qu'aux formes imprimées dans la matière. Or l'âme est une substance autonome, dépourvue de matière, et le corps n'exerce sur elle aucune causalité. Cette substantialité et cette indépendance dans l'être assurent donc à l'âme son immortalité[1]. À la destruction du corps, ce qui périt dans l'âme n'est que la relation accidentelle qu'elle avait avec son corps, mais cela n'implique en aucune manière que l'immortalité de l'âme soit mise en cause, parce que l'âme et le corps ne communiquent pas dans le même acte d'être[2]. Il faut bien souligner la différence du dualisme avicennien avec la position d'un Thomas d'Aquin. Pour l'Aquinate, en effet, le corps tout en n'étant pas la cause efficiente de l'âme, ni le point de départ de sa génération *(materia ex qua)*, est cependant le sujet récepteur de l'âme *(materia in qua)*, et participe au même *actus essendi* de l'âme qui, elle, possède une relation *essentielle* avec son corps[3]. Pour Avicenne, l'âme possède une essence

1. Avicenne, *De anima*, III, 4. p. 117-118, 98-10 : « Sed quia creato uno creatur et aliud, non ideo oportet ut uno destructo destruatur alterum. Non enim hoc contingit nisi cum esse unius fuerit propter esse alterius aut in altero... *Attribuens autem esse animae non est corpus, nec virtus corporis, sed est sine dubio essentia existens nuda a materiis et mensuris* ; et quandoquidem anima habet esse ab illa, et non habet ex corpore nisi debitum horae qua debet esse tantum, tunc non pendet eius esse ex corpore tantum, nec est corpus causa nisi accidentalis : ergo non conceditur dici quod sic pendeat anima ex corpore ut corpus debeat esse prius anima prioritate causalitatis. » Cf. *ibid.*, p. 125, 17 : « non sic anima pendet ex corpore quasi impressa in eo. »

2. *Ibid.*, p. 114, 50-56 : « Si autem anima sic pendet ex corpore sicut ex eo cum quo habet simul esse, et hoc fuerit ei essentiale, non accidentale, tunc uniuscuiusque eorum essentia relativa est ad alterum, et sic nec corpus nec anima est substantia ; sed est utrumque substantia. Si autem hoc est eis accidentale, non substantiale, tunc destructo uno illorum, destruetur relatio quae accidit alteri et non destruetur ad destructionem alterius, quamvis sic pendeat ex eo. »

3. *Cf.* Thomas d'Aquin, *Somme de théologie*, I, q. 76, a. 1 ad 5 : « anima illud esse in quo subsistit communicat materiae corporali ex qua et anima intellectiva fit unum, ita quod illud esse quod est totius compositi est etiam

complète, un *esse* propre et distinct de celui du corps, et n'est unie à lui qu'*accidentellement*. C'est le dualisme qui garantit l'immortalité. Le spiritualisme et l'immortalité personnelle sont acquis chez Avicenne au prix d'une rupture de l'unité métaphysique de l'homme.

L'âme n'est pas le fruit d'une génération naturelle [1], elle est causée directement par la dernière Intelligence [2]. Étant une réalité spirituelle, c'est-à-dire simple, l'âme gardera toujours l'être qu'elle a reçu, car elle *ne possède pas la puissance à ne pas être*. En effet, selon Avicenne, la présence simultanée dans une chose du fait d'exister *(effectus permanendi)* et de la puissance à ne pas être *(potentia destruendi)* n'est possible que si cette chose est composée de forme (racine du fait d'exister), et de matière (racine de la puissance à ne pas être) [3]. Mais si l'âme est substance spirituelle, elle est dépourvue de cette composition et, par conséquent, elle ne peut pas perdre l'être reçu de la Dixième Intelligence [4].

Ainsi que l'a remarqué G. Verbeke : « la position d'Avicenne est particulièrement intéressante : il s'oppose catégoriquement à la préexistence de l'âme et malgré cela il admet son immortalité ; il rompt par conséquent avec la croyance, largement

---

ipsius animae » (« l'acte d'être par lequel l'âme subsiste est communiqué par celle-ci à la matière corporelle avec laquelle elle constitue une unité, c'est de la sorte que l'être du composé tout entier est aussi l'être de l'âme ») ; *cf.* aussi B. C. Bazán, *Autour de la controverse*... (1967), p. 561-573.

1. De fait on pourrait se demander s'il y a de la place dans une métaphysique émanatiste comme celle d'Avicenne pour la notion de génération naturelle. En effet, les formes ne sont plus tirées de la puissance de la matière par l'action d'un agent naturel, mais elles débordent du *Dator formarum*.

2. Avicenne, *De anima*, V, 4, p. 120, 33-34 : « Esse autem animae pendet a principiis aliis quae non permutantur nec destruuntur. » Cf. *supra*, n. 1, p. 117.

3. *Ibid.*, p. 120-121, 35-62.

4. *Ibid.*, p. 122, 71-77 : « Manifestum est igitur quod in eo quod est simplex non compositum aut radix compositi, non conveniunt effectus permanendi et potentia destruendi comparatione suae essentiae : si enim fuerit in eo potentia destructionis, impossibile est esse in eo effectum permanendi ; si autem fuerit in eo effectus permanendi et habuerit esse, tunc non est in eo potentia destruendi : ergo manifestum est quod in substantia animae non est potentia corrumpendi. »

répandue chez les Grecs, que ce qui a commencé d'exister ne peut continuer indéfiniment [1]. » En effet, pour Avicenne, le fameux principe « omne generabile est corruptibile » ne vaut que pour les êtres composés de matière et de forme, dans lesquels se trouve une puissance à ne pas être. Mais ce principe ne s'applique pas à l'âme, qui est simple et reçoit l'être à partir des Intelligences séparées, sans être une forme imprimée dans la matière [2]. Cependant la position d'Avicenne n'est pas entièrement satisfaisante, parce qu'elle ne répond qu'à l'un des pôles du problème. Elle laisse en effet dans l'ombre la solution au problème posé par un autre principe aristotélicien qui est, par rapport à celui qu'Avicenne vient de renier pour assurer l'immortalité de l'âme, comme l'autre face d'une même monnaie. Nous nous référons au principe « omne incorruptibile est ingenerabile ». Si l'âme était incorruptible, elle devrait être éternelle (pour un aristotélicien pur, cela signifie non causée ; pour un néoplatonicien comme Avicenne, qu'elle existe depuis toute l'éternité, tout en ayant une cause de son éternité). Nous ne trouvons pas dans le *De anima* un examen de ce problème, et le fait est d'autant plus important que la « création » de l'âme fait partie d'un processus d'émanation nécessaire et éternel.

La doctrine d'Avicenne est pourtant claire : il affirme la « création » temporelle de l'âme et son immortalité. De l'indépendance ontologique de l'âme et de sa relation accidentelle avec le corps, Avicenne tire deux corollaires qui méritent d'être soulignés. D'abord, il juge impensable qu'une fois libérée du corps l'âme puisse être transférée à un autre corps : le seul profit qu'elle pouvait tirer de son union avec le corps (l'individuation) est déjà suffisamment assuré [3]. Ensuite, il rejette la doctrine de la résurrection des corps : après la mort,

1. G. Verbeke, *op. cit.*, p. 31.

2. Avicenne, *De anima*, V, 4, p. 123-124, 88-95 : « Probatio autem quae affirmat omne generatum esse corruptibile secundum hoc quod finitur virtus permanendi et corrumpitur, illa affirmat illud idem de eo quod est generatum ex materia et forma, in cuius materia est virtus permanendi ipsam formam et virtus corrumpendi ; ex quibus duobus constat simul... Ergo ostensum est humanam animam non corrumpi ullo modo... »

3. *Ibid.*, p. 125, 24 : « nullo modo transfertur anima ad aliud corpus. »

l'âme jouit d'une existence qui se suffit à elle-même [1]. C'est une fois séparée du corps que l'âme parvient à son bonheur définitif et éternel [2].

c) La noétique d'Avicenne

En lisant les lignes qui suivent, on tiendra compte du fait que le problème noétique – comment concilier la nature de l'âme avec la nature de l'intellect, si l'âme est définie comme forme substantielle de la matière et l'intellection comme une activité immatérielle – ne se pose pas pour des néoplatoniciens comme Thémistius et Avicenne dans les mêmes termes que pour Aristote. Si l'âme n'est pas la forme du corps, mais une substance spirituelle de plein droit, il n'est pas problématique de considérer qu'elle a des opérations immatérielles. Dans leur cas, le problème noétique cède la place au vieux problème platonicien du rapport opérationnel entre l'âme et le corps animé.

Pour Avicenne, une première division de l'intellect provient de la situation même de l'âme : substance spirituelle, elle est pourtant attachée au corps qu'elle régit. En tant qu'elle est vouée, de par sa nature, au monde des intelligibles, elle est douée d'un intellect contemplatif *(intellectus contemplativus)*, qui juge des réalités nécessaires et des réalités possibles, et qui a comme principes les propositions évidentes par elles-mêmes. En tant que substance régissant un corps, elle est douée d'un intellect actif *(intellectus activus)*, qui a pour objet l'agir moral, et qui a comme principes les propositions probables et l'autorité des hommes prudents [3]. Cette division de l'intellect

1. Cf. L. Gardet, *La Pensée religieuse d'Avicenne*... (1951), p. 98 ; G.C. Anawati, *La Destinée de l'homme selon Avicenne*... (1960), p. 265-266.

2. Avicenne, *De anima*, V, 6, p. 150, 71-73 : « Cum anima liberabitur a corpore et ab accidentibus corporis, tunc poterit coniungi intelligentiae agenti, et tunc inveniet in ea pulchritudinem intelligibilem et delectationem perennem. »

3. *Ibid.*, V, 1, p. 78, 35-48. Pour les analogies et différences avec la doctrine aristotélicienne de l'intellect théorique et pratique, *cf.* É. Gilson, *op. cit.*, p. 57, n. 1. Comme nous verrons cet *intellectus activus* n'a rien à voir avec le ποιητικόν d'Aristote.

est en relation immédiate avec la doctrine avicennienne des « deux faces » de l'âme : « On peut donc dire qu'il y a deux faces de l'âme : l'une par laquelle elle regarde le corps qui est au-dessous d'elle afin de le régir, c'est la vertu active dont nous venons de parler ; l'autre par laquelle elle regarde l'intelligible qui est au-dessus d'elle, afin de le recevoir et de s'y soumettre : c'est la vertu contemplative. La face inférieure de l'âme est donc tournée vers l'action au lieu que la face supérieure est tournée vers la contemplation [1]. » Ces deux actions de l'âme « s'opposent, résistent l'une à l'autre, car lorsque la substance de l'âme est occupée à l'une, elle se détourne de l'autre, et il lui est difficile de concilier les deux choses » [2]. La dynamique existentielle de l'anthropologie d'Avicenne consiste justement dans un détachement progressif de l'âme par rapport aux fonctions directrices qu'elle exerce dans le corps, afin de parvenir à la contemplation du monde intelligible auquel elle est destinée pour toute l'éternité [3].

Avicenne distingue trois *états* chez ces deux intellects, selon le degré de potentialité qu'ils ont à l'égard de leurs objets. Si l'intellect est en puissance absolue, n'ayant qu'une pure aptitude à recevoir l'intelligible, on dit alors qu'il est *intellectus materialis*, par analogie avec l'état de la matière première. Quand l'intellect a déjà acquis ses principes premiers, on dit qu'il est à l'état d'*intellectus in effectu* ; ces principes lui permettront d'avancer dans l'acquisition des autres intelligibles. Une fois qu'il est parvenu à la perfection de ses possibilités de connaissance, on dit qu'il est *intellectus in potentia perfectiva*. Cet état de l'intellect présente deux aspects selon qu'il ne fait pas actuellement attention aux intelligibles (on dit alors qu'il est *intellectus in habitu*), ou qu'il les prend comme objets actuels de sa considération (on l'appelle à ce moment-là *intellectus adeptus*) [4].

1. É. Gilson, *op. cit.*, p. 57.

2. Avicenne, *Shifā*, I, 351, cit. par A.-M. Goichon, *Le Récit de Ḥayy ibn Yaqẓān...* (1959), p. 198.

3. *Cf.* G. Verbeke, *op. cit.*, p. 44-45.

4. Avicenne, *De anima*, V, 1, p. 81, 76-83 : « Unaquaeque autem harum duarum virtutum habet aptitudinem et perfectionem, sed aptitudo pura

Comment se produit l'actualisation progressive de l'intellect humain ? L'indépendance de l'âme vis-à-vis du corps dans l'ordre de l'être doit se traduire aussi dans l'ordre des opérations. La saisie de l'intelligible présente deux cas bien différents selon que la forme à connaître est séparée de la matière ou qu'elle y est engagée. Sur ce point, Avicenne apporte des modifications considérables à la doctrine aristotélicienne de l'*abstraction*. En effet, pour le maître arabe abstraire ne veut plus dire extraire le noyau intelligible présent à l'état potentiel dans l'image, afin de l'élever au niveau de l'intellect où cet intelligible devient *intellectum in actu*. La considération des images[1] n'a d'autre rôle que celui d'une préparation : l'examen

---

uniuscuiusque illarum vocatur *intellectus materialis* sive sit activi sive contemplativi ; deinde ex hoc quod accidit unicuique illorum habere principia quibus perficiuntur eorum actiones, sed intellectui contemplativo per se nota et cetera huiusmodi, et activo propositiones probabiles et alias affectiones ; tunc unusquisque eorum fit *intellectus in habitu* ; deinde acquiritur unicuique istorum *perfectio adepta*. » *Cf.* aussi *Livre des directives et remarques*, p. 324-326 (éd. Goichon), et A.-M. Goichon, *Le Récit de Ḥayy ibn Yaqẓān*... (1959), p. 199-200. Nous empruntons le classement des intellects à l'exposé de É. Gilson, *op. cit.*, p. 60-61, et à celui de G. Verbeke, *op. cit.*, p. 19-20.

1. On trouve chez Avicenne une doctrine très élaborée des puissances sensitives. On distingue généralement cinq sens internes : *a)* Le *sens commun* qui centralise les données des sens externes et qui saisit les impressions apparentes ou cachées, et qui est, selon Avicenne, la source d'où émanent les facultés sensitives. *b)* L'*imagination* dont la fonction est de conserver les impressions reçues par le sens commun. *c)* La *cogitative* (ou *vis imaginativa* chez les animaux) qui combine entre elles les images conservées dans l'imagination. *d)* L'*estimative* qui appréhende les « intentions » non perçues par les sens externes. *e)* La *mémoire*, qui retient et conserve les intentions perçues par l'estimative. Chacun de ces sens est localisé dans divers endroits du cerveau et tous ont des instruments corporels, raison pour laquelle ils ne peuvent jamais saisir une forme entièrement dépouillée de matière. L'instrument corporel des sens internes est le souffle vital *(pneuma)* « qui, ayant son centre dans le cœur, remplit les ventricules du cerveau et se répand à travers tout l'organisme corporel » (G. Verbeke, *op. cit.*, p. 54). *Cf.* Avicenne, *De anima*, I, 5, [p. 85, 88-90,60 (éd. Van Riet)] ; *Livre des directives et remarques*, p. 316-320 ; *Le Livre de la science (Dānesh-nāme)* II, traduit du persan par M. Achena et H. Massé, Paris, Les Belles Lettres, 1958, p. 62 *sq.* Voir aussi H. A. Wolfson « The Internal Senses in Latin, Arabic and Hebrew Philosophic Texts », *Harvard Theological Review*, XXVIII, 2 (1935),

des images rend l'âme apte pour recevoir les intelligibles qui émanent de la Dixième Intelligence *(Dator formarum)* [1]. Cette considération des données sensibles implique une préparation active de la part de l'âme, mais elle est insuffisante pour que l'acte de connaissance intellectuelle soit accompli. Les formes intelligibles ne proviennent pas des images, elles débordent de l'Intellect agent qui seul peut accorder à l'âme ses objets dépouillés de toute matière [2]. C'est toujours la Dixième Intelligence qui est la source des formes : « *Causa dandi* formam intelligibilem non est nisi intelligentia in effectu, penes quam sunt principia formarum intelligibilium abstractarum [3]. » Notre intellect est toujours réceptif, il n'a pas les moyens de parvenir par ses propres forces à l'intellection en acte. « Ce qui fait passer de l'*habitus* à l'acte parfait, et aussi de l'intelligence à l'*habitus*, c'est l'Intellect actif [4]. » Dans le *Livre des directives et remarques*, Avicenne compare l'Intellect actif au feu qui allume la lampe (l'âme), dans le *De anima*, au soleil [5].

Les lignes qui précèdent suffisent pour dégager deux aspects principaux de la noétique avicennienne. Pour commencer, le maître arabe est un partisan de la *transcendance de l'Intellect actif*. Ce principe n'est pas une puissance de notre âme, il est extérieur à nous ; mais, à la différence de ce qui se passe avec

---

p. 98-100 ; A.-M. Goichon, *Lexique de la langue philosophique d'Avicenne*, Paris, Desclée de Brower, 1938 (termes : *ḥiss muštarak, fantāsiya, ḫayāl, muṣawwira, mufakkira, wahm, quwwa wahmiyya, ḥāfiẓa, mutaḏakkira*) ; É. Gilson, *op. cit.*, p. 55-57 ; G. Verbeke, *op. cit.*, p. 49-59. [Pour une étude récente, voir Carla Di Martino, *'Ratio particularis'. Doctrines des sens internes d'Avicenne à Thomas d'Aquin*, Paris, Vrin, 2008.]

1. Avicenne, *De anima*, V, 5, p. 127, 39-49 : « ex consideratione eorum (singula quae sunt in imaginatione) aptatur anima ut emanet in eam ab intelligentia agente abstractio. »

2. *Ibid.*, p. 128, 61-63 : « anima rationalis cum coniungitur formis (imaginabilibus) aliquo modo coniunctionis, aptatur ut contingant in ea ex luce intelligentiae agentis ipsae formae nudae ab omni permixtione. »

3. *Ibid.*, p. 126, 34-35 ; *cf.* V, 6, p. 143, 57-59 ; 144, 66-70.

4. Avicenne, *Livre des directives et remarques*, p. 326.

5. Avicenne, *ibid.*, p. 326, n. 2 ; *De anima*, V, 5, p. 127, 36-39 : « Cuius comparatio ad nostras animas est sicut comparatio solis ad visus nostros, quia sicut sol videtur per se in effectu, sic est dispositio huius intelligentiae quantum ad nostras animas. »

Alexandre, accorder la transcendance à l'Intellect agent n'équivaut pas à l'identifier avec la Divinité : ce principe est seulement la dernière des Intelligences séparées. Ensuite, et comme une conséquence du premier aspect, la noétique d'Avicenne est caractérisée par un *extrinsécisme foncier*. La connaissance intellectuelle est devenue le fait d'une illumination et d'une émanation qui ne se limitent pas à être une simple garantie de l'intelligibilité des êtres, mais qui constituent une véritable donation de formes intelligibles toutes faites à notre âme intellectuelle [1]. La transcendance absolue du principe actif et l'extrinsécisme ne sont pas des thèses originelles d'Avicenne. Elles avaient été déjà formulées par ses prédécesseurs Al-Kindī et Al-Fārābī auxquels nous n'avons pas consacré de chapitre spécial étant donné la plus large diffusion des œuvres d'Avicenne dans les milieux latins où se nourrira Siger de Brabant [2].

Un corollaire du caractère purement réceptif de l'âme est l'absence de mémoire intellectuelle dans l'homme. Pour Avicenne, tout ce que l'homme peut faire c'est de se rendre apte à recevoir de l'intellect actif les formes, mais celles-ci ne sont pas retenues par l'âme. Dans ces conditions, apprendre n'est que se procurer l'aptitude à s'unir avec le *Dator formarum*,

1. L'illumination n'a donc pas un sens purement métaphysique, comme chez Alexandre (cf. *supra*, n. 2, p. 70) ou saint Augustin ; au contraire, elle est en même temps métaphysique (le *Dator formarum* accorde les formes à la matière et est ainsi le garant de son intelligibilité) et idéogénique (le *Dator formarum* accorde les formes intelligibles à nos intelligences).

2. Pour les doctrines de Al-Kindī et Al-Fārābī, *cf.* É. Gilson, « Les sources gréco-arabes... » (1929), p. 24-38 et H. Corbin, *Histoire de la philosophie islamique...* (1964), p. 228-229. Le *De intellectu* d'Al-Kindī fut édité par A. Nagy, « Die philosophischen Abhandlungen des Ja'qūb ben Ishāq Al-Kindī », *Beiträge zur Geschichte der Philosophie und Theologie des Mittelalters*, II, 5 (1897), P. 115-126 ; on trouvera des extraits traduits en français par J. Jolivet, *L'Intellect selon Kindi*, Leyden, Brill, 1971. Le *De intellectu* de Al-Fārābī fut édité par É. Gilson, « Les sources gréco-arabes... (1929, p. 115-126 [il existe deux traductions françaises : l'une de D. Hamzah, *Abū Nasr al-Fārābī L'Épître sur l'intellect*, Paris, L'Harmattan, 2001 ; l'autre de Ph. Vallat, Al-*Fārābī, Épître sur l'intellect*, Paris, Les Belles Lettres, 2012].

source et réservoir unique des intelligibles [1]. Pendant sa vie l'âme acquiert progressivement cette aptitude qui est l'état parfait de sa puissance réceptive [2]. Cet état de l'intellect est appelé *intellectus adeptus*, et il consiste précisément dans la capacité de s'unir à l'Intellect agent afin de recevoir les formes intelligibles, ce qui implique que l'âme est toujours réceptive [3]. G. Verbeke a noté que l'*intellectus adeptus* est, « au sens plus vrai du terme, les formes intelligibles elles-mêmes, à savoir celles qui peuvent, à notre gré, devenir l'objet de notre attention » [4] ; mais en ce sens il n'est pas une faculté de l'âme. Cette aptitude que les hommes acquièrent par l'apprentissage explique les divergences entre les individus. En effet, le *Dator formarum* exerce son action illuminatrice d'une façon continue et invariable, et ses effets ne se diversifient que selon la préparation des sujets qui la reçoivent [5]. Le degré le plus parfait de cette aptitude à s'unir à l'Intellect agent est appelé par Avicenne *intellectus sanctus*, auquel très peu d'hommes parviennent : « Haec autem dispositio intellectus materialis debet vocari intellectus sanctus qui est illius generis cuius est intellectus in habitu, sed hic est supremus in quo non omnes homines conveniunt. » Cet intellect saint est caractérisé par la capacité de recevoir de l'Intellect agent les formes de façon ordonnée, stable et instantanée ou presque instantanée, et il constitue le

1. Avicenne, *De anima*, V, 6, p. 148-149, 40-43 : « ... discere non sit nisi inquirere perfectam aptitudinem coniungendi se intelligentiae agenti, quousque fiat ex ea intellectus qui est simplex, a quo emanent formae ordinatae in anima mediante cogitatione. »

2. *Ibid.*, V, 6, p. 149, 44-56.

3. *Ibid.*, p. 150, 62-67 : « Hic enim modus intelligendi in potentia est virtus quae acquirit animae intelligere cum voluerit ; quia, cum voluerit, coniungetur intelligentiae a qua emanat in eam forme intellecta. Quae forma est intellectus adeptus verissime et haec virtus est intellectus in effectu < ... > secundum quod est perfectio. »

4. G. Verbeke, *op. cit.*, p. 69, n. 253. [Pour les trois sources de la notion latine d'*intellectus adeptus*, à savoir, Alexandre (tel que présenté par Averroès), Avicenne et Averroès, consulter B.C. Bazán, *Anonymi, Magistri Artium. Sententia super II et III De anima*, Louvain-la-Neuve, Éd. de l'Institut supérieur de philosophie – Louvain-Paris, Peeters, 1998, p. 82*-89*].

5. Avicenne, *De anima*, V, 6, p. 151, 75-83.

don de prophétie le plus noble[1]: « Unde congrue vocatur virtus sancta, quia est altior gradus inter omnes virtutes humanas[2]. » Comme chez Al-Fārābī, le savoir naturel s'achève dans le savoir surnaturel: « Philosophe et prophète s'unissent avec la même Intelligence-Esprit-Saint[3]. » La gnoséologie d'Avicenne culmine tout naturellement dans une prophétologie.

La noétique nous donne la clef d'un problème central de l'anthropologie d'Avicenne. Quelle est la raison de l'union entre l'âme et le corps ? Elle « n'a d'autre fin que de rendre possible la réalisation d'un intellect acquis saint et purifié »[4]. L'âme profite de son séjour dans le corps pour s'élever progressivement à cet état de pureté. Au début le corps est pour elle une aide, mais au fur et à mesure que l'âme acquiert l'aptitude à s'unir à l'Intellect agent, et se tourne de plus en plus vers le monde des réalités intelligibles, le corps devient un obstacle, et la fonction active de l'âme, une gêne. C'est pourquoi le corps est « ambivalent »[5]. Une fois que l'âme est parvenue à l'état d'union intermittente avec la source de son être, elle ne veut que quitter le corps. Après la mort, elle trouvera son bonheur définitif, s'étant éloignée de son compagnon matériel. La noétique d'Avicenne s'achève donc en pleine cohérence avec son dualisme anthropologique.

Concluons. L'anthropologie d'Avicenne transmettra au Moyen Âge latin des problèmes redoutables: l'unité de l'homme est brisée afin d'assurer à l'âme la substantialité et l'immortalité. Mais du même coup la question de la multiplicité numérique des âmes devient obscure: comment justifier cette multiplicité si l'âme est une substance spirituelle attachée accidentellement au corps ? D'autre part, le dualisme et l'extrinsécisme gnoséologique qui lui est joint affectent sérieusement la conception de l'homme chez Avicenne, parce

1. Avicenne, *De anima*, V, 6, p. 153, 10-16.
2. *Ibid.*, p. 153, 17-18.
3. H. Corbin, *op. cit.*, p. 231.
4. É Gilson, *op. cit.*, p. 63.
5. G. Verbeke, *op. cit.*, p. 43.

qu'ils compromettent la densité métaphysique du moi dans l'ordre de l'être et dans l'ordre de l'agir. Par ces deux aspects l'anthropologie avicennienne constitue, dans notre enquête, la déviation la plus profonde par rapport à la pensée d'Aristote. Cette philosophie néoplatonicienne marquera de son empreinte le développement ultérieur des doctrines médiévales[1].

1. *Cf.* B.C. Bazán, « Pluralisme de formes... » (1969), p. 38 et n. 27.

* [Une version espagnole du chapitre suivant fut publiée, sous le titre « La noética de Averroes », dans *Philosophia* (Mendoza), n° 38 (1972), p. 19-49.]

Chapitre III

Averroès (1126-1198)

L'anthropologie et la noétique d'Averroès sont d'une extrême importance pour notre enquête, étant donné qu'on a considéré Siger de Brabant comme un partisan du monopsychisme averroïste, du moins dans ses œuvres de jeunesse. Nous devons donc préciser soigneusement la conception de l'homme et de l'intellect chez Averroès, afin de déterminer la portée de l'influence qu'il exerça dans la constitution et le développement de la philosophie de Siger.

1. Position vis-à-vis de ses devanciers

Face à ses prédécesseurs, Averroès apparaît comme le disciple d'Aristote qui veut purifier les doctrines de son maître de toutes les contaminations et déformations dues aux commentateurs. Cette restauration voulue de l'aristotélisme est son projet philosophique fondamental [1]. Aristote, en effet,

1. Cf. B.C. Bazán, *Autour de la controverse...* (1967), p. 521. [* N'étant pas moi-même arabisant, mon exposé repose presque exclusivement sur la traduction latine du *Grand Commentaire sur le Traité de l'âme d'Aristote*. Cette limitation est compensée par le fait que l'original arabe de ce texte, écrit vers 1186, est perdu et n'est connu que par la traduction latine de Michel Scot, achevée peu avant 1220 en Espagne (selon A. Pelzer), ou peu après 1220 en Italie (selon F. Van Steenberghen). Voir à ce sujet F. Van Steenberghen, *La Philosophie au XIIIe siècle...* (1966), p. 112-115, et « Le problème de l'entrée d'Averroès en Occident », dans *L'averroismo in Italia* (Atti del Convegni Lincei), Roma, 1979, p. 81-89. Pour la date de l'original

est pour lui la règle de la pensée et le modèle dans lequel la nature est parvenue à la plus haute perfection dans l'ordre des êtres humains [1]. Notre exposé se bornera aux aspects anthropologiques de la philosophie d'Averroès et, en particulier, à son exégèse du *Traité de l'âme* où nous trouverons l'essentiel de l'averroïsme. L'attitude de fidélité du disciple est d'ailleurs bien visible dans le *Grand Commentaire* : face à ses contemporains, qui reculent devant les difficultés du texte aristotélicien et qui préfèrent les exposés des commentateurs, Averroès prône un retour au texte du *De anima* et blâme Avicenne d'être le responsable principal de la situation signalée, parce qu'il a voulu philosopher comme s'il était à peu près un commencement absolu [2].

---

arabe, voir R. Taylor, Introduction to *Averroes (Ibn Rushd) of Cordoba. Long Commentary on the De anima of Aristotle*. Translated and with introduction and notes by Richard C. Taylor, with Thérèse-Anne Druart, subeditor. Yale UP, 2009, p. XVI. R.-A. Gauthier a montré que le *Grand Commentaire* était connu à la Faculté des arts de Paris dès 1225 ; *cf.* R.-A. Gauthier, Préface à la *Sentencia libri De anima* de Thomas d'Aquin (éd. Léonine, t. XLV, 1, p. 221*. L'édition critique du *Grand Commentaire* fut faite par F.S. Crawford, *Averrois Cordubensis Commentarium Magnum...* (1953). Il existe une traduction française partielle d'A. de Libera, *L'Intelligence et la Pensée. Grand Commentaire du 'De anima', livre III (429 a 10-435 b 25)*, trad., introd. et notes, Paris, Flammarion, 1998. On trouve une traduction anglaise partielle (livre III, 4-5) de A. Hyman, *Philosophy in the Middle Ages*, Indianapolis, Hackett, 1973, p. 324-334 ; et une traduction anglaise complète de R. Taylor, *op. cit.* (2009). On consultera cette œuvre de R. Taylor pour l'état des questions concernant le *Grand Commentaire*. Les limites de mon exposé de la pensée d'Averroès sont aussi contrebalancées par le fait qu'Averroès lui-même a affirmé que sa pensée la plus mûre était exprimée dans le *Grand Commentaire*. Voir à ce sujet : A. Badawi, *Histoire de la philosophie en Islam*, 2 vol., Paris, Vrin, 1972, II, p. 832 ; A. Hyman « Aristotle's Theory of the Intellect and Its Interpretation by Averroes », dans *Studies in Aristotle*, ed. by D. O'Meara, Washington, CUA, 1981, p. 175, n. 56, and R. Taylor, *op. cit.*, p. XXII and L.]

1. Averroès, *In De anima*, III, 14, p. 433, 142-145 (toutes les citations du *Grand Commentaire* suivent l'édition Crawford) : « Credo enim quod iste homo fuit regula in Natura, et exemplar quod natura inveniet ad demonstrandum ultimam perfectionem humanam in materiis. »

2. *Ibid.*, III, 30, p. 470, 42-48 : « Moderni dimittunt libros Aristotelis et considerant libros expositorum, et maxime in anima, credendo quod iste liber impossibile est ut intelligatur. Et hoc est propter Avicennam, qui non

En noétique, ses principaux points de repère sont Alexandre et Thémistius (et, à travers ce dernier, Théophraste). Avec une grande netteté Averroès signale les points d'accord et de divergence entre sa doctrine et celle des commentateurs grecs : son accord avec Alexandre porte principalement sur la transcendance de l'intellect agent, mais il diffère partiellement au sujet de l'intellect habituel ; quant à Thémistius, Averroès considère inacceptable sa doctrine de l'intellect habituel et de l'intellect agent [1].

En réalité l'opposition entre Alexandre et Averroès est d'une plus grande portée. C'est l'affrontement de deux interprétations possibles de l'aristotélisme, de deux styles de pensée qui peuvent se réclamer de principes formulés par le Stagirite : le spiritualisme et le matérialisme [2], le principe de la finalité et le principe de la causalité [3]. En effet, ce qui frappe avant tout la pensée d'Averroès, c'est le matérialisme d'Alexandre et les conséquences qui en découlent pour la conception métaphysique de l'univers. Averroès connaît parfaitement la thèse d'Alexandre selon laquelle l'âme – y compris l'intellect – n'est plus le principe et la fin du processus de la génération, mais simplement le résultat de la combinaison des éléments ; il donne même de cette théorie un résumé très précis [4]. Il lui reproche d'assimiler

---

imitatus est Aristotelem nisi in Dialectica, sed in aliis erravit, et maxime in Metaphysica ; et hoc quia incepit quasi a se. »

1. Averroès, *In De anima*, III, 20, p. 453, 294-301.

2. *Cf.* G. Théry, *Autour du décret de 1210*... II (1926), p. 53 et 63.

3. L. Mabilleau, *Étude historique*... (1881) (cit. par G. Théry, *op. cit.*, p. 66-67) : « Deux principes dominent tour à tour dans le système du monde d'Aristote : celui de la causalité, d'après lequel l'inférieur précède et accompagne toujours le supérieur, dont il est, sinon la cause unique, au moins l'indispensable condition – et celui de la finalité, d'après lequel le supérieur est réellement la cause de l'inférieur, auquel il sert de raison et de terme... L'alexandrisme procède par une spécification progressive de la matière par la forme ; l'averroïsme, par une raréfaction, une dégradation progressive de la forme par la matière. Dans le sens de la causalité, en effet, l'action monte du rien au tout ; dans le sens de la finalité, l'idée descend du tout au rien. Là, naturalisme et progrès ; ici, transcendance et émanation. »

4. *Cf.* Averroès, *In De anima*, III, 5, p. 393-394. [Averroès eut accès à la traduction arabe (aujourd'hui perdue) du *De anima* personnel d'Alexandre ; il

l'aristotélisme à la position de ceux que le Stagirite a voulu précisément dépasser, à savoir les philosophes qui ne reconnaissent que les causes matérielles et nient la préséance de la cause formelle et finale, et qui en même temps rejettent l'intervention des causes agentes supérieures, tout comme si la matière – ou la combinaison des éléments – pouvait rendre raison de l'apparition de l'ordre de la vie et du spirituel [1]. Cette position matérialiste non seulement élimine la causalité agente, mais instaure le hasard comme seule explication valable des processus naturels [2]. La doctrine d'Alexandre est d'ailleurs intenable pour ce qui concerne l'intellect. D'une part, elle s'oppose aux affirmations explicites d'Aristote, d'après lesquelles les intellects – actif et réceptif – doivent être rangés parmi les réalités séparées du corps ; d'autre part, cette séparation est la condition indispensable pour que l'acte même de connaître soit possible [3]. Le caractère accidentel qui affecte l'intellect par le fait d'être le résultat de la combinaison des éléments conduisit Alexandre à affirmer que l'intellect réceptif n'était qu'une simple *praeparatio* dépourvue de toute consistance substantielle. Cette conséquence est inadmissible pour Averroès, parce qu'il est impossible de concevoir une préparation quelconque sans le sujet substantiel qui lui donne son soutien dans l'être. À cet égard, le parallélisme établi par Alexandre entre l'intellect matériel et l'état de non-détermination de la tablette (« intellectus materialis magis assimilatur praeparationi que est in tabula non scripta quam tabule preparate ») est non seulement faux [4], mais manque aussi de tout fondement scientifique : « hoc nichil est [5]. » D'ailleurs, cette comparaison rend inintelligibles les passages où

---

connut aussi le *De intellectu*, traduit probablement par Ishāq Ibn Hunain ; mais il n'a pas connu le commentaire d'Alexandre sur le *De anima* d'Aristote – qui était déjà perdu à son époque. *Cf.* A. Badawi, « Averroès face au texte qu'il commente », *Multiple Averroès*... (1978), p. 60-69, et R.-A. Gauthier, Préface à *Thomae Aquinatis, Sentencia libri De anima*... (1985), p. 219*.]

1. Averroès, *In De anima*, III, 5, p. 397-398, lin. 312-327.
2. *Ibid.*, I, 88, p. 118, 72-82.
3. *Ibid.*, III, 5, p. 395, lin. 228-235.
4. *Ibid.*, III, 14, p. 430-431, 77-99.
5. *Ibid.*, III, 5, p. 395, lin. 246.

Aristote établit des ressemblances et des différences entre l'intellect matériel et l'intellect agent [1]. La corruptibilité de l'intellect réceptif, conséquence directe du matérialisme d'Alexandre, est une autre thèse inacceptable pour Averroès [2]. Comme l'est aussi cette conséquence, à savoir que la définition de l'âme est univoque, puisque, compte tenu de leur commune origine, toutes les puissances sont inséparables du corps. Cette thèse alexandrine détruit la possibilité de l'existence d'une puissance intellective dont le propre est justement d'être séparée, et elle pèche par excès, car elle suppose évident ce qu'Aristote a voulu laisser dans l'indétermination, c'est-à-dire de savoir si la définition de l'âme est applicable de façon univoque au cas de l'intellect [3]. Voilà donc l'essentiel de l'opposition entre Averroès et Alexandre d'Aphrodise.

Voyons maintenant la position du philosophe de Cordoue face à Thémistius. Du commentateur grec il connaît très bien le commentaire sur le *De anima*, et donne une synthèse très précise des doctrines qui y sont exposées [4]. Il approuve évidemment la thèse de l'incorruptibilité des intellects réceptif et agent, fondée, chez Thémistius, sur leur caractère de réalités séparées du corps [5]. De l'assimilation faite par Thémistius entre le νοῦς παθητικός et la partie concupiscible de l'âme, Averroès pourra tirer profit pour sa propre doctrine [6]. Mais les

1. Averroes, *In De anima*, III, 19, p. 443, 81-85 : « O Alexander, si hoc nomen *intellectus materialis* non significasset apud Aristotelem nisi preparationem tantum, quomodo faceret hanc comparationem inter ipsum et intellectum agentem, scilicet in dando ea in quibus conveniunt et ea in quibus differunt ? »

2. Cf. *ibid.*, III, 20, p. 444.

3. *Ibid.*, III, 5, p. 396-397, lin. 279-299. L'argument d'Averroès suppose une interprétation conditionnelle de la définition générale de l'âme de 412 b 5-6 parce que la proposition qui l'introduit (412 b 4-5) commence par les mots : « εἰ δή... » ; « *si* autem... ». Cf. *infra*, n. 2-3, p. 137.

4. Cf. *ibid.*, III, 20, p. 445-446. [Averroès eut accès à la traduction arabe complète de la *Paraphrase* de Thémistius faite probablement par Isḥāq Ibn Hunain, dont il ne reste que des fragments. *Cf.* R.-A. Gauthier, *op. cit.* p. 219*, n. 7.]

5. *Ibid.*, III, 5, p. 389, lin. 57-67.

6. *Ibid.*, III, 20, p. 446, lin. 90-92. Pour Thémistius, cf. *supra*, n. 1, p. 97-2, p. 100, en particulier n. 3-4, p. 98. Averroès aussi identifiera le νοῦς

divergences avec Thémistius concernent une pièce clef dans la noétique d'Averroès : il s'agit de la notion d'*intellectus speculativus*[1]. Pour Thémistius, dit Averroès, l'intellect spéculatif est l'agent dans son état d'union avec l'intellect matériel (réceptif)[2]. Cette notion, introduite pour expliquer le développement progressif de la pensée, mais constituée par Thémistius sans tenir compte des apports sensibles, entraîne, selon Averroès, des difficultés considérables. En effet, si l'intellect réceptif et l'intellect agent sont éternels, il faut que le résultat (*factum*) de leur union soit aussi éternel, c'est-à-dire, il est nécessaire que l'intellect matériel (réceptif) soit éternellement actualisé par le principe actif. Mais, dans ces conditions, l'agent devient en réalité superflu, et l'actualisation de l'intellect par l'agent, incompréhensible comme résultat, car l'agent et l'actualisation ne se conçoivent que dans un processus temporel[3]. D'autres difficultés découlent de la thèse de

παθητικός à la partie supérieure de l'âme sensitive ; cf. *infra*, n. 2-4, p. 149. [Thomas d'Aquin bénéficiera également de cette doctrine ; cf. *Sentencia libri De anima*, III, 4, p. 223.]

1. Pour la doctrine averroïste de l'*intellectum speculativum*, *cf.* plus loin, n. 1-3, p. 151 et 2-3, p. 154. [On tiendra compte du fait que dans le *Grand Commentaire* l'expression *intellectus speculativus* peut désigner la puissance intellectuelle, sens légitimé par la traduction arabo-latine du *De anima* II, 2, 413 b 25 (« intellectus autem et virtus speculativa ») et de 415 a 11-12 (« intellectus autem speculativus et cogitativus ») ; elle peut aussi désigner, dans les passages concernant Thémistius, l'union de l'intellect agent et de l'intellect matériel réceptif (voir note suivante) ; mais elle ne doit pas être confondue avec l'expression *intellectum speculativum*, qui désigne l'objet intelligible en acte, connu et considéré par l'intellect matériel. C'est cette dernière qui joue un rôle central dans la noétique d'Averroès.]

2. Averroès, *In De anima*, III, 20, p. 445, lin. 66-68 : « opinatus fuit [Themistius] quod intellectus speculativus est agens apud Aristotelem secundum quod tangit intellectum materialem. » Pour Thémistius, l'intellect actif s'unit à l'intellect potentiel comme la matière à la forme (cf. *supra*, n. 6, p. 92), mais il n'utilise pas l'expression *intellectus speculativus* pour désigner cette unité.

3. *Ibid.*, III, 5, p. 389, 79-85 : « opinati sunt [Thémistius et Théophraste] quod iste tertius intellectus, quem ponit intellectus agens in intellectum recipientem materialem (et est intellectus speculativus), necesse est ut sit eternus ; cum enim recipiens fuerit eternum et agens eternum, necesse est ut factum sit eternum necessario. Et quia opinati sunt hoc, contingit, ut in

Thémistius. D'abord, si l'action de l'intellect est éternelle, il faut que le résultat de cette action soit également éternel. Or ce que l'intellect constitue comme intelligible ce sont les formes sensibles. Donc les formes sensibles sont éternellement intelligibles. Mais pour que cela soit possible il faut que ces formes soient intelligibles en soi, ce qui contredit leur propre nature[1]. Ensuite, comme les intelligés sont saisis dans les images sensibles, si les premiers sont éternels, celles-ci seront, elles aussi, éternelles, et par conséquent leurs sources, à savoir les sensations et les objets sensibles, seront aussi éternelles, à moins que les intentions sensibles n'aient pas pour origine les choses existantes hors de l'âme[2]. Finalement, si les intellects éternels sont propres à chaque individu, comment concevoir que l'homme soit un être générable et corruptible ? De fait, si la perfection qui définit l'individu comme un être humain existe avant sa naissance, il semblerait que l'homme existe avant d'être engendré, ou bien que la génération ne le concerne qu'en tant qu'animal[3]. Si, en revanche, ces intellects éternels sont uniques pour tous les hommes, alors quand un individu pense un objet, cet acte de connaissance serait partagé par tous

rei veritate non sit intellectus agens, neque factum, cum agens et factum non intelligantur nisi cum generatione in tempore. »

1. Averroès, *In De anima*, III, 5, p. 391, lin. 121-126.

2. *Ibid.*, III, 5, p. 391, lin. 132-140.

3. *Ibid.*, III, 5, p. 392, lin. 158-169 : « Et est secunda questio difficilis valde. Et est quod, si intellectus materialis est prima perfectio hominis, ut declaratur de diffinitione anime, et intellectus speculativus est postrema perfectio, homo autem est generabilis et corruptibilis et unus in numero per suam postremam perfectionem ab intellectu, necesse est ut ita sit per suam primam perfectionem, *sc.* quod per primam perfectionem de intellectis sim alius a te, et tu alius a me (et si non, tu esses per esse mei, et ego per esse tui, et universaliter homo esset ens antequam esset, et sic homo non esset generabilis et corruptibilis in eo quod homo, sed, si fuerit, erit in eo quod animal). » Pour comprendre l'argument, rappelons que Thémistius a identifié l'essence du moi à l'intellect agent (cf. *supra*, n. 2, p. 94). Si l'intellect agent est éternel, le « moi » l'est aussi ; l'individu ne serait générable et corruptible qu'en tant qu'animal, une condition accidentelle qui affecte l'homme temporairement [*Cf.* Ch. Touati, « Les problèmes de la génération et le rôle de l'intellect agent chez les hommes », *Multiple Averroes...* (1978), p. 157-164, a présenté les différents arguments qu'Averroès a opposés à Thémistius au sujet de la génération.]

les individus qui communiquent dans le même intellect [1]. Comme nous le voyons, la divergence fondamentale entre Averroès et Thémistius concerne le mode d'union entre les principes intellectifs et les individus humains. Ce mode d'union (la *continuatio intellectus cum hominibus*) sera l'une des pièces les plus finement élaborées de la noétique d'Averroès.

2. La doctrine d'Averroès

a) L'hylémorphisme averroïste

Nous savons déjà que le problème noétique a eu son origine dans l'application à l'homme de la doctrine hylémorphique. Ce problème prendra dans la pensée d'Averroès un caractère aigu qui conduira à une rupture entre l'âme et l'intellect [2]. Comme fidèle disciple d'Aristote, Averroès adopte la définition générale de l'âme formulée par le Stagirite dans le *Traité de l'âme* : « anima est substantia secundum formam... et quia substantia que est secundum formam est perfectio corporis habentis formam, et iam declaratum est quod anima est forma, necesse est ut anima sit perfectio talis corporis, idest perfectio corporis naturalis habentis vitam in potentia, secundum quod perficitur per animam [3]. » Mais l'âme n'est pas seulement perfection du corps ; elle est perfection *première*, et

1. Averroès, *In De anima*, p. 393, lin. 177-181 : « si prima perfectio esset eadem omnium hominum, et non numerata per numerationem eorum, contingeret quod, cum ego acquirerem aliquod intellectum, et tu etiam acquireres illud idem, et quando ego obliviscerer aliquod intellectum, et tu etiam. »

2. On pourrait dire que cette rupture avait été déjà opérée par Thémistius, qui considère l'intellect comme quelque chose de véritablement distinct de l'âme-forme du corps (cf. *supra*, n. 1, p. 100). Mais le caractère personnel de l'intellect conduisit le commentateur grec à un *dualisme anthropologique* qui est étranger à la philosophie du *De anima* d'Aristote et qui se range plutôt dans la ligne du néoplatonisme. Chez Averroès, nous le verrons, l'intellect n'est pas personnel, et en ce sens sa rupture avec l'âme n'implique pas un *dualisme* : au niveau métaphysique ou gnoséologique, l'homme garde son unité, mais il est en relation opérationnelle avec une substance intellectuelle séparée.

3. Averroès, *In De anima*, II, 5, p. 134-135, lin. 9-17 ; cf. *supra*, n. 1, p. 32 : Aristote, *De anima*, 412 a 20-21 ; *De anima*, II, 1, 412 a 27-28 ; 412 b 5-6.

précède tout autre acte et toute autre perfection : « ista perfectio precedit in esse secundam perfectionem, et quod propter hoc debet adiungi in diffinitione quod anima est perfectio prima corporis naturalis habentis vitam in potentia [1]. »

Mais au moment de commenter le passage dans lequel Aristote répète la définition de l'âme en indiquant explicitement qu'il s'agit d'une définition générale, valable pour toute espèce d'âme [2], Averroès propose une exégèse qui deviendra célèbre et qui met en doute la valeur et la nature d'une telle définition. En effet, selon Averroès, le Stagirite aurait donné cette définition sous forme dubitative, parce qu'elle contient un équivoque portant sur le mot *perfectio* [3]. Cette même idée est encore précisée à propos de 413 a 11 *sqq.* : Averroès dit que la définition générale est insuffisante pour donner une connaissance adéquate de chaque espèce d'âme, car, n'indiquant que le genre et non pas la forme propre de chaque espèce, elle est prédiquée dans chaque cas avec des sens multiples *(dicta de eis multipliciter)* [4]. Ce type de définitions n'apporte qu'une connaissance imparfaite *(diminute faciunt cognoscere, non perfecte)* qui peut être considérée comme une conclusion, mais jamais comme un principe de démonstration. Ce qui est important pour Averroès, en revanche, c'est de déterminer la nature propre à chaque espèce d'âme, mais pour parvenir à ce but la définition générale s'avère nettement insuffisante [5].

Ces principes ainsi posés, Averroès arrive au fameux passage : « Mais en ce qui touche l'intellect et la faculté

1. Averroès, *In De anima*, p. 137, 11-14.

2. *Cf.* Aristote, *De anima*, II, 1, 412 b 4-5 ; *cf.* 412 b 9-10.

3. Averroès, *In De anima*, II, 7, p. 138, lin. 15-19 : « Et induxit hunc sermonem in forma dubitationis, cum dixit : *Si igitur dicendum est*, excusando se a dubitatione accidente in partibus istius diffinitionis. Perfectio enim in anima rationali et in aliis virtutibus anime fere dicitur *pura equivocatione*, ut declarabitur post. Et ideo potest aliquis dubitare, et dicere quod anima non habet diffinitionem universalem. »

4. *Ibid.*, II, 12, p. 149-150, lin. 13-41. L'idée est de Thémistius, *In De anima*, III, p. 113, lin. 49-60.

5. *Ibid.*, II, 13, p. 152, lin. 6-15.

théorétique, rien n'est encore évident : pourtant il semble bien que ce soit là un genre de l'âme tout différent, et que seul il puisse être séparé du corps, comme l'éternel du corruptible » (413 b 24-27 ; cf. *supra*, n. 2, p. 33). L'exégèse d'Averroès s'oriente vers une résolution progressive des ambiguïtés du texte aristotélicien. D'après le philosophe de Cordoue, il n'est pas du tout évident que l'exposé mené par Aristote jusqu'à cet endroit du *Traité de l'âme* soit applicable à l'intellect. Tout au contraire, si l'on tient compte que la puissance intellective n'utilise pas d'instrument corporel dans son opération, il est plutôt préférable de dire que l'intellect ne peut pas être compris sous la définition générale de l'âme comme *perfectio* du corps, et qu'en ce sens il doit être considéré comme un genre différent d'âme. Bien plus, il serait mieux de dire – plus conforme à la vérité et plus manifeste à la recherche attentive – que l'intellect n'est pas une âme, et que, en définitive, si on l'appelle « âme », ce ne peut être que d'une façon *équivoque* [1].

Or, parvenu à 414 b 19-20, où Aristote affirme que s'il y a une définition commune de l'âme, ce ne peut être qu'au sens où l'on trouve une notion commune à toutes les figures géométriques, Averroès propose une exégèse qui semble aller dans une nouvelle direction. Jusqu'à présent il n'a fait qu'accentuer le caractère *équivoque* de la définition de l'âme, surtout s'il s'agit de l'appliquer à l'intellect. Maintenant il va souligner le caractère *analogue* de cette définition. En effet, dit Averroès, la définition qui exprime le concept générique d'âme ne peut être ni univoque ni équivoque. Si elle était *équivoque*, la science de

1. Averroès, *In De anima*, II, 21, p. 160, lin. 6-27 : « Cum dixit quod querendum est in unoquoque istorum principiorum utrum sit anima aut non, incepit declarare virtutem que non videtur esse anima, sed *manifestius est de ea ut sit non anima*. Et dixit : *Intellectus autem et virtus speculativa*, etc. Idest, intellectus autem in actu, et virtus que perficitur per intellectum in actu, adhuc non est declaratum utrum sit anima aut non, sicut est declaratum de aliis principiis, *cum ista virtus non videatur uti in sua actione instrumento corporali* sicut alie virtutes anime utuntur. Et ideo *non fuit manifestum ex predicto sermone utrum sit perfectio aut non* ... Et dixit : *Sed tamen videtur esse aliud genus anime*, etc. Idest, sed tamen melius est dicere, et magis videtur esse verum post perscrutationem, ut istud sit alid genus anime, et *si dicatur anima, erit secundum equivocationem*. »

l'âme serait une science sophistique ; si, par contre, elle était *univoque*, alors ou bien toutes les espèces d'âme devraient communiquer dans une même notion abstraite applicable à toutes d'une façon identique, ou bien elles devraient avoir toutes une même essence. En réalité la définition d'âme est une notion *analogue*, de la même façon que la définition commune des figures, laquelle s'applique à toutes les espèces sans désigner ce qui est propre à chacune [1].

Quelle est, en définitive, la valeur de la définition générale de l'âme ? Est-elle analogue ou équivoque ? Sommes-nous en présence d'une contradiction dans la pensée d'Averroès ? Nous pensons que, en parlant d'équivocité et d'analogie, Averroès a en vue des choses et des problèmes différents. En effet, la définition de l'âme doit être considérée comme *analogique* quand il s'agit *des espèces d'âme qui sont unies au corps* : elles sont vraiment « perfectiones » des réalités matérielles qu'elles actualisent. Sous cette définition analogique sont comprises les âmes végétative, sensitive animale et sensitive humaine, lesquelles, tout en étant « perfectiones » de leurs corps, diffèrent entre elles par leur degré de perfection et leurs types d'opérations. Mais *pour ce qui concerne l'intellect* cette définition n'est applicable que de façon *équivoque*. En effet, l'intellect n'est pas uni au corps, il n'emploie pas d'instrument corporel, et par conséquent il ne peut pas être dit « perfectio », sauf dans un

1. Averroès, *In De anima*, II, 30, p. 173-174, lin. 13-49 : « incepit declarare cuiusmodi sit genus acceptum in diffinitione anime, et dixit quia *neque est equivocum neque univocum*... non enim est ex diffinitionibus equivocorum nominum... neque etiam ex generibus que dicuntur univoce... et ista diffinitio non est univoca, sed quemadmodum possibile est in omnibus figuris, licet differant, ut habeant diffinitionem universalem magnam convenientem omnibus eis, licet multum differant in diffinitione et essentia, sic possibile est ut iste virtutes diverse habeant unam diffinitionem universalem convenientem omnibus, sicut diffinitio figure convenit omnibus figuris et nulli appropriatur. » [De fait, Averroès n'utilise pas le terme *analogique* ; il parle plutôt d'« attribution d'un prédicat selon un ordre de priorité et de postériorité », qui est le type d'analogie exprimant l'unité de plusieurs significations ordonnées par rapport à l'une d'elles qui serait *première* : « Quemadmodum enim invenitur in figuris *prius et posterius*, et prius existit in potentia in posteriori, ita est de virtutibus anime » (*ibid.*, II, 31, p. 176, lin. 21-23). Le « premier » qui sert d'unité d'ordre, est le niveau inférieur, dans ce cas l'âme végétative.]

sens différent, non assimilable à la notion exprimée par la définition générale d'âme. De fait l'intellect est en dehors de l'extension du concept âme : « sermo de eo est ita quod sit extra istam naturam ; existimatur enim quod *non est anima neque pars anime* [1]. » Nous croyons que cette interprétation lève le doute sur une possible contradiction chez Averroès. Mais du même coup une question fondamentale est posée : quelle est la nature de ce principe intellectif dont il est dit qu'il n'est ni âme ni partie de l'âme ?

b) La nature de l'intellect

Le nom *intellectus* reçoit, nous prévient Averroès, quatre acceptions différentes : « hoc nomen igitur intellectus [...] dicitur in hoc libro quatuor modis : dicitur enim de intellectu materiali, et de intellectu qui est in habitu, et de intellectu agenti, et de virtute imaginativa [2]. » Nous devons préciser la signification exacte de chacune de ces acceptions. Pour le faire, nous appliquerons la méthode prônée par Aristote et adoptée par Averroès : « scire actiones anime prius est apud nos quam scire eius substantiam [3]. »

b 1) L'intellect matériel

Dans le chapitre IV du troisième livre du *Traité de l'âme*, Aristote avait établi une analogie entre l'intellection et la sensation. Cette analogie était fondée sur le fait que l'acte de penser consiste « ou bien à pâtir sous l'action de l'intelligible, ou bien dans quelque autre processus de ce genre » [4]. Averroès

1. Averroès, *In De anima*, II, 32, p. 178, lin. 33-35. [L'idée fut proposée par Thémistius ; cf. *supra* n. 6, p. 89 : « *iste neque potentia neque pars praedictae animae, substantia autem altera* ». Selon R.-A. Gauthier, *Sentencia libri De anima*, préface, p. 230*, elle remonte au *De anima* d'Alexandre (Suppl. Arist. II, p. 118, 22-23), auquel Averroès avait accès. La thèse est donc bien enracinée dans la tradition. Elle permet de voir jusqu'à quel point le terme *monopsychisme* est inadéquat : l'intellect est bien un, mais il n'est pas âme ni partie de l'âme.]

2. *Ibid.*, III, 20, p. 452, lin. 253-256.

3. *Ibid.*, III, 1, p. 380, lin. 40-41.

4. Aristote, *De anima*, III, 4, 429 a 13-15.

se demande quelle est la nature de cette passivité attribuée à l'intellect. L'analogie avec la sensation offre deux possibilités : ou bien l'intellect est une puissance passive au sens strict, ce qui signifie que dans l'acte de penser il subit une altération ; ou bien cette passivité n'implique pas de transmutation, car l'intellect n'est pas une puissance corporelle. La réponse d'Averroès est nette : l'analogie avec la sensation ne porte que sur le caractère réceptif, elle n'implique pas que l'intellect soit puissance corporelle : « solum assimilatur sensui in receptione, quia non est virtus in corpore [1]. » La réceptivité de l'intellect est d'une nature toute particulière : elle permet de ranger l'intellect parmi les puissances passives, mais elle n'autorise pas à le ranger parmi celles qui subissent une altération par suite de la réception de la forme. La passivité de l'intellect n'implique donc qu'une capacité réceptive et un état potentiel vis-à-vis des formes intelligibles ; elle ne suppose pas la transmutabilité de l'intellect. L'intellection est une passion sans altération [2]. Par le fait d'être essentiellement réceptif et potentiel, cet intellect mérite le nom d'*intellectus materialis*, parce que la matière, elle aussi, est définie par la réceptivité et la potentialité [3]. Il y a pourtant une différence fondamentale entre l'intellect et la matière première, car celui-là est en puissance par rapport aux formes intelligibles universelles, tandis que celle-ci l'est par rapport aux formes sensibles particulières qu'elle ne comprend pas du simple fait qu'elle les reçoit [4]. Par ailleurs, il existe une différence tout aussi fondamentale avec la matière, puisque celle-ci est altérée continuellement par la réception des formes qui l'actualisent successivement. L'intellect, en revanche, ne subit pas d'altération par suite de la réception d'une forme intelligible, et peut être ainsi le réceptacle d'un nombre infini de formes. Pour que cette

1. Averroès, *In De anima*, III, 2, p. 381, lin. 31-32.

2. *Ibid.*, III, 3, p. 381-382.

3. *Ibid.*, III, 5, p. 387, lin. 12-16 : « illud igitur ex anima quod dicitur intellectus materialis nullam habet naturam et essentiam qua constituatur secundum quod est materialis nisi naturam possibilitatis, cum denudetur ab omnibus formis materialibus et intelligibilibus. »

4. *Ibid.*, III, 5, p. 387-388, lin. 27-32.

impassibilité de l'intellect soit possible, et pour qu'il puisse recevoir toutes les formes, il faut absolument que l'intellect « matériel » soit absolument immatériel. De ces deux caractéristiques, en effet, « sequitur quod ista substantia que dicitur intellectus materialis nullam habet in sui natura de formis materialibus istis. Et quia forme materiales sunt aut corpus aut forme in corpore, manifestum est quod ista substantia que dicitur intellectus materialis *neque est corpus neque forma in corpore : est igitur non mixtum cum materia omnino* » [1]. En effet, si l'intellect était mêlé à la matière il lui serait impossible de connaître l'universel, parce que le propre de la matière est de recevoir les formes en leur imposant la multiplicité, et par conséquent en les réduisant à l'état d'intelligibles en puissance [2]. D'ailleurs, cette immatérialité est exigée aussi pour que la réceptivité de l'intellect n'entraîne pas son altération : en effet, la matière est la cause de la réceptivité avec transmutation [3]. Or, en bon aristotélicien, Averroès tire deux autres conséquences de l'immatérialité de l'intellect. Elles constitueront l'essentiel de sa noétique dans l'histoire des interprétations du *Traité de l'âme*. La matière est, dans la philosophie d'Aristote, le coprincipe propre aux réalités soumises au devenir, à la génération et à la corruption substantielles. Elle est aussi la cause de la multiplicité numérique de ces réalités sous une même espèce [4]. Si l'intellect réceptif est immatériel, il doit

1. Averroès, *In De anima*, III, 4, p. 385-386, 74-79.

2. *Ibid.*, III, 5, p. 388, 36-44 : « ista natura non est aliquid hoc, neque corpus neque virtus in corpore ; quoniam si ita esset, tunc reciperet formas secundum quod sunt diversa et ista, et si ita esset, tunc forme existentes in ipsa essent intellecte in potentia, et sic non distingueret naturam formarum secundum quod sunt forme, sicut est dispositio in formis individualibus, sive spiritualibus sive corporalibus. »

3. *Ibid.*, III, 28, p. 467, 43-47 : « materia non est causa receptionis simpliciter, sed causa receptionis transmutabilis, sc. receptionis huius entis individualis ; unde necesse est ut illud quod non recipit receptione individuali non sit materiale aliquo modo. »

4. *Cf.* Aristote, *Physica*, I, 7-9 ; en particulier « tout ce qui est engendré est composé... » (190 b 10 et *sqq.*) ; « les éléments de toute génération sont le sujet (matière) et la forme » (190 b 19-20) ; « La matière est un de ces principes... la forme en est un autre ; en outre [...] la privation » (191 a 12-14).

aussi être *inengendrable et incorruptible*, c'est-à-dire *éternel*[1], mais également *unique* pour tous les hommes, dont l'espèce est aussi éternelle[2]. Il faut bien souligner ce point : dans l'histoire des exégèses du *De anima*, la nouveauté de l'averroïsme est d'avoir proposé *l'unicité de l'intellect matériel (réceptif)*, et non pas, comme on dit souvent, l'unité de l'intellect agent, thèse soutenue par Avicenne, et d'une certaine façon nuancée par Thémistius (exigence d'un *Primus Illustrans*).

Tâchons maintenant de préciser encore plus le caractère réceptif de l'intellect matériel. Selon la doctrine bien connue d'Aristote, l'intellect réceptif est en puissance par rapport aux intelligibles contenus dans les images. Pour Averroès aussi l'intellect ne peut rien connaître si ce n'est avec l'aide des images. Mais il faut nettement dégager la portée de cette doctrine : sans image, pas de connaissance intellectuelle du monde *sensible*[3]. L'intellect doit donc se tourner vers les images comme le sens vers les objets sensibles : « anima rationalis indiget considerare intentiones que sunt in virtute imaginativa, sicut sensus indiget inspicere sensibilia[4]. » Les philosophes arabes, en particulier Avicenne, avaient élaboré une doctrine très complète sur les sens internes, dont la collaboration est nécessaire pour la connaissance intellectuelle[5]. Averroès

1. Averroès, *In De anima*, III, 4, p. 385, lin. 57 : « neque generabilis neque corruptibilis ». *Cf.* aussi I, 65, p. 87, lin. 13-19 : « intellectus materialis inter partes anime videtur esse non mobilis, neque etiam accidentaliter. Est enim *non generabilis et non corruptibilis* nisi secundum illud in quo agit ex corpore, aut secundum illud a quo patitur ; quia non habet instrumentum corporale quod corrumpitur per suam corruptionem sicut est dispositio in aliis virtutibus anime. »

2. *Ibid.*, III, 5, p. 406-407, lin. 576-577 : « intellectus materialis est unicus omnibus hominibus, et etiam [...] species humana est eterna. » Cf. *ibid.*, lin. 595-596 : « intellectus speculativus est unus in omnibus » (ici *intellectus speculativus* est synonyme de puissance intellectuelle ; cf. *supra*, n. 1, p. 134, et *infra*, n. 1, p. 156).

3. *Ibid.*, III, 30, p. 469, lin. 21-25 : « Deinde dixit : *Et ideo nichil intelligit anima sine ymaginatione*. Idest, et quia proportio ymaginum ad intellectum materialem est sicut proportio sensibilium ad sensum, ideo necesse fuit ut intellectus materialis non intelligat aliquod sensibile absque ymaginatione. »

4. *Ibid.*, III, 4, p. 384, lin. 45-47.

5. Pour Avicenne, cf. *supra*, n. 2, p. 122.

distingue, à la suite de ses prédécesseurs, quatre sens internes : le sens commun, l'imaginative, la cogitative et la mémoire sensible. Toutes ces puissances sont unies à la matière et utilisent des organes corporels, elles sont situées à des endroits déterminés du cerveau. Par conséquent elles ne peuvent avoir pour objet que des intentions individuelles ; elles ne parviennent jamais à la connaissance de l'universel. Parmi ces sens il y a un ordre de « spiritualité » croissante qui va du sens commun (le plus lié à la matière) jusqu'à la mémoire (la plus spirituelle)[1]. La cogitative, puissance capable de retenir les « intentions » des choses sensibles non saisies par les sens externes, de distinguer entre elles, et de les combiner, est par ailleurs une puissance de discernement propre à la structure sensitive de l'homme, sans que cela signifie qu'elle est capable de connaître l'universel[2], et cependant elle va jouer un rôle central dans la noétique d'Averroès.

Revenons maintenant à la nature passive de l'intellect matériel. Une dernière difficulté reste à résoudre. Comment concilier la passivité de l'intellect et son immatérialité quand il s'agit de connaître des choses matérielles ? En effet, il doit y avoir quelque chose de commun entre l'intellect et la chose matérielle pour que s'établisse entre les deux une relation d'agent et de patient. Le dilemme est le suivant : ou bien l'intellection n'est pas une passion, ou bien l'intellect communique avec le corps[3]. Averroès se presse d'expliquer que le mot *passio* n'est appliqué à l'intellection que d'une façon très circonscrite : « ista intentio universalis de passione in intellectu nichil aliud

1. Pour la doctrine des sens internes chez Averroès, cf. *In De anima*, III, 6, p. 413-417 ; *In De memoria et reminiscentia*, I, p. 52-53, éd. E.L. Shields, *Compendia Librorum Aristotelis qui Parva Naturalia vocantur* (Corpus Commentariorum Averrois in Aristotelem, VII), Cambridge (Mass.), The Mediaeval Academy of America, 1949. Averroès élimine la *virtus aestimativa* d'Avicenne, dont les pouvoirs sont distribués entre l'intellect (dans le cas de l'être humain) et l'instinct naturel (dans le cas des animaux irrationnels).

2. Averroès, *In de anima*, III, 6, p. 416, 76-77 : « Licet igitur homo proprie habeat virtutem cogitativam, tamen hoc non facit hanc virtutem esse rationabilem distinctivam ; illa enim distinguit intentiones universales non individuales. »

3. *Ibid.*, III, 12, p. 427, 18-27.

est nisi quod est in potentia in intellectu, non in actu, quousque intelligat» (*In de anima*, III, 14, p. 429, lin. 20-23). Les termes potentialité, réceptivité et perfectibilité sont appliqués à l'intellect avec une signification qui n'a rien à voir avec ce qu'ils impliquent dans l'ordre des choses matérielles [1]. Ce caractère purement potentiel rend conciliables la réceptivité et l'immatérialité de l'intellect, et, comme nous l'avons déjà dit, l'immatérialité explique que la réceptivité ne soit pas accompagnée d'altération. L'insistance d'Aristote sur la potentialité de l'intellect fit se tromper Alexandre sur la véritable nature du principe intellectif. Le commentateur grec considéra l'intellect comme une simple *praeparatio* dépourvue de sujet substantiel. Or Aristote n'a pas nié le caractère substantiel de l'intellect, il a tout simplement affirmé que ce sujet est potentiellement ouvert à toutes les formes, et que pour que cela soit possible il ne peut pas être acte d'un corps [2]. De fait l'intellect matériel ne peut pas non plus être l'une des formes sensibles. Sa nature est incompatible avec la matière, la forme sensible et le composé de ces deux principes : « est igitur aliud ens a forma et materia et congregato ex eis [3]. » L'intellect matériel est donc une substance qui est en dehors de l'ordre des réalités sensibles : il appartient à l'ordre des substances ingénérables et incorruptibles, uniques dans leur espèce.

b2) L'intellect agent

C'est l'analyse du processus de l'intellection qui a poussé Aristote à introduire un principe actif de la connaissance. Ce

1. Averroès, *In de anima*, III, 14, p. 429, 27-28 : « Potentia et receptio et perfectio, modo equivoco dicuntur cum eis in rebus materialibus. »

2. *Ibid.*, III, 14, p. 432, lin. 113-120 : « Unde Aristoteles, cum invenit preparationem que est in intellectu esse diversam ab aliis, iudicavit precise quod natura subiecta ei differt ab aliis naturis preparatis. Et quod est proprium isti subiecto preparationis est quod non est in eo aliqua intentionum intellectarum in potentia au in actu ; unde necesse fuit ipsum non esse corpus neque formam in corpore. »

3. *Ibid.*, III, 4, p. 386, 89-90. *Cf.* III, 5, p. 388, 55-56 : « hoc igitur movit Aristotelem ad imponendum hanc naturam que est alia a natura materie et a natura forme et a natura congregati. »

principe est exigé par la nature même de l'intellect matériel et de son objet, les images. En effet, on vient de voir que le principe réceptif est défini par sa potentialité. Or les images sont, elles aussi, à l'état potentiel du point de vue de l'intelligibilité. Donc il est nécessaire qu'intervienne un principe actif pour que l'acte de connaître soit accompli : sa tâche consistera à faire passer les images à l'état d'intelligibilité en acte [1]. Le principe actif est appelé par Averroès *intelligentia agens* [2]. Par rapport à l'intellect matériel, le principe actif peut être comparé à la lumière et à l'artiste. La lumière, en effet, actualise non seulement les couleurs, mais aussi le milieu récepteur (le diaphane) ; l'intellect agent remplit cette double fonction : il fait passer les images de l'intelligibilité en puissance à l'intelligibilité en acte, et il prépare l'intellect matériel pour recevoir les formes intelligibles [3]. L'analogie avec l'artiste, note Averroès, n'est pas absolue. En effet, l'art impose entièrement la forme à la matière, ce qui n'arrive pas dans le cas de l'intellect, parce que les formes sont contenues dans les images d'où l'intellect doit les abstraire. Mais la comparaison avec la lumière permet de préciser un autre aspect du problème : les images – qui conservent les caractéristiques individuelles des objets dont elles sont des représentations – ne peuvent pas

1. Averroès, *In De anima*, III, 5, p. 401, lin. 402-410 : « ... *extrahens* has intentiones de potentia in actum... »

2. *Ibid.*, IIII, 17, p. 436, lin. 11.

3. *Ibid.*, III, 5, p. 410-411, lin. 688-702 : « ... respectus intellectus agentis ad istum intellectum (materialem) est respectus lucis ad diaffonum, et respectus *formarum materialium* ad ipsum est respectus coloris ad diaffonum. Quemadmodum enim lux est perfectio diaffoni, sic intellectus agens est perfectio materialis. Et quemadmodum diaffonum non movetur a colore neque recipit eum nisi quando lucet, ita iste intellectus non recipit intellecta que sunt *hic* nisi secundum quod perficitur per illum intellectum et illuminatur per ipsum. Et quemadmodum lux facit colorem in potentia esse in actu ita quod possit movere diaffonum, ita intellectus agens facit intentiones in potentia intellectas in actu ita quod recipit eas intellectus materialis. Secundum hoc igitur est intelligendum de intellectu materiali et agenti. » [*'hic'* : c'est-à-dire, dans ce monde. La théorie ne s'applique qu'à la connaissance des intelligibles de ce monde sensible (*'formarum materialium'*) ; cf. *supra*, n. 3, p. 143. La connaissance des autres substances séparées pose une tout autre question].

actualiser par elles-mêmes l'intellect comme les objets individuels sensibles actualisent par eux-mêmes les sens, parce que s'il en était ainsi, il n'y aurait pas de différence entre l'universel et l'individu. L'intellection du monde sensible exige trois principes : l'intellect matériel, les images, et l'intellect agent, qui « extrait » d'elles les intentions universelles [1].

L'intellect agent, tout autant que l'intellect matériel, et *a fortiori*, est séparé de la matière, impassible et sans mélange. Mais sa véritable nature est d'être essentiellement en acte. Ces propriétés lui reviennent en raison de son rôle dans l'intellection. De même que l'intellect matériel doit être séparé de la matière pour être capable de recevoir les formes intelligibles, l'intellect agent doit être séparé pour qu'il puisse actualiser toutes ces formes [2]. C'est donc l'analyse de l'opération intellective qui conduit, par le même type de démonstration, à une conclusion également valable pour les deux intellects : il faut que les principes intellectifs soient immatériels. Et Averroès blâme ceux qui ont limité cette conséquence au cas de l'intellect agent : les mêmes raisons qui portent à attribuer l'immatérialité à l'agent sont valables aussi pour l'intellect réceptif, et on ne peut pas accepter la conclusion pour l'un des principes intellectifs sans devoir l'accepter également pour l'autre [3]. Si

1. Averroès, *In de anima,* III, 18, p. 438, lin. 35-51 : « Non enim possumus dicere quod proportio agentis in anima ad intellectum generatum est sicut proportio artificii ad artificiatum omnibus modis. Ars enim imponit formam in tota materia... si ita esset in intellectu, tunc homo non indigeret, in comprehendendo intelligibilia, sensu neque ymaginatione ; immo intellecta pervenirent in intellectum materialem ab intellectu agenti, absque eo quod intellectus materialis indigeret aspicere formas sensibiles. Neque etiam possumus dicere quod intentiones ymaginate sunt sole moventes intellectum materialem et extrahentes eum de potentia in actum ; quoniam, si ita esset, tunc nulla differentia esset inter universale et individuum, et tunc intellectus esset de genere virtutis ymaginative. »

2. *Ibid.*, III, 19, p. 440-441.

3. *Ibid.*, III, 19, p. 441, lin. 30-35 : « Et mirum est quomodo omnes concedunt hanc demonstrationem esse veram, sc. de intellectu agenti, et non conveniunt in demonstratione de intellectu materiali ; et licet etiam sint valde consimiles, ita quod oportet concedentem alteram concedere aliam. » Ce texte, déclarant que les intellects agent et matériel sont « fort semblables » en nature, est – lorsqu'on l'interprète à la lumière de la

les intellects sont immatériels, un corollaire se dégage tout naturellement : ils doivent aussi être éternels et uniques pour toute l'espèce humaine [1]. Les deux principes sont deux substances éternelles en rapport avec les individus humains selon un mode qu'il faut encore établir [2].

b3) Intellectus passibilis et intellectum speculativum

Nous essaierons maintenant de compléter le tableau sur les différents sens du mot *intellectus* chez Averroès. Deux expressions doivent encore être précisées : il s'agit de l'*intellectus passibilis* (*passivus*, παθητικός) et de l'*intellectum speculativum* (l'objet actuellement connu par spéculation ou contemplation). Ce tableau descriptif est forcément statique. La véritable signification de toutes ces expressions sera saisie quand nous exposerons la dynamique du processus de l'intellection dans le chapitre suivant.

Nous avons déjà montré que l'intellect matériel se caractérise par sa réceptivité et par sa potentialité vis-à-vis des images contenues dans les sens internes. L'intellect agent, chez Averroès, n'est pas un *Dator formarum*, il doit abstraire les formes intelligibles à partir des images. Les puissances sensitives internes ont par conséquent une participation importante dans l'acte intellectif. En tant qu'elle fournit les objets de connaissance, l'imagination mérite le nom d'*intellectus*, mais au sens large du mot [3]. De fait, la terminologie d'Averroès n'est pas très stricte. Il applique ce nom d'intellect au sens large,

---

tradition bien établie qui fait de l'Agent une substance unique – fondamental pour établir l'« averroïsme » d'Averroès.

1. Averroès, *In de anima*, III, 5, p. 406, lin. 556-565 : « in anima sunt due partes intellectus, quarum una est recipiens... alia autem agens... et quod hae due partes sunt non generabiles neque corruptibiles ; et quod agens est de recipienti quasi forma de materia. »

2. *Ibid.*, III, 18, p. 439, 71-76 : « Et fuit necesse attribuere has duas actiones anime in nobis, sc. recipere intellectum et facere eum, quamvis agens et recipiens sint substantie eterne, propter hoc quia hee due actiones reducte sunt ad nostram voluntatem, sc. abstrahere intellecta et intelligere ea. »

3. *Ibid.*, III, 5, p. 387, lin. 19-20, où Averroès distingue entre la puissance qu'on peut appeler *intellectus vere* (c'est l'intellect matériel) et la vertu qu'on peut appeler *intellectus large* (la cogitative).

ou plutôt, d'*intellectus passibilis*, tant à l'imagination[1] qu'aux images[2], ou aux images pour autant qu'elles sont considérées par la cogitative[3]. Ce qui compte, c'est que l'*intellectus passibilis* chez Averroès appartient donc à l'ordre des puissances sensitives, qu'en tant que tel il est lié au corps et que, par conséquent, il est corruptible. Cette notion est d'une importance capitale dans l'exégèse d'Averroès. D'après lui, le νοῦς παθητικός corruptible dont parle Aristote (*De anima*, 430 a 25) est bien cet *intellectus passibilis* relevant de l'ordre de l'âme sensitive et non pas de l'âme intellective, et sans lequel l'intellect, étant donné sa nature réceptive, ne peut rien connaître[4].

L'intellect matériel, sous l'action du principe actif qui abstrait les intelligibles à partir des images, devient intellect en acte dans l'exercice de la pensée. Cette actualisation de l'intellect matériel n'est possible qu'avec le concours de l'intellect agent et de l'intellect passif qui fournit les objets. Ces deux derniers principes sont cause nécessaire de l'intellection, mais aucun des deux, pris isolément, n'en est une cause suffisante. L'intellection (l'actualité de l'intellect matériel) permet la constitution de l'*intelligé* en acte, qu'Averroès appelle *intellectum speculativum*, et qui est l'intelligible en acte reçu et considéré par l'intellect matériel. Cet *intellectum speculativum* est la perfection du principe réceptif, et c'est pourquoi on peut

1. Averroès, *In de anima*, III, 20, p. 452, lin. 245-247 : « intendebat hic per *intellectum passibilem* virtutem ymaginativam humanam » ; *cf.* III, 5, p. 409, lin. 640 : « intendit per *intellectum passivum* virtutem ymaginativam, ut post declarabitur. »

2. *Ibid.*, I, 66, p. 89, 24-26 : « res ymaginata aut intellecta [...] est illud quod vocat in tertio tractatu intellectum passibilem. »

3. *Ibid.*, III, 20, p. 449, 173-175 : « intendebat hic per intellectum passibilem formas ymaginationis secundum quod in eas agit virtus cogitativa propria homini. »

4. *Ibid.*, p. 451, 237-240 : « intellectus materialis nichil intelligit sine intellectu passibili, licet agens sit et recipiens sit, sicut comprehendere colorem non est, licet lux sit et visus sit, nisi coloratum sit. » Cf. *ibid.*, p. 453-454, lin. 301-306. Le premier à attribuer à l'*intellectus passibilis* la nature de puissance sensible semble avoir été Thémistius ; il fut suivi par plusieurs commentateurs, cf. *supra*, n. 2, p. 47. Pour Thémistius, cf. *supra*, n. 2, p. 97 ; 3-4, p. 98 ; 3, p. 99.

dire aussi que c'est l'intelligé en acte qui permet la constitution de l'intellect (matériel) en acte. Il y a ici, hâtons-nous de le dire pour lever le cercle vicieux, deux ordres de causalité : du point de vue de l'efficience, c'est l'intellect (agent) qui actualise l'intelligible en puissance contenu dans l'image ; du point de vue formel spécificateur, c'est la donnée intelligible (déjà actualisée) qui actualise l'intellect (matériel)[1]. Ces deux ordres de causalité convergent sur l'intellect matériel pour constituer l'intellect en acte ; c'est ainsi que l'intellect matériel devient le « sujet » de l'intellect agent et de l'intellect spéculatif[2]. Tout le contenu de vérité (de référence au réel) de l'*intellectum speculativum* provient des images, et c'est pourquoi toute la causalité spécificatrice revient à elles ; mais il ne serait pas *intellectum* sans être sous la considération actuelle de l'intellect matériel. Pour cette raison, dit Averroès, les intelligés en acte (les *intellecta speculativa*) ont un double support : les images, qui leur permettent d'être vrais (d'avoir un contenu de vérité), et l'intellect matériel, qui leur permet d'être intelligés (d'exister comme intelligibles en acte en les pensant)[3]. Cette doctrine du

1. Averroès, *In De anima*, III, 5, p. 401, lin. 405-416 : « ... intentiones ymaginate non movent intellectum materialem nisi quando efficiuntur intellecte in actu postquam erant in potentia. Et propter hoc fuit necesse Aristoteli imponere intellectum agentem... et est *extrahens has intentiones de potentia in actum*. Quemadmodum igitur color qui est in potentia non est prima perfectio coloris qui est intentio comprehensa, sed subiectum quod perficitur per istum colorem est visus, ita etiam subiectum quod perficitur per rem intellectam non est intentiones imaginate que sunt intellecte in potentia, sed *intellectus materialis est qui perficitur per intellecta*. »

2. *Ibid.*, III, 36, p. 499, lin. 563-564 : « subiectum intellectorum speculativorum et intellectus agentis secundum hunc modum est idem et unum, scilicet materialis ». [J'ai analysé la notion d'*intellectum speculativum* dans deux travaux : « "Averroes y Sigerio de Brabante : la noción de intellectum speculativum », in *Actas del V Congreso Internacional de Filosofía Medieval* (1972), Madrid 1979, p. 541-549 ; « Intellectum speculativum : Averroes, Thomas Aquinas and Siger of Brabant on the intelligible object », *Journal of the History of Philosophy*, vol. XIX, n. 4 (1981), p. 425-446.]

3. *Ibid.*, III, 5, p. 400, lin. 385-390 : « necesse est etiam ut intellecta in actu habeant duo subiecta, quorum unum est subiectum per quod sunt vera, scilicet forme que sunt ymagines vere, secundum autem est illud per quod intellecta sunt unum entium in mundo, et istud est intellectus materialis. »

double sujet (ou support) des *intellecta speculativa* est la clef de voûte de la noétique averroïste.

Grâce à elle, en effet, le philosophe de Cordoue pourra lever les antinomies qui se posent à l'intérieur de son système. L'intelligé *(intellectum speculativum)* est le résultat de deux principes, dont l'un est générable, corruptible et multiple (l'image fournie par l'*intellectus passivus*), et l'autre, éternel et unique (l'intellect matériel)[1]. Cela va permettre à Averroès d'affirmer la corruptibilité des intelligés et la multiplication des actes de pensée, en dépit de l'éternité et de l'unicité de l'intellect matériel[2]. Cette doctrine du double sujet de l'intelligé laisse entrevoir aussi le sens véritable de l'expression « intellectus copulatur nobis per phantasiam » : les intellects éternels sont unis aux individus dans la mesure où ceux-ci apportent les images nécessaires pour la constitution des *intellecta speculativa*. L'imagination des hommes concourt à l'acte intellectuel en apportant les images, établissant ainsi le pont entre l'intellect et l'homme, et permettant aussi une participation opérationnelle de l'homme à l'ordre des substances intellectuelles. Voyons donc la dynamique de l'intellection. Elle mettra en jeu toutes les pièces établies jusqu'à présent et montrera le sens ultime des expressions employées.

c) L'acte d'intellection (l'intelligere)

Le *De anima* d'Aristote contient, sans doute, une certaine opposition entre l'*intellect* et l'*exercice de la pensée* ; cette

1. Averroès, *In de anima*, III, 5, p. 400, lin. 376-377 : « ista *intellecta* constituuntur per duo, quorum unum est generatum et aliud non generatum. »

2. *Ibid.*, p. 401, lin. 419-423 : « Et cum omnia ista sint sicut narravimus, non contingit ut ista intellecta que sunt in actu, scilicet speculativa, ut sint generabilia et corruptibilia nisi propter subiectum per quod sunt vera, non propter subiectum per quod sunt unum entium, scilicet intellectum materialem. » *Cf.* aussi III, 30, p. 469, lin. 25-27 : « intellecta universalia colligata sunt cum ymaginibus, et corrupta per corruptionem earum. » Pour la multiplication des intelligés, en dépit de l'unicité de l'intellect matériel, *cf.* III, 5, p. 412, lin. 724-727 : « Cum igitur posuerimus rem intelligibilem que est apud me et apud te multam in subiecto secundum quod est vera, sc. formas ymaginationis, et unam in subiecto per quod est intellectus ens (et est materialis), dissolvuntur iste questiones perfecte. »

opposition est établie en termes d'éternité et corruptibilité. « L'*intellect* (ὁ δὲ νοῦς), dit le Stagirite, semble bien survenir en nous comme possédant une existence substantielle, et n'être pas sujet à la corruption... L'*exercice de la pensée* et de la connaissance (τὸ νοεῖν δὴ καὶ τὸ θεωρεῖν) déclinent quand un organe intérieur est détruit, mais en lui-même l'intellect est impassible. Et la pensée ainsi que l'amour ou la haine sont des affections non pas de l'intellect, mais du sujet qui le possède en tant qu'il le possède. C'est pourquoi aussi, ce sujet une fois détruit, il n'y a plus ni souvenirs ni amitiés : ce ne sont pas, en effet, disions-nous, les affections de l'intellect, mais du composé (τοῦ κοινοῦ) qui a péri, et l'intellect est sans doute quelque chose de plus divin et impassible [1]. »

Ce difficile passage sera interprété par Averroès dans la ligne de sa doctrine de l'*intellectus passibilis* et du double sujet de l'intelligé *(intellectum speculativum)*. L'intelligé est, nous l'avons vu, le résultat d'une action dans laquelle interviennent deux principes : l'un éternel et l'autre corruptible. L'intellect est éternel, mais dans l'exercice de la pensée portant sur le monde sensible – il faut y insister – il dépend des objets fournis par l'imagination, laquelle est une puissance corporelle corruptible. Cela explique que l'exercice de la pensée (l'*intelligere*) soit corruptible tout en ayant un principe éternel [2].

Cette même problématique est reprise au troisième livre, au moment de faire l'exégèse du chapitre IV. Averroès est arrivé à déterminer la nature de l'intellect en appliquant rigoureusement certains principes d'Aristote : si l'intellect est immatériel (ce qui est exigé par la nature de son opération), il

1. Aristote, *De anima*, I, 4, 408 b 18-29.

2. Averroès, *In De anima*, I, 66, p. 89, lin. 12-26 : « Cum posuit quod *intellectus* qui intelligit intelligibilia neque est generabilis neque corruptibilis, et *intelligere*, quod est actio ipsius intellectus, videtur generabile et corruptibile, incepit dare modum ex quo contingit hoc ; et est quod illud quod intelligit est intra corpus, et est generabile et corruptibile. Et dixit : *Et intelligere et considerare diversantur*, etc. Idest, et accidit quod intelligere quandoque sit in potentia, quandoque in actu, non quia intellectus est generabile et corruptibile, sed quia intra corpus corrumpitur aliquid aliud, in quo est intelligere... Et post declarabit quod hec est res ymaginata, aut intellecta, et est illud quod vocat in tertio tractatu intellectum passibilem. »

doit être éternel et unique, étant dépourvu du principe de corruptibilité et de multiplication numérique. Mais en même temps, le philosophe de Cordoue est très conscient des difficultés qui se posent si l'on se place sur le terrain de l'expérience. Tout homme a conscience de penser, ce qui implique qu'il participe d'une certaine façon au processus de l'intellection. Pour fonder cette participation, il faut expliquer comment il est possible que le principe de l'intellection (l'*intellectus*) soit unique et éternel, tandis que l'exercice de la pensée (l'*intelligere*) et les contenus intelligés *(intellecta speculativa)* sont temporels et multiples.

Les principaux problèmes touchant l'intellect matériel sont posés avec pleine lucidité par Averroès. Le premier est formulé dans ces termes : « quomodo intellecta speculativa erunt generabilia et corruptibilia et agens ea et recipiens erit eternum [1]. » Le deuxième problème, reconnaît Averroès, présente une grande difficulté : « Quaestio autem secunda, dicens quomodo intellectus materialis est unus in numero in omnibus individuis hominum, non generabilis neque corruptibilis, et intellecta existentia in eo in actu (et est intellectus speculativus) numeratus per numerationem individuorum hominum, generabilis et corruptibilis per generationem et corruptionem individuorum, hec quidem questio valde est difficilis et maximam habet ambiguitatem [2]. » Le troisième problème concerne la nature même de l'intellect matériel, lequel, ayant été défini comme pure puissance réceptive, risque de perdre son profil

1. Averroès, *In De anima*, III, 5, p. 399-400, lin. 370-372.

2. *Ibid.*, III, 5, p. 401-402, lin. 424-430. [Il me semble important de montrer la lecture que je faisais de ce texte. Dans la fiche où je l'avais transcrit, j'avais noté : « *in eo* de ligne 427 ne peut se référer qu'à l'*intellectus materialis* de ligne 424 ; *intellectus speculativus* est l'intellect matériel qui pense en acte, c'est-à-dire l'intellect matériel lorsque les intelligibles sont en lui *intellecta in actu* ; de même, alors que l'*intellectum speculativum* est l'objet intelligé en acte, de même aussi l'*intellectus speculativus* est l'intellect matériel lorsqu'il intellige en acte – c'est un état de l'intellect matériel <l'*intellectus factus* de note 4, p. 155> ; '*numeratus*' de ligne 427 se dit donc de l'intellect matériel qui pense en acte. Le texte équivaut à demander : comment l'intellect matériel est un et éternel, alors que sa pensée en acte est multiple, générable et corruptible. » Je continue de croire que c'est une bonne lecture.]

substantiel : « Tertia autem questio... est quomodo intellectus materialis est aliquod ens, et non est aliqua formarum materialium neque etiam materia prima [1]. »

La doctrine de l'*intellectus passibilis* et du double sujet des intelligés permettra de résoudre les deux premières questions. En effet, aucune multiplication ou corruptibilité des contenus intelligés ne peut venir de la part des intellects éternels. L'expérience de la pensée personnelle et corruptible ne peut s'expliquer que par l'intervention d'une puissance multipliée et corruptible participant à l'exercice de la pensée de manière essentielle, et prenant place dans le processus de l'intellection comme un intermédiaire entre l'intellect et l'intelligé. Nous avons déjà montré cet aspect de la noétique d'Averroès : l'intelligé ne peut pas se constituer par la seule participation de l'intellect ; il tire son origine des images fournies par l'*intellectus passibilis*, lesquelles lui assurent son contenu de vérité [2]. Ainsi, la corruptibilité des *intellecta speculativa* est une conséquence de cette origine et non pas de sa condition d'objets de l'intellect : « non contingit ut ista intellecta que sunt in actu, scilicet speculativa, ut sint generabilia et corruptibilia nisi propter subiectum per quod sunt vera, non propter subiectum per quod sunt unum entium, scilicet intellectum materialem [3]. »

La question sur la multiplicité des intelligés offre d'abord l'aspect d'un dilemme sans issue. On ne peut pas chercher la solution par la voie de la multiplication numérique de l'intellect, car cela équivaut à faire de lui une puissance matérielle [4]. On ne peut non plus maintenir l'unicité de l'intellect sans nuancer notre affirmation, parce que, alors, tous les hommes parvenus à l'état de maturité penseraient les mêmes objets [5]. D'autre part, l'expérience atteste la participation

1. Averroès, *In De anima*, III, 5, p. 409, lin. 654-656. Cf. *supra* n. 4, p. 145.

2. Cf. *supra*, n. 3, p. 150 - 2, p. 151.

3. Averroès, *In De anima*, III, 5, p. 401, lin. 420-424.

4. *Ibid.*, lin. 431-434 : « Si enim posuerimus quod iste intellectus materialis est numeratus per numerationem individuorum hominum, continget ut sit aliquid hoc, aut corpus aut virtus in corpore. »

5. *Ibid.*, lin. 449-454 : « Et si posuerimus quod non numeratur per numerationem individuorum, continget ut proportio eius ad omnia individua

personnelle de l'homme à l'exercice de la pensée, ce qui implique que l'intelligé est uni de façon également personnelle à chaque individu.

Or l'intelligé *(intellectum)* possède deux faces, selon qu'on le considère dans son sujet récepteur (l'*intellectus materialis*), qui joue le rôle de matière par rapport à l'intelligé ; ou dans son contenu formel qui provient des images *(intellectus passibilis)*, qui joue le rôle de forme par rapport à ce *factum* particulier qu'est l'intelligé. L'homme ne peut avoir part à l'exercice de la pensée et aux objets de la pensée actuelle *(intellecta)* par l'intermédiaire de l'intellect, qui lui est séparé ; il ne peut y avoir part que par le moyen des images [1]. Ces images, et leur principe, la *virtus imaginativa*, sont vraiment propres à l'homme, elles sont multipliées, générables et corruptibles comme leurs sujets humains [2]. Ainsi donc, bien que l'intellect agent et l'intellect matériel soient uniques et éternels, l'intellect matériel, *considéré comme actualisé (factum)* par les intelligés, est susceptible d'une double considération : il est d'une certaine façon générable et corruptible, mais d'un autre point de vue il est éternel [3]. Que veut dire exactement cette affirmation ? Pour bien la comprendre, il faut tenir compte d'une autre thèse aristotélicienne adoptée par Averroès : l'éternité des espèces. Si l'espèce humaine est éternelle, il est impossible que l'intellect matériel soit absolument dépourvu d'intelligés,

---

existentia in sua postrema perfectione in generatione sit eadem, unde necesse est, si aliquod istorum individuorum acquisierit rem aliquam intellectam, ut illa acquiratur ab omnibus illorum. »

1. Averroès, *In De anima*, III, 5, p. 404, lin. 501-520 : « Dicamus igitur quod manifestum est quod homo non est intelligens in actu nisi propter continuationem *intellecti* cum eo in actu... impossibile est ut *intellectum* copuletur cum unoquoque hominum et numeretur per numerationem eorum per partem que est de eo quasi materia, scilicet intellectum materialem ; remanet ut continuatio intellectorum cum nobis hominibus sit per continuationem intentionis intellecte cum nobis (et sunt intentiones ymaginate), scilicet partis que est in nobis de eis aliquo modo quasi forma. »

2. *Ibid.*, III, 5, p. 405, lin. 537-543.

3. *Ibid.*, III, 5, p. 406, lin. 570-574 : « in anima sunt tres partes intellectus, quarum una est intellectus recipiens, secunda autem est efficiens, tertia autem factum. Et due istarum trium sunt eterne, scilicet agens et recipiens ; tertia autem est generabilis et corruptibilis uno modo, eterna alio modo. »

bien que ceux-ci proviennent des images corruptibles individuelles. Ceci est d'autant plus vrai pour ce qui concerne les premiers principes de la connaissance, intelligés communs à toute l'espèce humaine. Ces contenus intelligés absolument premiers peuvent être considérés comme uniques du point de vue de leur sujet récepteur (l'*intellectus materialis*) et multiples selon les intentions d'où ils tirent leur origine (les images) et par l'intermédiaire desquelles ils sont unis aux individus. Ainsi donc, on peut dire, du moins dans le cas des premières propositions, que les *intellecta speculativa* ne sont corruptibles et multiples que par rapport aux individus, mais qu'en eux-mêmes et pris absolument *(simpliciter)* ils sont uniques et éternels. C'est cette explication qui nous permet d'affirmer que l'intellect matériel qui pense en acte (l'*intellectus speculativus*) est un pour tous <les êtres humains>[1]. Nous voyons donc comment la doctrine du double sujet de l'*intellectum speculativum* est vraiment capitale dans cette noétique. Elle permet de résoudre l'antinomie de l'un et du multiple dans l'exercice de la pensée, mais elle explique aussi dans quelle mesure l'homme prend part à cet exercice et comment les intelligés nous sont unis.

Quant au troisième problème posé ci-dessus, à savoir celui de la nature de l'intellect matériel, Averroès explique que le caractère purement potentiel de ce principe réceptif ne doit pas être pris d'une façon absolue. La potentialité de l'intellect matériel n'implique pas qu'il ne soit rien de substantiel (comme le voulait Alexandre), elle veut simplement dire que l'intellect matériel n'est aucune des réalités qu'il doit

1. Averroès, *In De anima*, III, 5, p. 407, lin. 581-596 : « ... hec enim intellecta sunt unica secundum recipiens, et multa secundum intentionem receptam. Secundum igitur modum quem sunt unica, necessario sunt eterna... Et ideo cum in respectu alicuius individui fuerit corruptum aliquod intellectum primorum intellectorum per corruptionem sui subiecti per quod est copulatum cum nobis et verum, necesse est ut illud intellectum non sit corruptibile simpliciter, sed corruptibile in respectu uniuscuiusque individui. Et ex hoc modo possumus dicere quod intellectus speculativus est unus in omnibus. »

recevoir[1]. Par conséquent il ne peut être ni matière, ni forme matérielle, ni composé des deux : il se range dans un quatrième genre, en dehors de ces réalités corruptibles. Il est l'une des formes séparées, lesquelles, souligne Averroès, ne sont pas absolument simples. Il y a en elles quelque chose d'analogue à la matière et quelque chose d'analogue à la forme ; s'il n'en était pas ainsi il n'y aurait pas de multiplicité dans l'ordre des substances séparées. C'est en Dieu, seulement, que la simplicité est absolue, car en lui la substance *(essentia)* et la quiddité *(quidditas)* s'identifient. Dans les substances séparées, en revanche, substance et quiddité sont différentes[2]. Tant l'intellect agent que l'intellect matériel appartiennent à cet ordre des réalités séparées : *agens et recipiens sunt substantie eterne*[3]. Mais l'intellect matériel est plus imparfait ; il est la dernière de ces substances : « *opinandum est secundum Aristotelem quod ultimus intellectus abstractorum in ordine est iste intellectus materialis*[4]. » Sa position dans cette hiérarchie est rendue évidente par son activité, laquelle est bien plus

1. Averroès, *In De anima*, III, 5, p. 410, lin. 684-688 : « Propositio autem dicens quod recipiens nichil debet habere in actu ex eo quod recipit non dicitur simpliciter, sed cum conditione, scilicet quod non est necesse ut recipiens non sit in actu aliquid omnino, sed ut non sit in actu aliquid ex eo quod illud recipit, sicut prediximus. »

2. *Ibid.*, III, 5, p. 409-410, lin. 654-667 : « Tertia autem questio (et est quomodo intellectus materialis est aliquod ens, et non est aliqua formarum materialium neque etiam prima materia) sic dissolvitur. Opinandum est enim quod iste est *quartum genus esse*. Quemadmodum enim sensibile esse dividitur in formam et materiam, sic intelligibile esse oportet dividi in consimilia hiis duobus, scilicet in aliquod simile forme et in aliquod simile materie. Et hoc necesse est in omni *intelligentia abstracta* que intelligit aliud ; et si non, non esset multitudo in formis abstractis. Et iam declaratum est in Prima Philosophia quod nulla est forma liberata a potentia simpliciter, nisi prima forma, que nichil intelligit extra se, sed essentia eius est quiditas eius ; alie autem forme diversantur in quiditate et essentia quoquo modo. » [J'ai choisi de conserver la version qui explique la distinction entre « essentia » et « quiditas » en termes de substance et de quiddité, et non pas en termes d'être et de quiddité (ou d'existence et d'essence) pour m'en tenir à une perspective strictement aristotélicienne qui distingue entre un sujet et sa forme. On trouvera d'autres choix dans les traductions d'A. de Libera, A. Hyman et R. Taylor.]

3. *Ibid.*, III, 18, p. 439, lin. 73-74.

4. *Ibid.*, III, 19, p. 442, lin. 63-64.

semblable à une passion qu'à une action. À la différence de l'intellect agent, il a besoin de quelque chose d'extérieur pour parvenir à son acte (il a besoin des images)[1]. Cette caractéristique de l'intellect matériel, cette dépendance vis-à-vis des objets intelligibles en puissance, établit une relation toute particulière entre l'intellect matériel, l'intellect agent et les hommes. L'intellect matériel a besoin des images (qui sont en nous), et il a besoin de l'intellect agent (qui est au-dessus de lui). Il est comme le milieu diaphane, actualisé par les couleurs grâce à l'actualité de la lumière. En ce sens l'intellect agent est la perfection de l'intellect matériel[2]. Mais comme l'intellect agent ne parfait le principe réceptif qu'en lui rendant intelligibles en acte les images qui sont en nous, on peut dire que dans l'acte d'intellection nous nous unissons aussi à l'intellect agent. Cette disposition de l'intellect matériel (le diaphane), par laquelle il reçoit simultanément l'actualité des formes (les couleurs) et l'actualité de l'agent (la lumière), est appelée par Averroès *adeptio* ; et l'intellect matériel parfait de cette façon, *intellectus adeptus*. Cette notion d'*intellectus adeptus* explique notre union avec l'intellect agent[3]. Mais cette union n'est valable que pour la connaissance des formes sensibles. L'intellect matériel possède un autre mode de connaître les formes séparées. Et avant tout il connaît le principe agent[4]. Mais cet acte de connaissance établit une union entre l'intellect matériel et l'intellect agent bien différente de celle qui existe entre l'intellect matériel et les hommes. La *continuatio intellectus cum hominibus* se réalise par intermédiaires (les images) ; l'union entre les deux intellects est immédiate[5].

1. Averroès, *In De anima*, III, 19, p. 442, 65-68 et p. 443, 86-90.

2. *Ibid.*, III, 5, p. 410-411, lin. 687-697. Cf. *supra*, n. 3, p. 146.

3. *Ibid.*, III, 5, p. 411, lin. 703-706 : « Et cum intellectus materialis fuerit copulatus secundum quod perficitur per intellectum agentem, tunc nos sumus copulati cum intellectu agenti ; et ista dispositio dicitur *adeptio* et *intellectus adeptus*. »

4. *Ibid.*, p. 410, lin. 678-681 : « Et iste intellectus recipiens necesse est ut intelligat intellectum qui est in actu. Cum enim intellexerit formas materiales, dignior est ut intelligat formas non materiales. »

5. *Ibid.*, III, 36, p. 486, lin. 200-205 : « intellectus materialis non copulatur nobiscum per se et primo, sed non copulatur nobiscum nisi per suam

Avec sa doctrine du double sujet de l'*intellectum speculativum*, véritable pont entre les intellects éternels et les individus humains corruptibles, Averroès croit suffisamment résolus les problèmes et les antinomies qu'on pouvait opposer à sa noétique [1]. Voyons maintenant l'exégèse averroïste du fameux passage 430 a 20-25 du *Traité de l'âme*.

d) L'exégèse de 430 a 20-25 [2]

Il y a, prévient Averroès, trois interprétations possibles de ce passage. D'après Alexandre d'Aphrodise la « science en puissance » est la *praeparatio* existant dans l'individu humain comme résultat du mélange des éléments qui le composent. Cette *praeparatio* précède temporellement l'intellect agent, et c'est elle qui est corruptible. D'autre part les expressions « on ne peut dire que cet intellect tantôt pense et tantôt ne pense pas » et « c'est une fois séparé qu'il n'est plus que ce qu'il est essentiellement, et cela seul est immortel et éternel », s'appliquent exclusivement à l'intellect agent. « Nous ne nous souvenons pas cependant » parce que notre principe intellectif (l'intellect matériel défini comme simple *praeparatio*) est corruptible [3].

Une deuxième interprétation a été proposée par Thémistius, dont l'exégèse est fondée principalement sur une notion

---

copulationem cum formis ymaginalibus. Et cum ita sit, possibile est dicere quod modus secundum quem copulatur nobiscum intellectus materialis est alius a modo secundum quem copulatur ipse cum intellectu agenti. »

1. Averroès, *In De anima*, III, 5, p. 412, lin. 724-728 : « Cum igitur posuerimus rem intelligibilem que est apud me et apud te multam in subiecto secundum quod est vera, sc. formas ymaginationis, et unam in subiecto per quod est intellectus ens (et est materialis) dissolvuntur iste questiones perfecte. »

2. Voici la version latine de ce passage, tirée du commentaire d'Averroès : « Et quod est in potentia prius est tempore in individuo ; universaliter autem non est neque in tempore. Neque quandoque intelligit et quandoque non intelligit. Et cum fuerit abstractus, est illud quod est tantum, et iste tantum est immortalis semper. Et non rememoramur, quia iste est non passibilis, et intellectus passibilis est corruptibilis, et sine hoc nichil intelligitur » (p. 443).

3. *Ibid.*, III, 20, p. 444, lin. 13-34.

fausse – selon Averroès – de l'intellect spéculatif. On s'en souvient [1], pour Thémistius l'intellect spéculatif est l'intellect agent pour autant qu'il actualise l'intellect matériel (aussi bien l'intellect agent, d'ailleurs, que l'intellect matériel sont éternels selon Thémistius). Dans ces conditions, la « science en puissance » est l'intellect matériel séparé ; ce qui connaît toujours et sans cesse est l'intellect agent sans relation avec l'intellect matériel ; et ce qui, une fois séparé, est éternel, c'est l'intellect spéculatif. Quant à l'intellect passible et corruptible, il ne peut s'agir que de la partie concupiscible de l'âme [2]. Ces deux exégèses sont inacceptables aux yeux d'Averroès pour les raisons déjà exposées [3].

La troisième interprétation est celle d'Averroès lui-même. Pour le philosophe de Cordoue l'intellect agent et l'intellect réceptif sont séparés et impassibles [4]. Ce point de départ dirige toute l'exégèse du passage. L'intellect matériel (potentiel) précède l'agent si on le prend par rapport à un individu déterminé ; mais, pris absolument, il est postérieur à l'agent sous tous les rapports [5]. Quant à l'intellect qui pense toujours, il est évident qu'il ne peut pas s'agir seulement de l'intellect agent (comme le veulent Alexandre et Thémistius), mais aussi de l'intellect matériel pris absolument et non pas par rapport à un individu : en effet, étant donné l'éternité de l'espèce humaine, l'intellect matériel ne peut jamais manquer de formes provenant des images sous l'action de l'intellect agent [6]. Tant

1. Cf. *supra*, n. 2, p. 134.

2. Averroès, *In De anima*, III, 20, p. 445-446 ; pour Thémistius, cf. *supra*, n. 3-4, p. 98.

3. Cf. *supra*, n. 3, p. 134-n. 1, p. 136.

4. Averroès, *In De anima*, III, 20, p. 447, lin. 99-102 : « Cum enim dixit : *Et iste intellectus etiam est abstractus, non mixtus neque passibilis* (430 a 17) loquitur de intellectu agenti... Et hec particula *etiam* ostendit alium intellectum esse non passibilem neque mixtum. »

5. *Ibid.*, III, 20, p. 447, lin. 107-118.

6. *Ibid.*, p. 448, lin. 132-144 : « Secundum autem quod nobis apparuit, sermo est iste secundum suum manifestum, et erit illud verbum *est* ("neque quandoque *est*...") relatum ad propinquissime dictum, et est intellectus materialis cum fuerit acceptus simpliciter, non in respectu individui. Intellectus enim qui dicitur materialis, secundum quod diximus, non accidit ei quod quandoque intelligat et quandoque non nisi in respectu formarum

l'intellect matériel que l'intellect agent, pris absolument, pensent toujours, parce que leur activité est également éternelle [1]. C'est aussi de ces deux intellects, pris absolument, que l'on dit qu'ils sont, une fois séparés *(respectu individui)*, éternels et immortels [2]. Si Aristote emploie le singulier pour se référer aux deux intellects, c'est que, s'ils sont vraiment deux du point de vue de leurs opérations, ces deux principes, en revanche, en tant que l'intellect matériel est informé par l'agent dans l'acte de connaître, peuvent être considérés comme un seul intellect [3]. Finalement, l'intellect passif corruptible (νοῦς παθητικός) dont parle le *Traité de l'âme* n'est autre chose que les formes sensibles de l'imagination *(intellectus passibilis)* [4]. Cet intellect passif explique comment les intelligés sont multiples et corruptibles tandis que les intellects sont uniques et éternels; il explique aussi pourquoi l'oubli tombe sur les choses d'ici-bas, puisque l'intellect ne peut pas penser ces choses sans l'aide de l'imagination [5].

e) L'union opérationnelle entre l'homme et l'intellect

L'individu humain et les intellects s'opposent comme des réalités appartenant à des ordres métaphysiquement différents. L'homme, pris individuellement, est une réalité

---

ymaginationis existentium in unoquoque individuo, non in respectu speciei... simpliciter autem et respectu speciei semper intelligit hoc universale, nisi species humana deficiat omnino, quod est impossibile. »

1. Averroès, *In De anima*, p. 448, lin. 145-155.

2. *Ibid.*, p. 449, lin. 156-159.

3. *Ibid.*, p. 450, lin. 213-219 : « Et universaliter, quando quis intuebitur intellectum materialem cum intellectu agenti, apparebunt esse duo uno modo et unum alio modo. Sunt enim duo per diversitatem actionis eorum ; actio enim intellectus agentis est generare, istius autem informari. Sunt autem unum quia intellectus materialis perficitur per agentem et intelligit ipsum. »

4. *Ibid.*, p. 449, lin. 173-175. Cf. *supra*, n. 4, p. 149.

5. *Ibid.*, III, 20, p. 451, lin. 234-240 : « Quomodo intellecta a nobis sunt non eterna, cum hoc quod intellectus est eternus et recipiens est eternum ?... causa in hoc est quia intellectus materialis nichil intelligit sine intellectu passibili, licet agens sit et recipiens sit... »

matérielle, générable et corruptible ; les intellects sont des substances éternelles, dépourvues de matière. Cependant ces deux réalités ont un trait d'union : elles entrent en relation dans l'exercice de la pensée et dans la constitution des *intellecta speculativa*. Les intelligés sont le véritable pont qui permet de franchir la distance métaphysique entre les deux ordres de réalités mentionnées. L'intellect matériel est actualisé par des intelligés qui tirent leur origine des images contenues dans les puissances sensitives de l'homme ; et cette actualisation est rendue possible grâce à l'action de l'intellect agent travaillant sur ces images. C'est ainsi qu'on doit comprendre l'expression : « intellectus copulatur nobis per phantasiam », qui définit très bien, mais trop synthétiquement, la noétique du maître arabe. C'est autour des intelligés, et de l'exercice de la pensée, que se produit l'union entre les hommes et les intellects. Cette relation est donc purement opérationnelle, et elle n'implique d'aucune façon que l'intellect soit une perfection substantielle de l'homme : *intellectus neque est anima neque pars animae*. L'homme et les intellects s'opposent comme des substances distinctes, mais étroitement dépendantes l'une par rapport aux autres dans l'exercice d'une opération : la pensée. La perfection proprement substantielle de l'homme ne peut être que le degré supérieur de l'âme sensitive, à savoir, l'âme sensitive douée de puissances sensibles capables de fournir des images aptes à devenir intelligibles. La puissance imaginative, cet *intellectus passibilis* ou *passivus* propre à chaque individu, est donc la cause de la diversité des hommes quant à leur participation dans l'intellection[1] ; elle est donc une faculté personnelle, mais corruptible[2]. Quant à l'intellect, il ne peut être dit perfection que du point de vue opérationnel : *intellectus dicitur perfectio equivoce* (*cf.* n. 3, p. 137).

1. Averroès, *In De anima,* III, 20, p. 454, lin. 313-314 : « Et per istum intellectum quem vocavit Aristoteles *passibilem* diversantur homines. » Cf. *supra*, n. 2, p. 149.

2. *Ibid.*, III, 33, p. 476, lin. 79-80 : « Et homo est generabilis et corruptibilis per hanc virtutem. »

Par ailleurs, cette *continuatio intellectus nobiscum* est une tâche progressive. L'homme ne parvient à une union complète avec l'intellect qu'à la fin de sa vie : *non continuamur cum intellectu in principio, sed in postremo* [1]. Cette union progressive est rendue possible par l'actualisation également progressive des *intellecta speculativa* présents à l'état potentiel dans notre imagination. Au fur et à mesure qu'ils sont rendus intelligibles en acte sous l'action de l'intellect agent, cette union opérationnelle s'achève. Lorsqu'elle est parvenue à son état de perfection, l'homme participe pleinement de l'acte d'intellection, de l'exercice de la pensée, et il devient capable de connaître tous les êtres [2]. Mais, relève Averroès, il ne faut pas dire que c'est l'intellection qui est la cause de l'union : c'est l'inverse [3].

Bien que les deux intellects soient des substances indépendantes du point de vue ontologique, ils sont en étroite dépendance opérationnelle vis-à-vis des individus. À tel point qu'Averroès n'hésite pas à dire qu'ils sont sous l'empire de notre volonté. En effet, l'expérience atteste que nous pensons quand nous le voulons. Cette constatation permet de formuler une conclusion à première vue insolite : étant donné que celui qui agit le fait en vertu de sa forme, et que nous pensons quand nous voulons, on peut dire que l'intellect est une forme dans l'homme. Ce raisonnement est formulé deux fois par

1. Averroès, *In De anima,* III, 36, p. 501, lin. 632-633.

2. *Ibid.*, III, 36, p. 500, lin. 599-616 : « Et manifestum est quod, cum omnia intellecta speculativa fuerint existentia in nobis in potentia, quod ipse erit copulatus nobiscum in potentia. Et cum omnia intellecta speculativa fuerint existentia in nobis in actu, erit ipse tunc copulatus nobis in actu. Et cum quedam fuerint potentia et quedam actu, tunc erit ipse copulatus secundum partem et secundum partem non ; et tunc dicimur *moveri ad continuationem*. Et manifestum est quod, cum iste motus complebitur, quod statim iste intellectus copulabitur nobiscum omnibus modis. [...] Et cum ita sit, necesse est ut homo intelligat per intellectum sibi proprium omnia entia, et ut agat actionem sibi propriam in omnibus entibus... »

3. *Ibid.*, III, 36, p. 501, lin. 628-629 : « causa intellectionis est continuatio, et non e contrario. »

Averroès[1]. Évidemment, cette perfection formelle ne répond pas à la notion aristotélicienne de forme substantielle. En effet, elle est une perfection opérative que l'on acquiert pendant la vie et qu'on ne parvient à posséder d'une façon pleine qu'à la fin de notre existence temporelle. C'est toujours de façon équivoque que l'intellect peut être dit forme ou perfection.

C'est à la fin de la vie que l'homme, ainsi relié avec l'intellect, devient capable de connaître toutes les choses. Et grâce à cette ouverture sur la totalité de l'être il devient aussi semblable à Dieu d'une certaine façon. Une réalité périssable, temporelle, s'est élevée progressivement jusqu'à prendre part à l'ordre des réalités éternelles. Averroès a voulu être strictement fidèle aux principes aristotéliciens touchant les substances immatérielles. Cela l'a conduit à une conséquence d'une portée inattendue : l'affirmation du caractère séparé et unique des deux intellects. Bien que dépourvu d'un principe personnel d'intellection, l'homme possède cependant une puissance nécessaire dans le processus de l'intellection. Cet *intellectus passibilis* est le moyen prévu par la Nature pour que l'homme puisse avoir part à l'exercice de la pensée. L'homme est ainsi situé entre les deux ordres de l'univers aristotélicien, comme faisant le pont entre la plus faible des substances séparées et les substances soumises au devenir. Fidèle jusqu'au bout à une certaine ligne d'interprétation de l'aristotélisme,

1. Averroès, *In De anima,* III, 18, p. 439-440 : « Et cum invenimus nos agere per has duas virtutes intellectus cum voluerimus, et *nichil agit nisi per suam formam*, ideo fuit necesse attribuere nobis has duas virtutes intellectus. » *Cf.* aussi, III, 36, p. 499-500 : « Iam igitur invenimus modum secundum quem possibile est ut iste intellectus continuetur nobiscum in postremo, et causam quare non copulatur nobiscum in principio... Et per hunc modum poterimus generare intellecta cum voluerimus. Quoniam, quia *illud per quod agit aliquid suam propriam actionem est forma*, nos autem agimus per intellectum agentem nostram actionem propriam, *necesse est ut intellectus agens sit forma in nobis.* »

Averroès déclare admirable cet ordre de la nature, et étrangement mystérieux le statut ontologique de l'homme : *quam mirabilis est iste ordo, et quam extraneus est iste modus essendi* [1] !

1. Averroès, *In De anima,* III, 36, p. 501, lin. 617-622 : « Homo igitur secundum hunc modum, ut dicit Themistius, *assimilatur Deo* in hoc quod est omnia entia quoquo modo, et sciens ea quoquo modo ; entia enim nichil aliud sunt nisi scientia eius, neque causa entium est aliud nisi scientia eius. Et quam mirabilis est iste ordo, et quam extraneus iste modus essendi ! » Étant donné que ce qui est propre à l'homme, à savoir l'*intellectus passibilis*, est corruptible, et que l'intellect immortel est unique pour toute l'espèce humaine, on peut conclure que la *philosophie* d'Averroès nie l'immortalité personnelle. Cette conclusion lui semble nécessaire à partir de certains principes auxquels il adhère fidèlement : la spiritualité de l'intellect et la thèse suivant laquelle toute multiplication numérique provient de *la matière. Cependant la position d'Averroès est beaucoup moins tranchée dans ses écrits théologiques. Dans son ouvrage al-Kašf ʻan manāhiğ, al-adilla fī ʻaqā'id al-milla,* il affirme l'immortalité des âmes individuelles. Ayant conscience du problème qui pose la multiplicité des âmes séparées de leurs principes d'individuation (les corps), Averroès exhorte à réfléchir et à chercher la solution avec l'aide du raisonnement, mais il impose une limite à cette démarche rationnelle : elle ne doit pas conclure à des propositions contraires à la révélation : « la verdad es que en esta cuestión todo hombre debe seguir aquello a que le lleven sus razonamientos con tal que no le lleven a negar los principios, porque ese tal negaría la existencia misma de aquel estado, y eso llevaría consigo necesariamente la infidelidad, porque el conocimiento de la existencia de este estado es cosa evidente en la divina revelación y a la razón misma. Todo esto supone necesariamente la inmortalidad del alma » (*al-Kašf ʻan manāhiğ al-adilla fī ʻaqā'id al-milla*, §. II, p. 347, éd. par M. Alonso, *La Teología de Averroes...* [1947] ; il en existe une édition arabe moderne : Ibn Rušd, *al-Kašf ʻan manāhiğ al-adilla fī ʻaqā'id al-milla,* éd. M. al-Ḥanafī (sous la dir. de M. Ā. al-Jābirī), Beyrouth, Markaz dirāsāt al-waḥda al-ʻarabiyya, 1998). M. Alonso croit trouver dans le *Commentaire De anima* une confirmation à cette thèse de l'immortalité de l'âme personnelle chez Averroès. Comme le dit M. Alonso (cf. *op. cit.*, p. 347, n. 1), Averroès s'est opposé très vivement au matérialisme d'Alexandre et à la thèse de la corruptibilité de l'intellect « matériel ». Cependant cela ne suffit pas pour affirmer l'immortalité *personnelle*. En effet, l'intellect matériel est une substance unique pour toute l'espèce humaine. Pour cette raison, nous ne pouvons pas suivre l'éminent arabiste dans cet aspect de son exposé. Du point de vue de la *philosophie* d'Averroès ce qu'on peut dire, tout au plus, c'est qu'*il y a de l'éternité dans l'individu* grâce à sa participation opérationnelle à l'ordre des substances intellectuelles (*cf.* G. Théry, *Autour du décret de 1210...* II, (1926), p. 63, et H. Corbin, *Histoire de la philosophie islamique...* (1964), p. 341).

DEUXIÈME PARTIE

L'ANTHROPOLOGIE ET LA NOÉTIQUE DES *QUAESTIONES IN TERTIUM DE ANIMA*

Introduction

Dans la doctrine averroïste on distingue deux affirmations fondamentales, unies entre elles par une relation de dépendance dans l'ordre de la démonstration : *a)* l'intellect n'est pas la forme substantielle du corps ; *b)* par conséquent il ne saurait être multiplié [1]. Cependant la première proposition dépend, à son tour, d'un long processus discursif qui aboutit à l'affirmation du caractère substantiel et spirituel de l'âme intellective à partir de l'analyse de ses opérations. Cette analyse est bien le point de départ de toute la discussion sur la nature de l'intellect. Comme nous l'avons déjà souligné, Aristote avait déterminé clairement la méthode de recherche à appliquer dans l'étude de l'âme : il s'agit avant tout de porter l'attention sur les opérations réalisées par l'âme. S'il en est une qui lui soit véritablement propre, alors l'âme pourra posséder une existence séparée du corps ; s'il n'y en a aucune, l'âme ne sera pas séparée [2]. L'application de ce critère méthodologique a conduit à des solutions très divergentes entre elles. Alexandre d'Aphrodise dans l'Antiquité, et Pierre Pomponazzi à l'époque de la Renaissance, se sont engagés dans la voie du matérialisme : pour eux l'âme ne jouit pas du statut de réalité spirituelle parce que son activité dépend toujours du corps ; elle est par conséquent également dépendante du corps dans l'être, et ne

1. *Cf.* Thomas d'Aquin, *De unitate intellectus*, § 1 (éd. Keeler) [éd. Léonine, t. XLIII, p. 291, lin. 9-15].

2. *Cf.* Aristote, *De anima*, I, 1, 403 a 10-12.

survit pas à la dissolution du composé [1]. D'autres commentateurs, sur la base du caractère abstractif de notre connaissance, ont affirmé la spiritualité de l'âme intellective : bien que dépendant du corps en raison de sa nature, notre mode d'intellection exige précisément un *dépassement* des conditions matérielles qui obscurcissent l'intelligibilité. L'intellection se produit seulement quand ce dépassement s'est accompli. Or le principe d'une telle activité ne saurait être matériel. L'âme intellective est donc une réalité spirituelle. À ce courant d'interprétation appartiennent Thémistius et Avicenne, dont les doctrines sont mêlées de néoplatonisme [2]. Mais ces auteurs tiraient une conséquence d'une très grande importance pour le développement de la noétique postérieure : l'âme est non seulement une réalité spirituelle, mais aussi une *substance complète et indépendante du corps*, auquel elle est attachée par des liens provisoires. Le prix de la spiritualité de l'âme était la rupture de l'unité métaphysique de l'homme. Or dès qu'un aristotélicien affirme l'autonomie existentielle et essentielle de l'âme par rapport au corps, un problème se pose à lui d'une façon aiguë : celui de la multiplicité numérique des âmes intellectives. Nous avons vu que ce problème était présent dans la noétique de Thémistius [3], et aussi dans celle d'Avicenne [4]. Cette question de la multiplicité des substances spirituelles appartenant à une même espèce a sa racine dans le principe aristotélicien suivant lequel la matière est la cause de toute multiplicité numérique au sein d'une espèce. Les deux commentateurs mentionnés n'ont pas poursuivi jusqu'au bout la logique du système ; ils se sont limités à des solutions de compromis. C'est Averroès qui tirera les conclusions, obligé par la force des prémisses. Une réalité spirituelle, subsistant

1. Pour Alexandre d'Aphrodise, cf. *supra*, n. 3, p. 65-n. 2, p. 66. Pour P. Pomponazzi, cf. G. Verbeke, *Le 'De anima' d'Avicenne*... (1968), p. 21, n. 62.

2. La spiritualité de l'âme se voit renforcée, chez Avicenne, par le fait qu'elle est capable de saisir sa propre nature en dehors de tout apport sensoriel ; *cf.* n. 1, p. 109-n. 2, p. 110.

3. *Cf.* n. 1-2, p. 94.

4. *Cf.* n. 3, p. 114-n. 2, p. 116.

par soi, ne peut être qu'unique dans son espèce, et éternelle[1]. Soulignons que la doctrine averroïste n'est que la conséquence du caractère substantiel et immatériel de l'âme intellective, affirmé en raison de l'activité spirituelle dont elle est capable.

La conception substantialiste de l'âme humaine permettait d'assurer l'immortalité de l'âme, point d'une extrême importance dans les milieux arabes et chrétiens. Mais ce substantialisme avait d'autres dérivations, selon les tendances profondes de la philosophie d'un auteur. Si elles étaient néoplatoniciennes, l'auteur était conduit à professer un dualisme anthropologique. Tel fut le cas de Thémistius et d'Avicenne. Si, en revanche, l'auteur voulait suivre Aristote avant la lettre, surtout dans la doctrine qui fait de la matière le seul principe de multiplication numérique, alors il était conduit à professer la thèse de l'unicité de l'intellect[2]. Tel fut précisément le cas d'Averroès.

Les penseurs chrétiens de la première moitié du XIIIe siècle avaient adopté la conception substantialiste de l'âme comme le moyen le plus sûr de garantir l'immortalité personnelle. Cette conception était d'ailleurs appuyée sur l'autorité de saint Augustin, maître par excellence de la théologie latine. L'évêque d'Hippone avait concentré ses efforts pour assurer à l'âme un statut ontologique indépendant du corps. Par une méthode très semblable à celle d'Avicenne, il avait confirmé la substantialité de l'âme, parce qu'« elle est certainement ce qu'elle se sait être et, ce qu'elle ne se sait pas être, elle ne l'est

1. *Cf. supra*, n. 1-2, p. 143.

2. Dans un travail antérieur, nous avons affirmé que la conception substantialiste de l'âme et l'affirmation du caractère purement spirituel de l'âme aboutissent logiquement au *monopsychisme* (« Autour de la controverse... », 1967, p. 430, n. 1) [Dans un travail récent, nous avons soutenu que la conception de l'âme comme substance spirituelle est une des conditions qui rendent possible l'affirmation de l'unité de l'intellect : « Radical Aristotelianism in the Faculties of Arts. The case of Siger of Brabant », *in* L. Honnefelder *et al.* (éd.), *Albertus Magnus un die Anfänge der Aristoteles-Rezeption im lateinischen Mittelalter*. Subsidia Albertina I. Münster, Aschendorff, 2005, p. 585-630 ; en particulier p. 597. Pour l'imprécision du terme *monopsychisme*, cf. *supra*, n. 1, p. 140.]

certainement pas »[1]. Or dans l'acte par lequel l'âme se saisit elle-même, elle se connaît comme étant une réalité dont tout l'être n'est que pensée[2]. Le corps n'étant pas présent dans cette saisie, il doit être soigneusement distingué de la réalité manifestée dans l'acte d'autoconscience. Âme et corps sont donc deux substances différentes, bien que reliées entre elles d'une façon naturelle et voulue par Dieu. Évidemment, l'unité de l'homme est sérieusement compromise dans une telle perspective. Le substantialisme de l'âme, et le dualisme anthropologique qui en découle, furent de plus graves problèmes qu'Augustin légua à la tradition théologique occidentale. Quand cette tradition rencontra, au début du XIIIe siècle, l'héritage de la philosophie païenne, le dualisme fut renforcé par la doctrine d'Avicenne, qui devient bientôt l'une des autorités les plus importantes aux yeux des maîtres chrétiens. On peut donc affirmer que, pour les penseurs de la première moitié du siècle, la conception substantialiste de l'âme et le dualisme anthropologique étaient des doctrines courantes. Mais la pensée chrétienne, aussi bien chez Augustin que chez les théologiens du XIIIe siècle, avait une conscience nette de l'unité de l'homme. Augustin ne possédait pas d'instruments philosophiques pour conceptualiser cette unité ; mais les hommes du XIIIe siècle disposaient de la doctrine hylémorphique. En dépit des contradictions que cela implique, les maîtres chrétiens soutenaient que l'âme et le corps étaient des substances unies entre elles comme la matière et la forme. Cette philosophie éclectique a été appelée aristotélisme néoplatonisant[3]. Les problèmes qu'entraîne un tel dualisme anthropologique n'ont pas échappé à ses partisans : Philippe le Chancelier déclarait que l'homme possède une unité minimale[4]. Il importe donc de souligner que le climat philosophique dans lequel Siger de Brabant fera son apparition était

1. É. Gilson, Introduction à l'étude de saint Augustin, 1949[3], p. 60.

2. Augustin, *De Trinitate*, X, 10, 13 : « Sic ergo se esse et vivere scit, quomodo est et vivit intelligentia. »

3. F. Van Steenberghen, *La Philosophie au XIIIe siècle...*, 1966, p. 181 *sqq.*

4. Philippus Cancellarius, *Summa de bono*, d'après L.W. Keeler, *Ex summa Philippi...*, 1937, p. 88 : « minima unitas est in homine. »

très semblable à la situation vécue par Averroès : l'aristotélisme mêlé au néoplatonisme ; l'âme considérée comme substance spirituelle unie au corps non pas en raison de son essence, mais en fonction d'une tendance naturelle qui n'affecte en rien sa subsistance propre et son indépendance ontologique ; bref, l'opposition tranchée entre l'ordre du spirituel et l'ordre du corporel, résultat logique du dualisme [1]. Siger n'a eu qu'à pousser certains raisonnements sous la lumière de principes aristotéliciens bien connus pour arriver aux mêmes conclusions qu'Averroès.

Dans l'exposé sur les doctrines de Siger de Brabant il est important de déterminer quel est le point de départ le plus respectueux des tendances de sa philosophie. Heureusement Siger, à la suite d'Aristote et d'Averroès, est bien explicite quant à la méthode qu'il applique dans l'étude de l'âme : « scire actiones animae prius est apud nos quam scire eius substantiam [...] actio intellectus facit nos scire substantiam eius [2]. » Nous nous sommes décidé à suivre ce critère méthodologique, parce qu'il commande toute la construction sigérienne. Par conséquent nous procéderons dans l'ordre que voici : d'abord nous exposerons l'acte d'intellection et nous déterminerons la nature du principe intellectif exigé par une telle opération ; en deuxième lieu nous verrons le mode

1. Nous nous sommes occupé de la pensée préthomiste touchant la nature de l'âme dans notre article « Pluralisme de formes ou dualisme de substances... », 1969. [Nous avons revisité la question dans les articles « The Human Soul : Form and Substance ? Thomas's critique of Eclectic Aristotelianism », *Archives d'histoire doctrinale et littéraire du Moyen Âge*, t. 64 (1997), p. 96-126, et « 13th Century Commentaries on *De anima* : from Peter of Spain to Thomas Aquinas », *in* G. Fioravanti et C. Leonardi (éd.), *Il Commento Filosofico nell' Occidente Latino (secoli XIII-XIV)*, Atti del colloquio Firenze-Pisa, 2000, Brepols, 2002, p. 119-184.]

2. Siger de Brabant, *Quaestiones in tertium De anima*, q. 4, p. 12, lin. 67-69 ; *cf.* aussi, q. 14, p. 47, lin. 34-35. L'édition critique de ces *Questions* et deux autres traités de Siger faisait partie de la thèse ; elle fut publiée immédiatement après la soutenance : B.C. Bazán, *Siger de Brabant : Quaestiones in tertium De anima ; De anima intellectiva ; De aeternitate mundi,* éd. critique (Philosophes médiévaux XIII), Louvain-Paris, 1972, 229 p. ; elle fut suivie par le volume *Siger de Brabant : écrits de logique, de morale et de physique,* éd. critique (Philosophes médiévaux XIV), Louvain-Paris, 1974, 196 p.

d'union entre ce principe intellectif et le corps, dont l'apport s'est avéré nécessaire dans l'analyse de la connaissance ; enfin nous essaierons de préciser quelques aspects de l'âme intellective considérée en elle-même, sans rapport au corps. Nous croyons que ce schéma répond le mieux aux orientations les plus définies de la pensée de Siger, qui a voulu être avant tout fidèle aux principes d'Aristote sans reculer devant les conséquences qui semblaient contredire l'expérience quotidienne. Comme chez Averroès, ce n'est qu'après avoir établi la nature de l'intellect que Siger tâchera d'expliquer l'union de ce principe avec chaque individu. Une bonne partie de sa doctrine est consacrée à expliquer le *comment* de cette union. Mais cette partie occupe une deuxième place dans les *Quaestiones in tertium De anima* [1].

1. En effet, ce n'est qu'après avoir établi *quid sit intellectus in se* (q. 1-6) que Siger se préoccupe de déterminer l'union entre l'intellect et le corps (q. 7-9). En ce sens, notre schéma répond aussi à la structure de l'écrit que nous devons commenter.

Chapitre premier

L'activité et la nature de l'intellect

Le point de départ dans la recherche sur la nature de l'intellect est donné par un fait d'expérience interne : nous éprouvons en nous la présence de concepts, de formes que l'on connaît comme exprimant le noyau intelligible commun des individus dont elles sont prédiquées. Autrement dit, la connaissance des universels est pour Siger une donnée immédiate de la conscience [1]. Or, pour qu'une forme soit universelle et intelligible en acte, elle doit être dépourvue de matière, car « forma quamdiu est in materia est potentia intelligibilis » [2]. Mais les formes se trouvent immergées dans la matière qu'elles actualisent ; il faut donc les libérer de cet état pour qu'elles puissent être objet de connaissance universelle. Tel est précisément le but du processus d'abstraction qu'Aristote avait élaboré et que Siger ne fait que reprendre. En effet, en bon aristotélicien, Siger rejette la doctrine des idées innées. L'intellect est une pure puissance réceptive, et tout son contenu provient de l'apport des sens, et plus directement des données sensibles présentes dans l'imagination [3]. Or les images

1. Siger de Brabant, *Quaestiones in tertium De anima*, q. 4, p. 12, lin. 70-73 : « Virtute autem quadam existente in nobis *experimur* in nobis acceptionem formae communis praedicabilis quae, inquam, non scitur ut propria cuiuslibet, sed ut communis omnibus suis singularibus. »

2. *Ibid.*, q. 4, p. 13-14, lin. 2-3.

3. *Ibid.*, q. 12, p. 40, lin. 14-17 : « Dico et credo quod intellectui nostro non est innata aliqua cognitio intelligibilium, sed est in pura potentia ad omnia intelligibilia, nullius intus habens innatam cognitionem, sed ex phantasmatibus intelligit quidquid intelligit. »

ne sont intelligibles qu'en puissance, parce qu'elles présentent l'objet toujours déterminé par ses caractères matériels. Il faut donc un principe capable d'amener à l'acte ces images, étant donné que l'intellect réceptif, défini comme pure puissance, n'est pas en état de le faire par lui-même. L'exercice de la pensée (l'*intelligere*) requiert par conséquent trois principes : un principe réceptif intellectuel (l'*intellectus possibilis seu materialis*), un principe actif (l'*intellectus agens*) et un principe spécificateur (l'intelligible contenu en puissance dans les *intentiones imaginatae*). Ce dernier est nécessaire parce que Siger, à la suite d'Aristote et d'Averroès, rejette aussi bien l'innéisme platonicien que la doctrine avicennienne du *Dator formarum* [1]. En ce qui concerne l'imagination, Siger adopte aussi la terminologie d'Averroès : tenant compte de sa participation dans l'acte intellectif à titre de principe, l'imagination peut être appelée *intellectus passivus* [2].

Le processus d'abstraction a été finement discuté par Siger, et en dépit des imperfections de la *reportatio* on peut dégager l'essentiel de sa pensée. Deux choses intéressent Siger : d'abord montrer que la dépendance vis-à-vis des données sensibles n'équivaut pas à un simple empirisme parce que l'intellection ne se produit que moyennant un dépassement des conditions matérielles de l'image ; ensuite que grâce à ce dépassement l'intellect garde toujours sa spontanéité et sa préséance dans l'acte de connaissance. Le premier point est le résultat logique des principes appliqués par Siger. Dans la mesure où l'image garde les déterminations matérielles de l'objet, elle n'est qu'intelligible en puissance. La donnée sensible peut être

1. Siger de Brabant, *Quaestiones in tertium De anima*, q. 14, p. 48, lin. 52-60 : « Ex praedictis apparet quod ad intelligere uterque requiritur intellectus, scilicet possibilis et agens ; possibilis tamquam recipiens, agens autem tamquam efficiens. Praeter etiam ista duo requiritur tertium, scilicet intentiones imaginatae...quia non sufficit intellectus agens per se ad hoc quod faciat possibilem actu intelligere. »

2. *Ibid.*, q. 14, p. 49, lin. 74-75 : « exercitium et usum virtutis quae est imaginatio ; Aristoteles autem hanc virtutem vocavit intellectum passivum. » Comme nous le verrons, cette adoption de la terminologie averroïste va de pair avec l'adoption de l'exégèse que le maître arabe fait du passage 430 a 20-25 du *De anima*.

ποιητικόν au niveau des sens, car elle peut les actualiser directement ; au niveau de la connaissance intellectuelle, cela est impossible. Pour que la donnée puisse être objet d'une connaissance, pour qu'elle puisse actualiser l'intellect réceptif, il faut qu'elle soit préalablement dépouillée de la matière, qu'elle soit surélevée sur le plan de l'existence intentionnelle. Or l'image est incapable de se donner ce mode d'être ; il faut que l'intellect (par sa puissance active) le lui confère. L'établissement de l'ordre intentionnel et le dépassement de l'ordre sensible sont du ressort exclusif de l'intellect. Toute la causalité efficiente dans l'intellection revient donc au principe intellectif : il ne se limite pas à recevoir les intelligibles, il est la cause efficiente de leur actualité en tant qu'intelligibles [1]. L'abstraction est expliquée par Siger comme un processus dans lequel la donnée sensible s'assimile à l'ordre des réalités intelligibles ; mais cette assimilation ne se produit que par un saut existentiel : le noyau intelligible est abstrait de l'image pour recevoir le mode d'être propre à l'intellect. Comme le dit Siger dans le texte précédemment cité, l'intellect « informe » la donnée, la fait semblable à lui, l'instaure dans un autre ordre : celui de l'intentionnalité. C'est pour cela que Siger s'oppose à ceux qui ne voient dans l'abstraction qu'une sorte d'illumination [2]. En effet, l'analogie avec la lumière et l'intellect agent est insuffisante pour faire comprendre l'essentiel de la connaissance intellectuelle, parce que la relation lumière-couleur-sens n'est pas identique à celle qui existe entre l'intellect agent, l'image et l'intellect réceptif. La couleur, une fois illuminée, actualise le sens sans subir aucune modification

1. Siger de Brabant, *Quaestiones in tertium De anima*, q. 14, p. 50, lin. 1-11 : « intellectus agens nihil penitus recipit, et dico quod intellectus agens intelligibilia universalia abstracta actu *facit* in intellectu possibili... Unde *facit sibi* rationes rerum intelligendi universales, non per hoc quod faciat intentiones imaginatae ab organo phantasiae resultare in intellectum possibilem, sed quia *facit sibi et informat* intentiones sibi similes intentionibus particularibus imaginatis, et ab illis abstrahit rationes intelligendi rerum universales. »

2. *Ibid.*, q. 14, p. 49, lin. 83-91 ; à noter : « ... sed hoc nihil est dictum intellectum irradiare et illuminare, immo falsum est et ab ignorante dictum. »

existentielle : la présence de la lumière suffit pour qu'elle soit directement active ; c'est au sensible que revient la causalité efficiente, la lumière n'étant qu'une *conditio sine qua non*. L'image, en revanche, doit subir une modification dans l'ordre existentiel, elle doit être surélevée, dépouillée de la matière ; mais pour cela est nécessaire une véritable causalité efficiente de l'intellect, qui garde ainsi toute sa spontanéité dans l'exercice de la pensée, et qui confère sa propre actualité aux données sensibles [1]. Même la faculté sensitive la plus haute, à savoir l'estimative (qui saisit les « intentions » imperceptibles par les sens externes), n'est pas capable d'une véritable abstraction et reste toujours liée aux conditions matérielles et soumise à l'efficience du sensible [2]. L'intellect, par contre, garde sa spontanéité dans l'ordre de l'efficience, et c'est pourquoi Siger peut affirmer que « plus videtur intellectus movere intelligibilia quam moveri ab intelligibilibus » [3].

Mais si l'intellect garde la préséance dans l'ordre de l'efficience, l'intelligible contenu dans l'image conserve la priorité dans l'ordre de la causalité formelle et de la spécification. L'intellect réceptif ne possède pas de contenus intelligibles innés ; il ne reçoit pas non plus les formes à partir d'une substance séparée. Tout ce qu'il connaît, c'est grâce à l'apport des sens et des images. Dépourvu de données sensibles il resterait enfermé sur lui-même : « et ideo dico quod ut ipsa [intelligentia] debeat intelligere alia a se, necessariae sunt intentiones imaginatae [4]. »

L'analyse de l'intellection qui vient d'être faite doit nous révéler la nature des principes qui y sont intervenus. La connaissance est apparue comme un processus de progressive dématérialisation, dans lequel un principe actif s'est avéré

1. À cet égard, nous considérons que sont pleinement justifiées les observations de B. Nardi contre J. L. Teicher pour qui la doctrine de Siger n'est qu'un pur empirisme. *Cf.* B. Nardi, *Studi su Pietro Pomponazzi...* (1965), p. 158, n. 1.

2. Siger de Brabant, *Quaestiones in tertium De anima*, q. 4, p. 16, lin. 76-78 : « virtus existimativa etsi formam insensatam accipiat numquam tamen illam formam accipit sine forma sensus. »

3. *Ibid.*, q. 12, p. 43, lin. 99-100.

4. *Ibid.*, q. 15, p. 58, lin. 40-41.

nécessaire pour rendre intelligibles en acte les images et pour constituer les formes capables d'actualiser l'intellect réceptif. Autrement dit, pour recevoir les intelligibles contenus dans les images il faut d'abord les avoir mis en état d'entrer dans l'ordre intentionnel et immatériel. Il y a par conséquent deux principes de l'ordre intellectuel, l'un réceptif, l'autre agent ; et un troisième principe qui fournit les données sensibles. Si l'intellection coïncide avec un dépouillement des conditions matérielles des données sensibles, les deux principes intellectuels doivent être immatériels[1]. L'exigence des données sensibles nous fait voir aussi que ces principes intellectuels ont une dépendance foncière à l'égard du corps[2]. Dans la suite de ce chapitre nous développerons les conséquences de l'immatérialité de l'intellect ; dans le chapitre suivant nous verrons en quels termes Siger conçoit la relation entre l'intellect et le corps.

1. L'IMMATÉRIALITÉ DE L'INTELLECT

La pensée de Siger concernant l'immatérialité de l'intellect peut être condensée comme suit : la présence en nous de formes universelles, capables d'être attribuées à une multitude d'individus, est attestée par notre conscience comme un fait indubitable. Or de telles formes ne peuvent avoir pour origine une faculté matérielle ; seule une puissance immatérielle peut en rendre raison. Par ailleurs, il n'y a d'autre faculté réceptive

1. Siger de Brabant, *Quaestiones in tertium De anima*, q. 14, p. 47, lin. 26-37 : « sciendum est quod multitudo actionum abstractarum, quae apparent in nobis, fecit nos scire multitudinem virtutum intelligibilium in nobis. Experimur autem in nobis duas operationes abstractas. Prima operatio abstracta est receptio intelligibilium universalium abstractorum. Alia operatio abstracta, quam in nobis experimur, est abstractio intelligibilium, cum prius essent intentiones imaginatae [...] Huiusmodi autem operatio, scilicet haec eadem, facit nos scire intellectum esse immaterialem. »

2. *Ibid.*, q. 14, p. 51, lin. 52-55 : « licet anima rationalis per suam substantiam agat, tamen virtus eius recipiens intelligibilia, scilicet possibilis intellectus, et virtus eius, scilicet intellectus agens, causans intellecta, dependentiam habet ad corpus. »

et active de ces formes que l'intellect. Donc l'intellect est immatériel[1].

Siger accumule plusieurs preuves de cette nature immatérielle de l'intellect. Le noyau de tous ses arguments est que la matière obscurcit l'intelligibilité : *forma quamdiu est in materia est potentia intelligibilis*. Par conséquent une puissance matérielle, qui ne peut saisir les formes que dans des conditions matérielles, est incapable de parvenir à la connaissance des formes universelles, dépouillées de matière et intelligibles en acte[2]. Et, à l'inverse, une forme reçue dans une faculté matérielle deviendrait du même coup intelligible en puissance. Par conséquent, affirmer le caractère matériel de l'intellect équivaut à nier que nous ayons une connaissance actuelle des formes intelligibles[3]. D'autre part, toute faculté matérielle utilise des organes qui réduisent l'objet à leurs conditions matérielles ; l'intellect, donc, n'est pas matériel et n'emploie pas d'organes[4]. Ensuite, si l'intellect était matériel, il serait limité dans sa capacité de connaître toutes les formes, ne pouvant saisir que celles qui lui sont semblables[5]. Cet

1. Siger de Brabant, *Quaestiones in tertium De anima*, q. 4, p. 12-13, lin. 70-76 : « virtute autem quadam existente in nobis experimur in nobis acceptionem formae communis praedicabilis [...] Hanc autem acceptionem non possumus experiri a forma materiali, sed experimur eam a forma immateriali. Est igitur aliqua forma immaterialis in nobis ; sed non aliqua nisi intelligibilis. Quare intellectus *est immaterialis*. Sed si immaterialis est, ingenerabilis est. » Cf. *infra*, n. 1, p. 183.

2. *Ibid.*, q. 4, p. 13, lin. 93-100 ; à noter : « Probatio [...] quod forma, qua acceptionem universalem fieri in nobis experimur, non sit materialis. Nam virtus materialis non potest apprehendere speciem praeter conditiones materiales...nec umquam potest iuxta illam speciem sensitivam sibi assumere speciem communitatis vel quidditatem in universali. »

3. *Ibid.*, q. 4, p. 13-14, lin. 2-6 : « forma quamdiu est in materia, est potentia intelligibilis. Ergo forma, si reciperetur in virtute materiali, quando statim deberet intelligi, esset in materia, et sic esset in potentia intelligibilis, et sic numquam haberemus cognitionem in actu de forma. »

4. *Ibid.*, q. 4, p. 14, lin. 7-15, à noter : « Veritas est quod intelligimus cum phantasmate abstractione formae intelligibilis, sed in ipso actu intelligendi non utitur intellectus organo. »

5. *Ibid.*, q. 4, p. 16, lin. 64-66 : « si enim materialis esset, non intelligeret omnes formas materiales, sed solum sibi cognatas. Cum igitur omnes cognoscat, manifestum est quod est immaterialis. »

argument répond au célèbre principe : « le semblable n'est connu que par le semblable », dont l'application littérale avait conduit Empédocle à la doctrine selon laquelle l'âme, pour pouvoir connaître toutes les choses, doit être composée de tous les éléments [1]. Aristote avait montré, en revanche, que pour être capable de connaître toutes les formes, l'intellect ne devait en posséder aucune [2]. Siger accepte le raisonnement du Stagirite comme pleinement fondé et, à la suite d'Avicenne et d'Averroès, il explicite l'argument. Une puissance matérielle – dit Siger – est incapable de formuler des jugements de valeur infinie, étant limitée, par sa propre nature, à ne saisir que des intelligibles en puissance. L'intellect, en revanche, peut formuler des propositions universelles, valables pour un nombre infini d'individus, et par conséquent il est capable de donner une valeur infinie à ses jugements. Donc l'intellect doit être immatériel [3]. L'affranchissement de la matière – principe de limitation, de potentialité – donne à l'intellect une ouverture sur la totalité de l'être.

Cette immatérialité constitue l'intellect dans l'ordre des réalités intelligibles en acte ; il est donc *intelligens* et *intelligibilis in actu*, soit, il est du même ordre que les substances séparées [4]. Une preuve supplémentaire est qu'on ne repère dans l'intellect aucune transmutation, pas même la transmutation selon le

1. *Cf.* Aristote, *De anima*, I, 2, 404 b 10-15.

2. *Cf.* Aristote, *ibid.*, III, 4, 429 a 23-26.

3. Siger de Brabant, *Quaestiones in tertium De anima*, q. 14, § 5 : « Virtus materialis non iudicat infinita, eo quod virtus materialis solum apprehendit rem sub suo esse materiali ; intellectus autem in propositione universali, universali iudicio infinita iudicat. Ergo virtus non materialis bene potest iudicare infinita, eo quod ipsam rem non apprehendit sub suo esse materiali, sed sub quadam ratione communi. Si possibilis intellectus esset materialis, tunc non posset recipere actu intellecta, eo quia omnis forma materialis solum intelligibilis est in potentia et non in actu. » Le même argument avait été formulé par Avicenne, *De anima*, V, 2, p. 92 (cf. *supra*, n. 3, p. 111), et par Averroès, *In De anima*, III, 19, p. 441, lin. 37-42.

4. *Ibid.*, q. 6, p. 20, lin. 62-71 : « ... in intellectu non sit materia aliqua sicut nec in substantiis separatis [...] Cum igitur intellectus de se sit intelligibilis actu et se ipsum actu intelligens, manifestum quod in ipso non est materia. Si enim in ipso esset materia, non esset intelligibilis actu, sed solum in potentia. »

lieu, qui est la première de toutes[1]. Pour bien comprendre la portée de cet argument, il faut se rappeler que Siger, d'accord avec la tradition aristotélicienne, définit l'intellect possible par sa puissance réceptive. Cette propriété permettait sans doute d'établir une certaine analogie entre l'intellect et la matière première (ce qui conduisit Alexandre et Averroès à appeler « matériel » l'intellect réceptif). Mais la potentialité de la matière est bien différente de celle de l'intellect. Par le fait de recevoir une forme, la matière est déterminée de telle façon qu'elle se ferme à toute autre forme ; elle ne pourra recevoir une nouvelle actualité (substantielle) que moyennant la disparition de la première. Cette caractéristique faisait de la réception une véritable transmutation et une passion proprement dite. Nous avons vu qu'Aristote avait défini l'intellection comme une sorte de passion, mais l'intellect comme une réalité impassible[2]. Cette apparente contradiction était levée dès qu'on s'apercevait que le terme « passion » était employé dans un sens tout à fait spécial. Il y a, effectivement, une passion qui consiste essentiellement dans une transmutation, dans une perte de la forme, soit dans une altération. Une telle passion est donc destructrice, et elle est propre à la matière. Mais il y a aussi une passion qui consiste à être perfectionné par la forme reçue, à être conduit à son propre accomplissement, sans perdre, tout au contraire, sa propre réalité, et sans perdre non plus l'ouverture sur de nouvelles formes perfectives. Telle est précisément la passion subie par l'intellect dans l'acte de connaître. On peut donc dire qu'en réalité il est impassible (par rapport à la passion destructrice) tout en étant susceptible de recevoir les formes *(passio perfectiva)*[3]. La nature même de la réceptivité de l'intellect, loin de parler en faveur de sa matérialité, est une preuve très forte de son complet dépouillement de matière[4]. Bref, l'ordre de l'intentionnel et

1. Siger de Brabant, *Quaestiones in tertium De anima*, q. 6, p. 21, lin. 81-89.
2. *Cf.* Aristote, *De anima*, III, 4, 429 a 13-16.
3. Siger de Brabant, *Quaest. in tertium De anima*, q. 10, p. 30-31, lin. 15-34.
4. *Ibid.*, q. 6, p. 21, lin. 100-103 : « duplex est potentia receptiva : una, quae est in receptione et abiectione et transmutatione, et talis est per

l'ordre des réalités sensibles sont disparates : on ne peut appliquer aux deux niveaux du réel les mêmes termes sans donner des précisions importantes et sans apporter à notre langage des nuances significatives. C'est le caractère analogique même du réel qui l'exige.

2. L'ÉTERNITÉ DE L'INTELLECT *

Du fait que l'intellect est immatériel, Siger tire d'autres conséquences qui auront une importance décisive dans la conception qu'il se fait de l'homme. La première de ces conséquences est que l'intellect est « ingénérable », c'est-à-dire qu'il n'est pas le résultat d'un processus naturel conduit par un agent naturel qui travaille sur une matière préexistante.

Des textes explicites permettent de dire que l'ingénérabilité de l'intellect n'est qu'un corollaire de son caractère immatériel : *si immaterialis est, ingenerabilis est* [1]. Une réalité telle que l'intellect dépasse toutes les possibilités de la matière ; elle ne peut provenir que « du dehors » [2]. Siger déclare que seul Alexandre, dans la longue tradition aristotélicienne, a soutenu que l'intellect était le fruit d'une génération naturelle, ou plutôt le résultat d'un mélange hautement perfectionné d'éléments matériels [3]. Cette opinion est inacceptable : l'intellect ne peut être produit que par la Cause première, en dehors de toute participation de la matière. Par ailleurs, ce caractère immatériel de l'intellect justifie l'attribution d'une propriété corrélative à l'ingénérabilité, à savoir l'incorruptibilité. Pour un aristotélicien fidèle aux enseignements du Stagirite, les réalités

---

naturam materiae et transmutatione ; alia est quae consistit in receptione pura, et ista non est per naturam materiae. Talis est in intellectu. »

* [Une version en espagnol de ce paragraphe fut publiée sous le titre « La eternidad y la contingencia del intelecto en Sigerio de Brabante », *Philosophia* (Mendoza), n. 39 (1974), p. 63-84.]

1. Siger de Brabant, *Quaestiones in tertium De anima*, q. 4, p. 13, lin. 76, cf. *supra*, n. 1, p. 180. Cf. *ibid.*, p. 14, lin. 28-29 : « si ergo accipiantur praedicta, liquebit intellectum esse immaterialem et sic ingenerabilem. »

2. *Ibid.*, q. 4, p. 12, lin. 59-60.

3. *Ibid.*, q. 4, p. 11-12, lin. 44-58.

dépourvues de matière sont exemptes du principe de corruptibilité ; or les êtres incorruptibles sont également ingénérables, et inversement [1]. L'ingénérabilité et l'incorruptibilité de l'intellect étaient d'ailleurs des thèses explicitement enseignées par Aristote, qui avait soutenu que le νοῦς provient « du dehors » et qu'il se sépare des autres parties de l'âme « comme l'éternel du corruptible » [2]. Siger affirme donc que l'intellect est une réalité située en dehors du devenir naturel.

Cela pourrait suffire pour notre exposé, qui se place du point de vue de l'anthropologie et de la noétique de Siger. Mais nous voulons mettre en relief certains aspects de cette doctrine de l'éternité de l'intellect qui relèvent plutôt de la métaphysique générale de Siger, et qui nuancent considérablement la radicalité de son aristotélisme. L'univers de Siger n'est plus l'univers d'Aristote. De longs siècles de réflexion philosophique, et l'influence des grandes religions monothéistes et créationnistes, y ont introduit des modifications profondes. Il est vraiment impossible de croire que Siger ait pu reprendre avant la lettre certaines doctrines métaphysiques d'Aristote, comme si l'histoire était passée sans laisser de traces et sans enrichir ses possibilités de philosopher. Dans le cas qui nous occupe, par exemple, les différences de perspective entre le Stagirite, un Grec du IVe siècle avant J.-C., et Siger, un chrétien du XIIIe siècle, se font très évidentes. Pour le Stagirite, une réalité ingénérable et incorruptible est éternelle *simpliciter*, parce que le Premier Moteur n'exerce sur elle une causalité créatrice. Le Dieu d'Aristote n'est pas cause de l'être, mais simplement du mouvement. Par ailleurs, sa métaphysique identifie l'être à la substance, et celle-ci se résout finalement dans l'essence, et dans la forme, principe d'actualité de l'essence. Ainsi, une forme pure, exempte de matière, c'est-à-dire exempte du principe de corruptibilité, est en dehors du devenir ; elle *est* au sens plein du mot ; elle est *per se*, n'ayant pas

1. Siger de Brabant, *Quaestiones in tertium De anima*, q. 2, p. 4-5, lin. 19-27. *Cf.* aussi Aristote, *De caelo*, I, 12, 282 a 30-b 5 ; 283 b 17-19.

2. *Ibid.*, q. 4, p. 11, lin. 26-30. G. Da Palma (*L'eternità*... (1955), p. 411, affirme que Siger ne recourt pas à ces deux passages fameux d'Aristote. Cela n'est vrai que pour la question 6, la seule commentée par G. Da Palma.

de cause efficiente. L'identité de l'être et de la forme rend superflue la recherche d'une cause des formes pures. La relation entre le Premier moteur et les êtres n'est pas d'ordre existentiel ; elle se place exclusivement dans l'ordre du mouvement et de la finalité [1].

Pouvons-nous dire que la doctrine de l'éternité de l'intellect (et du monde) professée par Siger dans les *Quaestiones in tertium De anima* répond aux mêmes présupposés métaphysiques ? Nous ne le croyons pas. En effet, pour Siger l'univers est *causé* par Dieu qui, seul, peut prétendre à la plénitude de l'être. Toutes les autres réalités *ont* l'être par participation, selon un mode qu'il faut préciser. L'intellect et les autres formes pures, tout en étant ingénérables et incorruptibles, sont néanmoins des êtres dépendants, ce qui veut dire que le sens des mots « ingénérables » et « incorruptibles » qu'on prédique d'eux est profondément modifié. Ils ne signifient plus « éternel *simpliciter* », mais « éternel sous un rapport de dépendance » vis-à-vis de Dieu, seul être *a se* [2]. Tâchons de justifier nos affirmations.

Pour ce qui concerne l'ingénérabilité de l'intellect, notre point de départ sera l'analyse de la question 2 : *utrum intellectus sit aeternus vel de novo creatus*. L'enjeu de la question est déjà très significatif : il ne s'agit pas de déterminer si l'intellect est éternel *simpliciter*, mais s'il a été *créé* de toute éternité ou dans le temps [3]. Dans les deux options, la dépendance vis-à-vis de Dieu créateur n'est pas mise en cause. Dans le corps de la question, Siger se place d'abord dans une perspective qu'il veut

1. Pour tous ces aspects de la métaphysique aristotélicienne, *cf.* É. Gilson, *L'Être et l'Essence*, Paris, Vrin, 1948, chap. II : « L'être et la substance » ; à noter (en parlant d'Averroès, p. 66 : « Le réel n'a pas besoin d'un autre être que sa réalité même pour exister. »

2. Ces observations sont aussi valables pour la métaphysique d'Averroès, s'il est vrai qu'il accepte la causalité créatrice de Dieu. Le problème est pourtant controversé. Pour Corbin, Averroès rejette cette conception en la considérant étrangère au péripatétisme authentique (*Histoire de la philosophie islamique...* [1964], p. 339-340). Pour F. Van Steenberghen, Averroès reconnaît la causalité créatrice de Dieu et attribue cette doctrine au Stagirite, déclarant en outre profondément absurde l'opinion d'après laquelle Dieu serait uniquement cause motrice (*La Philosophie au XIIIe siècle* [1966] p. 44-45).

3. Siger de Brabant, *Quaest. in tertium De anima*, q. 2, série d'objections et contre-objections, p. 4-5, lin. 6-27.

purement aristotélicienne. D'après le Stagirite – dit Siger – le fait que l'intellect soit causé immédiatement par Dieu, c'est-à-dire qu'il ne soit pas le résultat d'une génération naturelle, est preuve suffisante de son éternité et, en plus, de son unicité. Tout effet immédiat de la Cause première est éternel[1]. La raison en est que Dieu est un être immuable, et qu'on ne peut pas supposer en lui une action véritablement nouvelle, qui ne soit pas exercée de toute éternité, parce que cela impliquerait une mutation dans la volonté de Dieu, c'est-à-dire un passage d'une volonté en puissance à une décision en acte, et par conséquent une mutation dans la substance même de Dieu, étant donné l'identité foncière entre la volonté et la substance de la Cause première[2]. Dans l'argumentation aristotélicienne Dieu est conçu exclusivement comme une *cause nécessaire*, c'est-à-dire comme une cause qui n'est que dans la mesure où son *effet* est. Si Dieu n'est défini que comme cause, et si cette cause est éternelle et immuable, alors une fois posée la cause on doit poser aussi l'effet, car ces deux termes sont corrélatifs.

Siger est très conscient des lacunes d'une telle doctrine, qui n'applique que des critères physiques et même mécaniques. Dieu n'est pas seulement cause; il est une cause *volontaire*, c'est-à-dire *libre*. Dans les agents volontaires, on peut introduire une certaine distance entre la cause et l'effet : la décision volontaire peut avoir été prise sans que cela implique la position nécessaire de l'effet. Autrement dit, l'effet suit la « forme de la volonté », c'est-à-dire qu'il est posé dans les

1. Siger de Brabant, *Quaestiones in tertium De anima*, q. 2, p. 5-6, lin. 44-52 : « Dicit enim Aristoteles quod omne factum immediate a Prima Causa non est factum novum, sed est factum aeternum. Per hoc enim posuit mundum esse aeternum, quia erat factum immediate a Prima Causa. Unde si quaereretur ab Aristotele, utrum intellectus sit factum novum vel sit factum aeternum, ipse iudicaret intellectum esse factum aeternum sicut mundum...non multiplicatum multiplicatione individuali. »

2. *Ibid.*, q. 2, p. 6, lin. 55-61 : « Dicit enim Aristoteles in principio octavi <Physicorum> quod omne agens faciens de novo est transmutatum. Si ergo Prima Causa aliquid facit de novo, oportet quod sua voluntas sit nova et quod transmutetur. Sed sua voluntas est sua actio. Oporteret ergo quod sua actio esset nova et transmutaretur, si aliquid faceret de novo. Et propterea, cum hoc sit inconveniens, propter hoc ipse dicit mundum esse aeternum. »

termes et les conditions décidés par la cause volontaire. Dieu est cause première volontaire, et s'il en est ainsi, bien que son action soit identique à sa volonté, et celle-ci à sa substance immuable, il peut avoir pris de toute éternité la décision de causer l'intellect (ainsi la volonté est éternelle comme sa substance), mais cette décision est ouverte : il peut avoir voulu le créer de toute éternité ou dans le temps (ainsi la position de l'effet n'entraîne pas nécessairement une mutation en Dieu, car l'effet suit « la forme de la volonté » existant de toute éternité). L'absence de cette considération du libre vouloir de Dieu enlève à la démonstration aristotélicienne radicale le caractère de nécessité et la rend seulement probable [1].

Si l'intellect est causé par Dieu par un acte libre de sa volonté, poser la question de savoir s'il a été créé dans le temps ou s'il est coéternel avec Dieu équivaut à s'interroger sur la « forme de la volonté » de Dieu ; autrement dit, la question concerne l'intention divine. Sur ce terrain, nous sommes complètement dépourvus de critères pour trancher le problème, parce que la volonté divine est absolument autonome ; elle n'a d'autre principe qu'elle-même, à la différence de nos volontés qui dépendent de la nature des choses. Accéder au mystère de

1. Siger de Brabant, *Quaestiones in tertium De anima*, q. 2, p. 6-7, lin. 64- : « Estne hoc necessarium ? Dicendum quod, licet hoc sit *probabile*, *non tamen hoc est necessarium*. Quod sic patet. Causatum [*lege* : Volitum] enim procedit a volente secundum *formam voluntatis* ; sic enim videmus in agentibus per artificium. Quare similiter erit in Agente Primo. Si ergo Primum voluit intellectum fieri de novo, cum factus est, factus est de novo, quoniam aliter non fieret volitum secundum formam voluntatis suae. Et si voluit ab aeterno intellectum fieri aeternum, intellectus factus est aeternus, quia aliter volitum suum non fieret secundum formam voluntatis suae. » [La correction introduite («Volitum») fut proposée – appuyée par des arguments paléographiques irréfutables – par R.-A. Gauthier, « Notes sur Siger de Brabant. I. Siger en 1265 », *Revue des sciences philosophiques et théologiques*, 67, 2 (1983), p. 201-232 ; voir p. 207. Pour ce qui concerne la valeur purement « probable » que Siger accorde aux arguments aristotéliciens, voir mon article « La réconciliation entre la raison et la foi était-elle possible pour les aristotéliciens radicaux ? », *Dialogue*, XIX n. 2 (1980), p. 235-254.]

la volonté souveraine de Dieu est hors de la portée de notre raison philosophique [1].

La correction que Siger apporte à l'argumentation aristotélicienne radicale coïncide avec la doctrine de saint Thomas. Pour l'Aquinate aussi la position temporelle d'un effet qui provient immédiatement de la volonté de Dieu n'implique pas une mutation dans l'essence divine ; même si la volonté de Dieu est identique à sa substance, car l'effet suit « la disposition de la volonté » divine qui a pris sa décision de toute éternité [2]. Or cette volonté souveraine détermine aussi toutes les conditions spatio-temporelles de l'effet ; elle a pu décider la position de l'effet dans le temps ou dans l'éternité ; l'effet ne suit pas le mode d'être de la volonté divine, mais ce qu'elle a décidé sans lui [3]. Le parallélisme entre la « disposition de la volonté » dont parle Thomas et la « forme de la volonté » dont

1. Siger de Brabant, *Quaestiones in tertium De anima*, q. 2, p. 7, lin. 72-78 : « Qui ergo voluerit scire utrum intellectus factus sit de novo vel factus sit aeternus, oportet eum investigare formam voluntatis Primi. *Sed quis erit qui eam investigabit* ? Et si tu quaeras : si voluit intellectum fieri aeternum, quare magis voluit sic quam quod factus esset de novo, dico quod *sic voluit, quia voluit*. Voluntas enim eius non dependet a rebus sicut voluntas nostra. » *Cf.* Sap. IX, 16 : « quae in caelis sunt, quis investigabit ? »

2. Thomas d'Aquin, *Q. de potentia*, q. 3, *a.* 17, *ad.* 12m. [À l'époque je pensais que les *Q. in tertium De anima* dataient de 1269-1270. Je pouvais donc me référer aux *Q. de potentia* (disputées à Rome en 1265-1266) comme à l'une de leurs sources possibles. Je pense maintenant que les questions de Siger datent probablement de 1265. Comme source possible, il vaut donc mieux renvoyer à Thomas d'Aquin, *Scriptum super Libros Sententiarum*, II, *d.* 1, q. 1, *a.* 5 *ad* 12 : « suum velle [*i.e.* Dei] est sua actio ; et sicut suum velle est aeternum, ita et actio : non tamen effectus sequitur nisi *secundum formam voluntatis*, quae proponit sic vel sic facere » (éd. P. Mandonnet, Paris, Lethielleux, 1929, p. 37.]

3. Thomas d'Aquin, *Q. de potentia*, q. 3, *a.* 17, *ad* 6m : « Sicut autem quod est a causa naturaliter agente, retinet similitudinem eius prout habet formam similem formae agentis ; ita quod est ab agente voluntario, retinet similitudinem eius, prout habet formam similem causae, secundum quod hoc producitur in effectu quod est in *voluntatis dispositione*, ut patet de artificiato respectu artificis. Voluntas autem non disponit solum de forma effectus, sed de loco, duratione, et omnibus conditionibus eius ; unde oportet quod effectus voluntatis tunc sequatur *quando voluntas disponit, non quando voluntas est*. Non enim secundum esse, sed secundum id quod voluntas disponit, effectus voluntati similatur. Licet igitur voluntas semper sit eadem, non tamen oportet quod semper ex ea effectus sequatur. »

parle Siger est évident. G. Da Palma a signalé comme probable l'influence de Thomas sur Siger pour cet aspect si important de sa doctrine, et nous nous rallions bien volontiers à cette hypothèse [1].

Si la voie qui pourrait nous dévoiler véritablement le mystère de l'origine de l'intellect nous est fermée, puisque la « forma voluntatis Primi » est absolument hors de la portée de nos forces naturelles, nous avons cependant une autre voie de recherche qui consiste à nous placer au plan des exigences posées par la nature même de l'intellect. De ce point de vue la doctrine d'Aristote s'avère plus probable que celle d'Augustin, qui avait soutenu le commencement temporel de l'âme intellective. En effet, si l'intellect est créé immédiatement par Dieu, il est naturellement destiné à durer toujours, à se perpétuer dans l'être. Comme effet immédiat de Dieu l'intellect, de sa propre nature, ne possède pas une puissance au non-être. Or, d'un point de vue philosophique aristotélicien, ce qui a la capacité d'être toujours dans l'avenir possède aussi cette capacité pour ce qui concerne le passé. Donc, en ne tenant compte que de la nature de l'intellect, on doit affirmer qu'il est éternel [2]. Le fondement dernier de l'argumentation de Siger reste implicite. Pourquoi un effet immédiat de Dieu n'a-t-il pas de puissance au non-être ? Parce qu'il n'a pas été « tiré » de la puissance de la matière au terme d'un processus de génération naturelle. Par conséquent il est dépourvu de matière, et dès lors il est exempt du principe de corruptibilité.

1. G. Da Palma C., *L'eternità dell' intelletto...* (1955), p. 408, n. 35. [R.-A. Gauthier, « Notes sur Siger... I, p. 217-226, a montré par de nombreux exemples que Siger a certainement lu le *Commentaire des Sentences* de Thomas.]

2. Siger de Brabant, *Quaestiones in tertium De anima*, q. 2, p. 7-8, lin. 81-96 : « ... licet non sit necessaria positio Aristotelis [...] ipsa tamen est probabilior quam positio Augustini, quia non possumus inquirere novitatem vel aeternitatem facti a voluntate Primi, scilicet quod non possumus cogitare formam voluntatis suae. Ideo oportet quod inquiramus novitatem vel aeternitatem huius facti a natura sua propria... Sed omne illud quod immediate factum est a Primo, ut hoc factum, sc. intellectus, non habet <per> naturam propriam quod habeat esse factum de novo, sed exigit quod sit factum aeternum. Omne enim habens virtutem per quam potest esse in toto futuro, habuit virtutem per quam potuit esse in toto praeterito... Et sic intellectus, quantum est de natura propria, est factum aeternum et non de novo. »

Dans l'univers d'Aristote il n'y a de place que pour deux types de réalités : celles qui sont soumises au devenir, et celles qui sont éternelles. La structure de matière et de forme n'est concevable qu'au sein des premières, parce que la doctrine hylémorphique n'a d'autre sens que d'être un essai d'explication du devenir. L'immatérialité de l'intellect ayant été prouvée par l'analyse de ses opérations, il est logique de conclure que l'intellect n'est pas sujet au devenir. C'est justement cette situation qui est exprimée par l'idée d'une provenance directe de l'intellect à partir de la Cause première. Et, par un retour dialectique, on peut affirmer que ce qui a été produit par la Cause première en dehors du processus du devenir – c'est-à-dire, sans matière préalable – n'a pas de puissance au non-être. L'incorruptibilité de l'intellect est fondée, donc, sur son immatérialité et sur la dépendance directe de l'intellect par rapport à Dieu. Par l'application du principe aristotélicien exprimé dans le *De caelo* : « omne incorruptibile est ingenerabile », Siger conclut à l'éternité de l'intellect.

3. La contingence de l'intellect

Mais on n'est qu'apparemment dans l'univers aristotélicien. Il ne faut pas oublier que Siger ne présente pas l'argumentation développée ci-dessus comme étant nécessaire, mais comme étant *seulement probable*. Et il faut bien saisir les raisons de cette attitude et sa portée du point de vue d'une caractérisation générale de la philosophie de Siger de Brabant. Pour Aristote une réalité ingénérable est une réalité *non causée*. Pour Siger elle n'est qu'une réalité non tirée de la puissance de la matière, mais elle est *causée*, car son existence est dépendante d'une causalité efficiente qui s'exerce en dehors du devenir. Cette causalité est un attribut exclusif de Dieu (du « Premier », comme dit Siger), et elle s'exprime par la notion de création. Justement cette notion implique que l'effet doit provenir immédiatement de la Cause première parce que la création n'est pas un *devenir*, n'est pas un passage de la puissance à l'acte au sein d'un sujet préexistant (la matière) soumis à la détermination successive de deux actes (les formes) ; elle est plutôt une *eductio de nihilo*. La création est la position absolue dans l'être d'une réalité qui, par suite de cette position absolue, n'a pas de puissance au non-être (elle est forme pure). C'est pour cela qu'un effet immédiat de Dieu est incorruptible.

Pour Aristote, l'intellect est éternel *simpliciter*, pour Siger il l'est sous une relation de dépendance foncière qui modifie profondément le sens de sa noétique. La notion de création, complètement absente dans la métaphysique du Stagirite, et sous-jacente dans celle de Siger, explique les différences entre les deux systèmes.

Par ailleurs, la Cause première est une cause volontaire. Pour ce qui concerne *l'ingénérabilité* de l'intellect cela impliquait, comme nous l'avons vu, que la position de l'intellect dans l'être dépendait d'une décision libre de Dieu. La question de l'éternité ou de la temporalité de telle position dans l'être ne pouvait se trancher que par un examen de l'intention de la Cause première, ce qui échappe complètement à notre raison naturelle. La dépendance vis-à-vis d'une cause volontaire a aussi d'importantes conséquences pour ce qui concerne *l'incorruptibilité* de l'intellect. En effet, une double analyse de sa nature est possible. En tant que dépourvu de matière et de principe de contrariété on peut dire que l'intellect n'a pas de puissance par laquelle il est nécessairement destiné à cesser d'être. Cependant, en raison de sa dépendance foncière vis-à-vis d'une Cause première libre qui l'a tiré du néant, on ne peut pas dire qu'il a une capacité de se perpétuer dans l'être d'une manière nécessaire. Bien plus, étant donné la priorité ontologique de cette relation de dépendance, on peut dire que l'intellect est de soi *corruptible*, car l'incorruptibilité de nature que l'intellect possède, il l'a reçue d'un acte volontaire qui, ayant été capable de le créer (de le tirer du néant), est aussi capable de l'anéantir. L'incorruptibilité de l'intellect est donc, comme l'intellect dans sa réalité tout entière, un effet toujours dépendant de l'influence de la Cause première qui lui a donné l'être[1].

1. Siger de Brabant, *Quaestiones in tertium De anima*, q. 5, p. 17, lin. 8-16 : « intellectus non habet virtutem in se qua sic intellectum nostrum necesse

De fait, la doctrine qui fonde l'incorruptibilité sur la nature même de l'intellect et celle qui s'appuie sur l'influence de la Cause première sont parfaitement conciliables : l'intellect est incorruptible de par sa propre nature, mais cette nature, il l'a reçue de Dieu. Il est incorruptible *per se*, mais non *a se* ; il l'est *ab alio*. Pour cette raison la Cause première n'a pas besoin d'accorder continuellement à l'intellect cette permanence dans l'être ; elle la lui a donnée une fois pour toutes, dès l'origine de l'intellect, quand elle a établi sa nature [1]. Mais de même que la position de l'intellect dans l'être dépend d'une décision libre du Premier, de même en est-il de sa permanence dans l'être. L'intellect est tout entier dépendant d'un acte volontaire, ce qui enlève à son éternité le caractère nécessaire qu'elle avait dans l'univers d'Aristote [2]. L'univers de Siger donc est tout autre : il est présidé par un Dieu dont la causalité est créatrice et libre. Cela devra être rappelé au moment de discuter la question de la contingence métaphysique des êtres chez Siger de Brabant.

Nous voulons signaler certains rapprochements qu'on peut établir entre la doctrine de Siger et celle de Thomas d'Aquin. L'hypothèse d'un être créé nécessaire ne contredit pas la philosophie de l'Aquinate, pour autant que cette nécessité suppose toujours une dépendance à l'égard de Dieu. Bien plus, pour saint Thomas les formes subsistantes (âme humaine et substances spirituelles) ont l'être d'une façon nécessaire en raison de leur dépendance immédiate à l'égard de la Cause

---

sit corrumpi (qua sit necessarium eum corrumpi, *legit Giele*), cum non haberet contrarium... Nec de se similiter habet virtutem qua non necesse sit ipsum corrumpi et praeservari in futurum. Dico ergo quod *intellectus de se est corruptibilis*. Unde sicut *eductus est de nihilo*, sic per naturam propriam reductibilis est in nihilum. Sed dico quod intellectus habet hoc ex influentia Primae Causae, unde hoc solum *a Prima Causa habet, scilicet quod sit perpetuus*. »

1. Siger de Brabant, *Quaestiones in tertium De anima*, q. 5, p. 17, lin. 19-22 : « dico quod intellectus non perpetuatur per hoc quod continue recipiat aliquid de novo a Primo, sed quia secundum illud quod est <ab> alio recipit ab origine sua a Primo per quod postea in aevum perpetuatur. »

2. *Ibid.*, q. 5, p. 17, lin. 24-26 : « dico quod Primum perpetuat intellectum voluntate sua. Unde quia sic voluit, scilicet quod intellectus perpetuaretur, ideo, voluntate sola Primi, intellectus recipit perpetuitatem. »

première. N'étant pas tirées de la puissance de la matière, n'ayant pas de principe de corruptibilité, les formes pures reçoivent l'être en dehors du processus de génération, et par conséquent l'être appartient à leur essence d'une manière nécessaire, mais dépendante de l'acte créateur. Cette possession nécessaire de l'être accorde à la forme subsistante une *aeternitate a parte post* véritable. « Selon la terminologie et la doctrine la plus mûre de saint Thomas, l'âme et les esprits purs, étant des formes subsistantes, sont dits *necesse esse*, en tant que, pour ces substances privées de matière, l'acte d'*esse* adhère nécessairement et indissolublement *(supposita creatione)* à l'acte formel, et cette adhérence est nécessairement une propriété essentielle, comme la rondeur du cercle[1]. » Mais si l'adhérence nécessaire de l'être aux réalités spirituelles subsistantes est toujours une propriété *acquise*, donnée par l'Agent premier au moment de la création, alors ces formes subsistantes ne sont pas éternelles *simpliciter*, mais sous une relation de dépendance foncière ; elles ont une cause de leur éternité et de leur nécessité : « sunt enim quaedam necessaria quae causam suae necessitatis habent, ut etiam Aristoteles dicit in quinto *Metaphysicae* et in octavo *Physicorum*[2]. » Autrement dit, « l'être spirituel qui est qualifié de nécessaire dans l'ordre

1. C. Fabro, *Participation et causalité...* (1961), p. 355. Voir dans cette étude les textes de Thomas qui appuient la thèse de C. Fabro, en particulier *S. c. Gentiles* II, *cap.* 55.

2. S. Thomas, *De substantiis separatis*, c. 9, n° 100 (*Opuscula*, éd. Spiazzi) [sauf pour une inversion *(suae necessitatis causam),* ce texte est le même que celui de l'édition Léonine, t. XL, p. D58, lin. 212-214]. Contre Aristote, pour qui « éternel » veut dire « non causé » (*De caelo*, I, 12, 283 a 27), saint Thomas, tout comme Siger, montre que le caractère nécessaire d'une substance est conciliable avec sa dépendance vis-à-vis d'une cause ; cf. *S. theol.* I, q. 44, *a.* 1, *ad.* 2m : « ex hac ratione (quod non potest non esse non indiget causa) quidam moti fuerunt ad ponendum quod id quod est necessarium non habet causam, ut dicitur. Sed hoc manifeste apparet falsum in scientiis demonstrativis in quibus principia necessaria sunt causa conclusionum necessariarum. Et ideo dicit Aristoteles quod *sunt quaedam necessaria quae habent causam suae necessitatis*. Non ergo propter hoc solum requiritur causa agens, quia effectus potest non esse, sed quia *effectus non esse si causa non esset* » ; cf. aussi *In Phys.* VIII, lect. 21, n° 1154 (éd. Maggiolo).

prédicamental de la forme, se révèle dépendant dans l'ordre transcendantal de l'*esse* » [1].

Cette double considération permet de voir que les réalités ne sont pas toutes dans la même situation par rapport à la *possession* de l'être. Quelques-unes, les formes subsistantes, n'ont pas de puissance au non-être ; d'autres, composées de matière et de forme, ne sont pas capables de se perpétuer dans l'être, ayant un principe d'instabilité interne. Les premières peuvent être dites incorruptibles, les autres, corruptibles. Ainsi en est-il dans l'ordre prédicamental [2]. Mais dans l'ordre transcendantal, quelle que soit sa forme ou nature, « tout être créé a en soi, *par rapport à Dieu*, la possibilité du non-être » [3]. L'éternité (*a parte post* seulement, chez Thomas) apparaît ainsi comme une perfection participée, conditionnée dans l'ordre prédicamental à la nature de la forme, mais subordonnée, dans l'ordre transcendantal, à la causalité divine qui instaure les réalités dans l'être, mais qui, les ayant tiré du néant, peut aussi les anéantir [4]. Cependant cette possibilité d'être anéanties ne justifie pas qu'on appelle « corruptibles » ces substances spirituelles : cette appellation ne leur convient qu'en vertu de sa nature propre, non en raison de leur dépendance vis-à-vis de leur créateur [5].

Si l'on tient compte du double plan où peut être posée la question de l'éternité de l'intellect (et en général de toutes les réalités « nécessaires »), à savoir le plan prédicamental de

1. C. Fabro, *op. cit.*, p. 483.

2. *Ibid.*, p. 485.

3. *Ibid.*, p. 490.

4. *Ibid.*, p. 484, n. 131 : « Le principe *forma dat esse* a sa pleine valeur : telle sera la forme, tel sera l'*esse*, car la forme est la « porteuse » de l'*esse*. Si donc elle le peut porter toujours, l'*esse* sera éternel *(a parte post)* et *Dieu seul* qui l'a créé pourrait l'anéantir : « esse per se consequitur formam creaturae, supposito tamen influxu Dei [...] Unde potentia ad non esse in spiritualibus creaturis et corporibus caelestibus *magis est in Deo*, qui potest subtrahere suum influxum, *quam in forma* vel materia talium creaturarum » (*S. theol.* I, q. 104, a. 1, ad 1m). »

5. S. Thomas, *S. theol.* I, q. 50, a. 5, *ad* 3m : « Non autem dicitur aliquid esse corruptibile per hoc quod Deus possit illud in non esse redigere, substrahendo suam conservationem, sed per hoc quod *in seipso* aliquod principium corruptibilitatis habet... »

l'essence et le plan transcendantal de la causalité divine par rapport à l'être, les différences entre Siger de Brabant et Thomas d'Aquin ne sont pas si grandes, en dépit des apparences et des interprétations courantes de la pensée du maître brabançon. Une première différence pourrait concerner l'ingénérabilité de l'intellect (l'éternité *a parte ante*). Par l'application de certains principes aristotéliciens bien connus, Siger affirme que toute réalité éternelle *a parte post* l'est aussi *a parte ante* ; autrement dit, une substance qui n'a pas de puissance au non-être est établie dans l'être d'une façon stable et définitive, et il n'y a pas de raison pour « orienter » sa capacité d'être dans une seule direction (« vers » l'avenir). Une telle substance *est*, tout simplement, mais, bien entendu, elle *est en relation de dépendance* [1]. Cela vaut sur le plan prédicamental de l'essence. Mais, et le point est d'une extrême importance pour l'interprétation de la métaphysique de Siger, cette conclusion apparemment nécessaire, s'avère seulement *probable* sur le plan transcendantal de la causalité divine. En effet, Dieu n'est pas une cause qui agit par nécessité ; Il est une cause volontaire, libre. Ce caractère volontaire de la Cause première affecte profondément la relation de dépendance des réalités que l'analyse prédicamentale a montrées comme nécessaires. Le propre des effets émanant d'une cause volontaire est qu'ils suivent la « forma voluntatis causae ». Dieu étant cause première et absolument libre a pu décider de poser ses effets de toute éternité ou dans le temps [2]. Dans la philosophie de Siger cette perspective transcendantale est plus fondamentale, car elle subordonne la nécessité de nature à la décision libre de Dieu.

1. Siger de Brabant, *Quaestiones in tertium De anima*, q. 2, p. 7, lin. 88-92 : « omne illud quod immediate *factum est* a Primo, ut hoc *factum*, scilicet intellectus, non habet <per> naturam propriam quod habeat esse factum de novo, sed exigit quod sit *factum* aeternum. Omne enim habens virtutem per quam potest esse in toto futuro, habuit virtutem per quam potest esse in toto praeterito. » Cf. *supra*, n. 2, p. 189.

2. *Ibid.*, q. 2, p. 6-7, lin. 67-70 : « Si ergo Primum voluit intellectum fieri de novo, cum factus est, factus est de novo, quoniam aliter non fieret volitum secundum formam voluntatis suae. Et si voluit ab aeterno intellectum fieri aeternum, intellectus factus est aeternus, quia aliter volitum suum non fieret secundum formam voluntatis suae. »

De ce point de vue, l'éternité *a parte ante* ne jouit plus d'un caractère nécessaire ; la démonstration aristotélicienne n'est plus apodictique, et elle ne peut pas l'être, car elle n'a pas tenu compte d'un élément décisif qui domine l'horizon de compréhension de Siger : la présence d'une causalité créatrice et libre. Dans ces conditions le problème de l'éternité *a parte ante* ne peut être résolu que par la recherche des insondables mystères de la volonté divine, mais *quis erit qui eam investigabit* [1] ? Nous croyons que la doctrine de Thomas et celle de Siger se rejoignent si l'on se place au plan de la causalité transcendantale. Pour les deux maîtres, la création est une doctrine établie et partout présente. Pour les deux aussi, le problème du commencement des réalités qui n'ont pas de puissance au non-être est philosophiquement insoluble, parce qu'il dépend uniquement du libre-vouloir de Dieu, inaccessible à notre raison naturelle [2]. On peut donc dire que pour Siger de Brabant, dans ses *Quaestiones in tertium De anima*, celui qui affirme purement et simplement l'éternité du monde et de l'intellect, sur la base exclusive de l'analyse prédicamentale des essences, dépasse largement les limites exigées par les données du problème. En effet, bien que la nature des réalités spirituelles exige une possession nécessaire de l'être, cette possession est, comme le prouve la *philosophie* même, toujours dépendante d'une Cause volontaire créatrice. Vouloir trancher le problème de l'origine de ces réalités équivaut à s'aventurer dans un domaine qui excède complètement les possibilités et les moyens de la philosophie et qui ne peut nous être connu que par révélation divine [3].

1. Siger de Brabant, *Quaestiones in tertium De anima*, cf. *supra*, n. 1, p. 188.

2. Telle est aussi la position de Boèce de Dacie concernant l'éternité du monde. F. Van Steenberghen a signalé une frappante ressemblance entre nos *Quaestiones* et le *De aeternitate mundi* de Boèce : « qui hoc demonstraret (le commencement ou l'éternité du monde) deberet demonstrare formam voluntatis divinae, et quis eam investigabit » (Boèce de Dacie, *Tractatus de aet. mundi*, p. 51, lin. 509-510, éd. Sajo ; cité par F. Van Steenberghen, *La Philosophie au XIIIe siècle...* (1966), p. 407, n. 117.

3. Comme il a été suffisamment prouvé, il n'y a pas de doctrine de la « double vérité » chez Siger. Il y a tout simplement une conscience très nette

Une deuxième différence entre Siger et Thomas pourrait être établie pour ce qui concerne l'incorruptibilité de l'intellect. Tenant compte de la priorité métaphysique absolue de la causalité transcendantale et de la volonté souverainement libre de Dieu, dont dépendent tous les êtres, même ceux qui par nature n'ont pas de puissance au non-être, Siger n'avait pas hésité à dire que « intellectus de se est corruptibilis » [1]. Saint Thomas, en revanche, affirme que la corruptibilité ou l'incorruptibilité d'un être doit être établie sur la base de l'analyse prédicamentale de son essence [2]. Cependant, l'Aquinate reconnaît aussi que si l'on se place au plan transcendantal, tout être créé a en soi et par rapport à Dieu la possibilité du non-être, et que, dans ces conditions, il peut être dit corruptible « secundum quid » [3]. Nous croyons que la position des deux maîtres est très semblable sur le fond : l'intellect n'est pas corruptible *ex se formaliter* ; il ne l'est qu'en raison de sa dépendance vis-à-vis d'une cause totale qui, l'ayant tiré du néant, peut aussi l'anéantir. Or cette relation de dépendance est constitutive du statut ontologique de l'intellect ; c'est pourquoi Siger peut dire, bien plus explicitement que Thomas, que l'intellect est *de soi* corruptible. L'ordre transcendantal d'une causalité créatrice (totale) et libre modifie substantiellement les conclusions acquises dans une simple perspective prédicamentale. Nous sommes ainsi dans un univers méconnu d'Aristote. Nous

---

des limites de la réflexion philosophique qui est capable d'atteindre le plan transcendantal, sans pouvoir y pénétrer.

1. Siger de Brabant, *Quaestiones in tertium De anima*, q. 5, p. 17, lin. 12.

2. Cf. *supra*, n. 5, p. 194.

3. C'est toujours la considération du libre vouloir de Dieu qui rend contingentes toutes les réalités, même celles qui par leur nature n'ont pas de principe de corruption interne. Voici la réponse de Thomas à propos de l'incorruptibilité du Ciel, laquelle peut être appliquée par analogie au cas de l'intellect : « dicendum quod non potest dici, *simpliciter loquendo*, caelum esse corruptibile propter hoc quod in non esse decideret, si a Deo non contineretur. Sed tamen quia creaturam contineri in esse a Deo dependet ex immobilitate divina, non ex necessitate naturae, ut possit dici quod sit necessarium absolute, cum sit necessarium solum ex suppositione divinae voluntatis, quae hoc immobiliter statuit, potest concedi *secundum quid corruptibile esse caelum, cum hac scilicet conditione, si Deus ipsum non contineret* » (*Q. de potentia*, q. 3, a. 17, ad. 3m).

sommes dans l'Univers des grandes religions créationnistes, dans l'univers d'Augustin, entièrement suspendu à la volonté d'un Être infini dont l'effet propre est de donner l'*être*. Dans la mesure où il dépend d'une décision libre, ce monde est beaucoup plus mystérieux et beaucoup plus inaccessible à la raison naturelle. Comme Siger et comme Boèce de Dacie, saint Augustin avait signalé, huit siècles auparavant, que le problème de l'origine de l'univers, bien qu'explicable en raison de la bonté infinie de Dieu, échappe aux prises de la raison naturelle en ce qui concerne les conditions concrètes de la création, parce qu'elles dépendent du vouloir insondable et absolument autonome de la Cause première[1]. La métaphysique de Siger est placée dans la même ligne de pensée : l'univers est contingent et les créatures – tel l'intellect – qui sont dites nécessaires ont une cause de leur éternité et de leur nécessité. Dans cet *ab alio esse*, dans cette dépendance vis-à-vis d'une causalité transcendantale qui les affecte dans la racine même de leur être, réside leur contingence métaphysique. Ainsi donc, la véritable contingence des créatures n'est pas située sur le plan prédicamental de l'essence (ici quelques-unes peuvent être appelées nécessaires et éternelles), mais sur le plan transcendantal de la causalité libre de Dieu (par rapport à laquelle toutes sont dites dépendantes).

Notre exposé ne veut pas dépasser, dans ce chapitre, le cadre des *Quaestiones in tertium De anima*. Nous savons que notre affirmation de la contingence métaphysique des êtres et

1. S. Augustin, *De Genesi contra manicheos*, I, 2, 4 : « Si ergo isti dixerint : quid placuit Deo facere coelum et terram ? respondendum est eis, ut prius discant vim voluntatis humanae, qui voluntatem Dei nosse desiderant. Causa enim voluntatis Dei scire quaerunt, cum voluntas Dei omnium quae sunt, ipsa sit causa. Si enim habet causam voluntas Dei, est aliquid quod antecedat voluntatem Dei, quod nefas est credere. Qui ergo dicit : quare fecit Deus coelum et terram ? respondendum est ei : *quia voluit*. Voluntas enim Dei causa est coeli et terrae, et ideo maior est voluntas Dei quam coelum et terra. Qui autem dicit : quare voluit facere coelum et terram, majus aliquid quaerit quam est voluntas Dei : majus autem nihil inveniri potest » ; cf. *De div. Quaest. 83*, XXVIII : « nihil autem majus est voluntate Dei. Non ergo ejus causa quaerenda est. » *Cf.* É. Gilson, *Introduction à l'étude de saint Augustin*... (1949), p. 247, n. 4 ; cf. *supra*, n. 1, p. 187 et n. 1, p. 188, même style de pensée chez Siger.

de la liberté créatrice dans la philosophie de Siger contredit ce qui a été soutenu par d'éminents historiens de la philosophie du maître brabançon qui se sont appuyés sur l'ensemble de ses œuvres. Nous tâcherons de déterminer, dans les chapitres suivants, si notre thèse est confirmée par les écrits postérieurs de Siger [ce projet ne fut pas complété ; cf. *supra*, n. 5, p. 20]. Mais avant de finir ce chapitre nous voulons préciser, de la façon la plus exacte et la plus synthétique, l'essentiel de la doctrine de Siger et notre interprétation.

• *La métaphysique de Siger est une métaphysique créationniste.*

La doctrine de la création est sous-jacente à tous les problèmes concernant l'origine de l'intellect, et elle donnera la solution définitive. Quand Siger parle de réalités ingénérables, il ne veut pas dire « non causées », mais simplement « non soumises au devenir » et, par conséquent, non tirées de la puissance de la matière par un agent naturel au terme d'un processus de génération. Une réalité ingénérable est donc une réalité créée. La création, loin de s'opposer à l'ingénérabilité des substances spirituelles, en donne le sens exact. La causalité propre de Dieu est de donner l'être, elle est une causalité totale. Les conséquences d'une telle métaphysique ne peuvent pas être ignorées au moment de comparer la philosophie de Siger avec celle d'Aristote [1].

• *La causalité créatrice procède du libre vouloir de Dieu.*

La cause première n'agit pas par nécessité, mais selon la « forme de sa volonté ». Cette liberté créatrice permet de surmonter l'objection fondée sur l'immutabilité divine dans le cas d'une hypothétique création temporelle du monde : la position temporelle d'un effet nouveau n'implique pas une mutation dans l'essence divine, parce que cette position a été

1. Ce premier point doit être retenu fermement au moment d'examiner le problème de l'éternité de l'intellect et du monde. Plusieurs historiens, à la suite du P. Mandonnet, ont pensé, à tort, que la thèse de l'éternité du monde impliquait la négation de la création (*cf.* par ex. A. Forest, *La Structure métaphysique du concret...* (1956²), p. 146-147). Cette erreur d'interprétation de la métaphysique de Siger a été plusieurs fois dénoncée par F. Van Steenberghen (*Siger...* II (1942), p. 612, n. 4 ; *La Philosophie au XIIIe siècle...* (1966), p. 386.)

décidée de toute éternité, et l'effet ne suit pas le mode d'être de cette volonté, mais ce qu'elle a décidé pour lui. Le fait que le monde procède d'une cause créatrice libre est le fondement dernier de la contingence métaphysique des êtres [1].

• *Cette causalité créatrice n'a pas un seul effet immédiat.*

Bien que le principe néoplatonicien *ab uno non procedit nisi unum* ne soit pas explicitement soumis à la discussion, les *Quaestiones in tertium De anima* professent implicitement une doctrine opposée. En effet, l'intellect y est posé comme effet immédiat de Dieu, et il est clair que cet intellect n'est pas la Première Intelligence dont parlent d'autres écrits de Siger. Bien plus, Siger affirme que cet intellect, qui est en relation avec les individus humains, est la plus faible des substances séparées, et qu'il est incorruptible dans la mesure où il est un effet immédiat de Dieu. Par ailleurs, Siger expose ce dernier principe comme valable pour d'autres réalités [2].

• *La dépendance de tout être vis-à-vis d'une causalité créatrice libre implique la contingence métaphysique véritable de tout être distinct de Dieu.*

Cette contingence n'est pas définie comme une possibilité d'être ou de ne pas être dans la généralité des cas. En effet, il y a certaines réalités qui, par leur nature, n'ont pas de puissance au non-être ; tel est le cas, par exemple, de l'intellect et des autres substances spirituelles. La contingence de ces réalités apparaît

1. Cette affirmation, limitée à la doctrine des *Quaestiones in tertium De anima*, contredit ce qui a été soutenu par F. Van Steenberghen : « Siger ne semble pas avoir conçu la possibilité d'une véritable causalité créatrice » (*Siger*... II (1942), p. 607 et 614). F. Van Steenberghen relève cependant des passages où Siger « entrevoit la possibilité d'un acte créateur vraiment libre, parce que volontaire » (*ibid.*, p. 610).

2. Nous ne pouvons donc pas nous rallier à l'opinion de F. Van Steenberghen, qui expose la doctrine de l'effet immédiat unique comme une doctrine généralement soutenue par Siger (cf. *La Philosophie au* XIIIe *siècle*... (1966), p. 386). F. Van Steenberghen avait signalé dans son *Siger* de 1942 (p. 611-612) que la conviction de Siger sur l'effet unique de Dieu paraissait ébranlée dans quelques ouvrages (*Q. naturales* de Lisbonne, *Q. in VIII Physicorum*). Dans nos *Quaestiones* toutes les Intelligences sont posées comme effets immédiats de Dieu : « omnes ex aequo respiciunt Primam Causam sicut causa earum. Similiter noster intellectus immediate respicit Primam Causam tamquam suam causam, et *non per intelligentias medias* » (q. 16, p. 64, lin. 94-97).

seulement comme *puissance d'être*. L'analyse prédicamentale de leurs essences ne révèle aucun principe de corruptibilité, et par conséquent elles peuvent être dites *necesse esse*. Leur contingence apparaît à l'analyse transcendantale de la causalité créatrice libre qui les a tirées du néant et qui peut les anéantir *(intellectus de se est corruptibilis)*. Nous avons montré que cette façon de considérer les substances spirituelles était foncièrement identique (pour ce qui concerne l'absence de puissance au non-être) à la doctrine de Thomas d'Aquin. La véritable contingence de ces substances ne réside pas tant dans leurs essences, capables de porter l'être toujours, que dans le fait qu'elles ont reçu l'être vis-à-vis duquel elles sont en puissance [1]. La contingence métaphysique consiste donc dans la *puissance* à l'être, et non pas dans la puissance *au non-être* [2]. C'est par la puissance à l'être que les substances spirituelles restent attachées à la causalité créatrice qui comble leur capacité en leur donnant l'acte d'être. L'être est pour elles une actualité *reçue*.

• *La solution définitive à la question sur l'éternité de l'intellect (et du monde) échappe aux forces de la raison naturelle.*

Bien que l'analyse prédicamentale, qui se situe au niveau des essences, puisse incliner à affirmer l'éternité des substances spirituelles, parce qu'elles ne possèdent pas de puissance au non-être, et que ce qui est éternel *a parte post* l'est aussi *a parte ante*, l'analyse de la causalité transcendantale nous oblige à considérer seulement comme probable cette doctrine d'inspiration aristotélicienne. Étant donné que la création procède d'une décision libre de Dieu, il est impossible pour nous de déterminer, par l'analyse des effets, la *forma voluntatis primi*, car celle-ci, étant absolument autonome, n'est pas mesurée par les choses. Ainsi donc, bien que la nature des substances

1. *Cf.* saint Thomas, *S. theol.* I, 104, 1, ad. 1. Cf. *supra*, n. 4, p. 194.

2. Si la contingence métaphysique véritable consiste dans la possibilité du non-être, comme l'affirme F. Van Steenberghen (*Siger*... II (1942), p. 609), alors on doit dire que, pour saint Thomas aussi, les créatures spirituelles ne sont pas véritablement contingentes, car, comme l'a montré C. Fabro, elles n'ont pas de telle possibilité. Ajoutons que, de même que Dieu ne peut pas perpétuer naturellement dans l'être une réalité essentiellement corruptible, il ne peut pas non plus faire qu'une substance spirituelle cesse *naturellement* d'être.

spirituelles exige l'éternité, la volonté de Dieu reste toujours souverainement autonome pour les poser dans le temps (mais, une fois posées dans l'être, elles le porteront toujours). La thèse de Siger est, sur ce point, entièrement conforme à la doctrine de Thomas d'Aquin, pour qui le commencement temporel du monde « sola fide tenetur » [1].

• *L'ontologie de Siger n'est pas la même que celle d'Aristote.*

L'affirmation d'une causalité créatrice libre et d'une dépendance de l'être même des créatures vis-à-vis de Dieu rend inacceptable l'assimilation de la métaphysique de Siger à celle d'Aristote. Il est vrai que, pour Siger, l'être s'identifie avec la substance, et que son analyse prédicamentale ne dépasse pas le niveau de la forme, sans s'élever à la considération de l'*esse* comme principe réellement distinct de l'*essentia* ; mais cela ne suffit pas pour affirmer, comme le fait É. Gilson, que l'« ontologie de Siger reste donc celle même d'Aristote » [2]. Les différences fondamentales se situent au plan de la causalité transcendantale : Dieu est cause totale des substances ; celles-ci sont entièrement suspendues à une décision libre de leur créateur.

• *La distance métaphysique entre Dieu et les créatures rend nécessaire chez celles-ci une sorte de composition.*

Le trait distinctif des êtres finis est la puissance à l'être ; quelques-uns ont même la puissance au non-être (les réalités générables et corruptibles). Du fait qu'ils sont mêlés de puissance, ils se distinguent de la Cause première, acte pur absolument simple. La composition est signe d'imperfection, parce qu'elle suppose une relation de puissance et d'acte entre les éléments composants. La Cause première, étant acte pur, est exempte de toute composition ; elle jouit d'une extrême simplicité. En revanche, *tous les êtres* distincts de Dieu sont composés ; et leur composition est le signe de leur distance

1. Nous rejoignons la thèse de J. J. Duin : « Ces faits réduisent à très peu de chose les fondements de l'hypothèse d'une évolution de Siger en cette matière, car telles étaient exactement les positions que, jusqu'ici, on avait cru déceler avant tout dans les derniers ouvrages du maître brabançon » (*La Doctrine de la Providence*... (1954), p. 407)

2. É. Gilson, *L'Être et l'Essence*... (1948), p. 75.

ontologique par rapport à la simplicité divine, comme l'attestent Denys et Boèce [1].

Siger connaît la doctrine de certains maîtres de la première moitié du siècle qui, à la suite d'Avicebron, avaient vu dans l'exigence de composition de tout être fini une preuve de l'hylémorphisme universel : même les substances spirituelles doivent être composées de matière et de forme [2]. Ces maîtres ne voulaient évidemment pas dire que ces réalités étaient corporelles, raison pour laquelle ils distinguaient diverses sortes de matière. Ils parlaient d'une matière « spirituelle » (Roland de Crémone) ou d'une matière « intelligible » (Alexandre de Halès) [3]. D'autres, d'après ce que rapporte Siger, distinguent la matière selon qu'elle est sujet de la corporéité, du mouvement et de la substantialité. Pour ceux-ci, les substances spirituelles ne seraient composées que de matière sujet de la substantialité [4]. Or, pour le maître brabançon, ces doctrines ne valent rien : *hoc nihil est* [5]. En effet, toutes ces distinctions au sein de la matière ne peuvent avoir d'autre origine que les diverses formes qui l'actualisent, parce que la matière première est toujours la même sous les différents états. C'est cette matière

1. Siger de Brabant, *Quaestiones in tertium De anima*, q. 6, p. 18-19, lin. 31-41 : « ... si in actu primo esset compositio, in eo esset imperfectio, quia non potest componi ex duobus actibus... Et propter hoc in actu primo, cum sit in fine simplicitatis, non potuit esse compositio. *Alia vero omnia*, quae a sua simplicitate recedunt, compositionem aliquam recipiunt. Dicit enim Dionysium quod monadem sequitur dyas, et Boethius quod omne quod est citra primum, habet suum quod est. Ideo cum intellectus a puro actu Primi recedat et simplicitate, oportet quod aliquam compositionem habeat. »

2. Telle est, par exemple, la doctrine professée par Philippe le Chancelier, Alexandre de Halès, Roland de Crémone, Roger Bacon et saint Bonaventure. Nous nous sommes occupé de cette doctrine et de ses partisans dans des travaux antérieurs et nous n'estimons pas nécessaire ici de revenir sur le même point. *Cf.* B.C. Bazán, « Autour de la controverse... » (1967), p. 349-429 ; « Pluralisme de formes... » (1969). Pour l'hylémorphisme appliqué aux substances spirituelles, on doit consulter : O. Lottin, *Psychologie et morale*... I (1942), p. 427-460 ; R. Zavalloni, *Richard de Mediavilla*... 51951), p. 383-474, et G. Da Palma, *L'immaterialità dell'anima*... (1954), p. 285-302.

3. G. Da Palma, *op. cit.*, p. 298, n. 30 et 31.

4. Siger de Brabant, *Quaestiones in tertium De anima*, q. 6, p. 19-20, lin. 51-55.

5. *Ibid.*, q. 6, p. 20, lin. 56.

unique qui est la source de l'obscurcissement de l'intelligibilité et le principe de corruptibilité, et par conséquent elle doit être exclue des substances spirituelles[1]. Sur ce point, Siger coïncide encore une fois avec saint Thomas, adversaire déclaré de l'hylémorphisme universel. À la suite de l'Aquinate, Siger montre qu'il est impossible d'affirmer que la matière « corporeitati subiecta » est la cause de l'inintelligibilité, tandis que la matière « substantialitati subiecta » n'empêcherait pas l'intellection, parce qu'il s'agit dans les deux cas de la même matière, actualisée par des formes diverses ; donc, si l'une est un obstacle pour l'intellection, l'autre doit l'être aussi[2].

Si l'intellect n'est pas composé de matière et de forme, il est pourtant, en quelque façon, structuré. Seul Dieu est simple de manière absolue. Comme toute créature spirituelle, l'intellect ne peut être composé que par des éléments purement formels, dont l'un doit jouer par rapport à l'autre le rôle de la matière par rapport à la forme. Il s'agit d'une composition entre principes qui sont tous de l'ordre de l'acte, mais subordonnés entre eux par une relation de puissance à acte (la matière est donc absolument exclue, étant définie comme pure puissance)[3]. Siger ne sait pas donner une explication satisfaisante de ces éléments. Tout ce qu'il dit, c'est qu'il s'agit d'actes « impurs ». Ne partageant pas, ou ne comprenant pas, la doctrine thomiste de la composition réelle entre l'*essentia* (dans ce cas forme pure) et l'*esse*, Siger n'a d'autre moyen que de recourir à un exemple tiré de la logique : de même que les définitions sont composées de deux éléments formels, dont l'un est acte par rapport à l'autre (la différence par rapport au genre), ainsi en est-il de l'intellect[4]. Faut-il croire que nous sommes en

1. Siger de Brabant, *Quaestiones in tertium De anima*,., q. 6, p. 20, lin. 56-61.

2. *Ibid.*, q. 6, p. 20, lin. 72-77.

3. *Ibid.*, q. 6, p. 21, lin. 96-99 : « dicendum quod verum est quod intellectus aliquam compositionem habet, nec illa compositio <est> ex duobus actibus puris. Unde est ex duobus actibus, quorum unum est materialis respectu alterius, reliquum vero est formalis. »

4. *Ibid.*, q. 6, p. 21, lin. 90-95 : « intellectus componitur ex materiali et formali, sicut ex forma generis et forma differentiae. Unde componitur ex forma materiali et actu. Non enim omnes formae simplices sunt. Cum enim partes omnes definitionis formae sint, oportet quod unum (*lege* : unam) sit

présence d'une simple composition logique? Nous ne le pensons pas. Siger ne fait que donner un exemple tiré de la logique, mais son intention est de signaler une véritable composition réelle [1]. Sans recourir à la doctrine thomiste de la distinction réelle entre l'*essentia* et l'*esse*, Siger indique une composition métaphysique d'acte et de puissance qui affecte tout être distinct de Dieu, et qui détermine précisément la finitude et la contingence métaphysique des êtres. Les substances spirituelles sont formes pures (actes), mais elles ont reçu l'être. Cette *potentia ad esse* marque leur contingence métaphysique. Bien entendu, pour Siger, Dieu ne cause pas l'être indépendamment de l'essence. La Cause première est cause des substances spirituelles, unités indissolubles d'être et d'essence, sans qu'aucune distinction réelle puisse être établie entre ces deux principes. Nous verrons bientôt que ce qui a une essence propre a aussi un *esse* propre. Mais il n'en reste pas moins vrai que l'*esse-essentia* est *causé*, et que, dès lors, la puissance à l'être est le signe caractéristique de l'être fini. En élaborant cette doctrine de la composition métaphysique d'acte et de puissance, Siger a bien entrevu le fondement de la contingence, mais on ne peut pas dire qu'il l'a élaboré suffisamment.

4. L'UNICITÉ DE L'INTELLECT

Nous avons beaucoup hésité sur la place qu'il fallait assigner à ce paragraphe sur l'unicité de l'intellect. Une première possibilité était de le placer parmi les problèmes touchant les relations entre l'intellect et les individus, comme le suggère la structure même des *Quaestiones in tertium De anima*, où la question se situe dans la troisième partie : « De intellectu per comparationem ad corpora ». D'ailleurs, tant Siger que saint Thomas ont signalé que le problème de la multiplication de l'intellect dépend d'une question préalable,

---

materiale respectu alterius et quod aliqua illarum <sit> composita. Sic ergo patet ad illud. »

1. *Cf.* G. Da Palma, *L'immaterialità*... (1954), p. 301.

celle de savoir s'il est ou non forme substantielle du corps, question que nous n'avons pas encore discutée [1]. Un texte de Siger, cependant, nous a suggéré une autre manière d'examiner le problème, plus conforme au style de pensée de Siger et, en général, des averroïstes : « ad videndum utrum intellectus unus sit in omnibus, *oportet quod consideremus naturam eius separatam*, similiter naturam eius in quantum copulatur nobis. Dico quod *in natura intellectus* non est quod multiplicetur secundum numerum [2]. » L'une des caractéristiques du courant d'interprétation de la psychologie aristotélicienne auquel appartient Siger est de vouloir résoudre les antinomies du *Traité de l'âme* à partir et sous la lumière des grands principes métaphysiques du Stagirite, pour affronter, après coup, les problèmes qui se posent du côté de l'expérience [3]. Cette perspective nous semble respecter de la meilleure façon l'esprit de la noétique de Siger, et, pour cette raison, nous nous sommes décidé finalement à l'adopter. Nous tâcherons donc de résoudre le problème à partir de l'examen de la nature même de l'intellect, et nous verrons, dans le chapitre suivant, la question de la *copulatio* de l'intellect avec les hommes. Gardons-nous de croire que cette perspective est aprioriste. Siger ne fera que suivre une pensée qui se développe à partir de l'analyse de l'opération intellective, qui conclut à l'immatérialité de l'intellect, et qui en tire deux corollaires : l'éternité de l'intellect, d'une part, et, d'autre part, l'unicité du principe

1. Siger de Brabant, *Quaestiones in tertium De anima*, q. 9 : « Nota tamen in principio solutionis quod si intellectus esset perfectio corporis per suam substantiam, non esset quaestio utrum intellectus multiplicantur secundum multiplicationem diversorum individuorum hominum. Immo planum est quod sic. » *Cf.* saint Thomas, *Q. de anima*, a. 3, *in corp.* (éd. Marietti, p. 292) : « Dicendum quod ista quaestio aliqualiter dependet a superiori. Si enim intellectus possibilis est substantia separata secundum esse a corpore, necessarium est eum esse unum tantum. Quae enim secundum esse sunt a corpore separata, nullo modo per multiplicationem corporum multiplicari possunt. » [Sauf pour l'orthographe, ces lignes ne diffèrent pas du texte que nous avons préparé pour l'édition Léonine, t. XXIV, 1 (1996), p. 25, lin. 187-193.]

2. *Ibid.*, q. 9, p. 26, lin. 20-24.

3. À l'inverse de saint Thomas, qui fait des données d'expérience son point d'appui le plus ferme dans la controverse sur le *monopsychisme*.

intellectif. L'unicité va se dégager comme la conclusion nécessaire d'un raisonnement que Siger juge impeccable du point de vue théorique. En revanche la thèse de la multiplicité se heurte à des obstacles doctrinaux insurmontables d'après les principes que Siger applique. Pour lui, ce sont les partisans de la multiplicité qui se trouvent au banc des accusés. Quant à lui, il n'a qu'à expliquer la multiplication de l'*intelligere*. Nous verrons dans le prochain chapitre l'explication qu'en donne le maître brabançon.

Le raisonnement qui conduit à l'affirmation de l'unicité de l'intellect à partir de l'examen de sa nature est très simple. Pour que l'intellect soit vraiment une réalité intellectuelle il doit être dépourvu de matière, comme il a été déjà démontré. Or la matière, selon Aristote, est le seul principe de multiplication numérique sous une même espèce. Donc l'intellect ne saurait être multiplié. Les trois arguments exposés dans la question 9 s'appuient sur l'immatérialité de l'intellect. D'abord, dit Siger, un agent ne peut produire des effets multiples numériquement et uniques spécifiquement que s'il travaille sur la matière [1]. Cet argument, manifestement succinct, mérite d'être complété. Ce que Siger veut dire, c'est que les réalités numériquement distinctes au sein d'une même espèce se rangent parmi les réalités soumises au devenir, au procès de génération et de corruption, et dont le propre est d'être tirées de la puissance de la matière par l'action d'un agent naturel. Or il a été démontré que l'immatérialité de l'intellect atteste sa provenance immédiate à partir de la Cause première, seul agent qui ne travaille pas sur une matière préexistante. De même que l'éternité de l'intellect est une conséquence de cette provenance immédiate, de même en est-il de l'unicité [2].

Le deuxième argument rappelle que toute division quantitative au sein d'une espèce est due à la matière. L'intellect,

1. Siger de Brabant, *Quaestiones in tertium De anima*, q. 9, p. 26, lin. 24-25 : « Scribitur *septimo Metaphysicae* quod generans non generat aliquid multiplex in numero et unum in specie nisi per materiam. »

2. *Ibid.*, q. 2, p. 5-6, lin. 42-52. Cf. *supra*, n. 2, p. 186.

étant immatériel, ne peut être soumis à une telle division[1]. Siger, à la suite d'Averroès, fait appel à l'autorité d'Aristote qui avait conclu à l'unité du Premier Moteur à partir de son immatérialité. Il faut reconnaître la faiblesse de cet appel, parce que l'argument d'Aristote suppose aussi l'unité du ciel (du corps céleste qui n'a qu'un seul moteur)[2].

Le troisième argument s'appuie sur la cause finale de la multiplication numérique des individus au sein d'une espèce. Cette multiplication, réalisée dans un processus ininterrompu de génération et corruption, n'a d'autre sens que d'assurer la continuité de l'espèce et de donner, dans la mesure où cela est possible pour des êtres corruptibles, une certaine image de l'éternité. Or les réalités immatérielles étant incorruptibles, leur multiplication numérique n'a pas de raison d'être[3]. Cet argument avait été formulé par Averroès[4]. Saint Thomas l'expose aussi, dans des termes très semblables, pour expliquer la diversité spécifique des substances spirituelles[5]. À notre

1. Siger de Brabant, *Quaestiones in tertium De anima*, q. 9, p. 26, lin. 26-30 : « divisio generis qualitativa est. Sed divisio speciei in individua, quantitativa. Si enim essent plures mundi, essent plures motores, et si essent plures motores haberent et materiam. Ex his praenotatis concluditur quod intellectus <cum> sit immaterialis, in eius natura non est quod multiplicetur secundum numerum. »

2. *Cf.* Aristote, *Metaph.* XII, 8, 1074 a 31 *sqq.* et Averroès, *In de anima*, III, 5, p. 403-404 (Crawford). Pour les difficultés que soulève l'argumentation d'Aristote, en particulier pour ce qui concerne le rôle des moteurs immatériels, *cf.* W. Jaeger, *Aristoteles...* (1923), p. 376 ; W. Ross, *Aristotle's Metaphysics...* (1924), II, p. 395, et J. Tricot, *Aristote. Métaphysique...* (1933), p. 184, n. 3.

3. Siger de Brabant, *Quaestiones in tertium De anima*, q. 9, p. 26-27, lin, 31-34 : « hoc apparet ratione sumpta a finali causa multiplicationis individuorum sub una specie. Non est nisi quia esse specificum de se non potest salvari in uno secundum numerum. Quare in separatis non est necessaria multiplicatio individuorum sub una specie. »

4. *Cf.* Averroès, *In De anima*, II, 34, p. 182-183.

5. S. Thomas, *S. theol.*, I, q. 47, a. 2, *in corp.* : « cum autem materia sit propter formam, distinctio materialis est propter formalem. Unde videmus quod in rebus incorruptibilibus non est nisi unum individuum unius speciei, quia species sufficienter conservatur in uno ; in generabilibus autem et corruptibilibus, sunt multa individua unius speciei, ad conservationem speciei. » Cf. *In Sent.* II, d. 3, q. 1, a. 4.

connaissance, il n'a pas discuté les conséquences qui dérivent de ce principe pour celui qui soutient l'incorruptibilité des âmes humaines.

Ainsi, l'immatérialité de l'intellect est le fondement de son unicité. Tout essai de le multiplier numériquement apparaît à Siger comme un véritable danger, parce que cela conduit inévitablement à faire de l'intellect une puissance corporelle et, par conséquent, à détruire sa nature de principe intellectif [1]. C'est aussi pour cela que Siger déclare inacceptable la solution qui consiste à dire que l'intellect est unique substantiellement, mais que sa puissance d'opération se multiplie en chaque homme. En effet, cette puissance doit aussi être immatérielle. La conclusion de Siger est très ferme : *unus est intellectus diversorum, una enim est substantia intellectus, et similiter una potestas* [2].

Ce dernier texte doit être complété. L'intellect est une substance spirituelle, éternelle (avec les réserves déjà faites) et unique. Il se range donc dans l'ordre des substances intelligentes séparées. Telle est sa véritable nature. Mais il exerce son activité intellectuelle au moyen de deux puissances ou facultés, l'une réceptive, l'autre active. Ces deux puissances sont également immatérielles, et elles possèdent toutes les propriétés qui dérivent de leur immatérialité [3]. La doctrine de l'unité de la puissance doit donc être comprise : l'intellect n'a qu'*une seule* puissance réceptive et qu'*une seule* puissance active. Contre Alexandre, qui avait fait de l'intellect réceptif une

1. Siger de Brabant, *Quaestiones in tertium De anima*, q. 9, p. 27, lin. 45-54 ; à noter : « Et ideo arguit Averroes quod si intellectus multiplicaretur secundum multiplicationem hominum individuorum, esset virtus in corpore. »

2. *Ibid.*, q. 9, p. 28, lin. 60-63. *Cf.* q. 11, p. 34-35, lin. 4-5 : « intellectus unicus in omnibus est, et secundum substantiam suam et secundum suam potestatem. »

3. *Ibid.*, q. 15, p. 59, lin. 51-58 : « cum ergo anima nostra sit substantia separata sicut intelligentia, quare non haberet virtutem agentem intellecta ? Habet, et similiter virtutem receptivam eorum. Neque est intelligendum quod intellectus possibilis sit coniunctus materiae <et> intellectus agens sit substantia separata a nobis, immo sicut dicit Aristoteles, sicut est agens <substantia> separata, similiter est possibilis substantia separata. Unde ipse vocat simpliciter intellectum substantiam separatam. »

puissance corporelle, Siger, à la suite d'Averroès, affirme son caractère de faculté séparée de la matière, car les mêmes arguments qui prouvent la spiritualité de l'intellect agent sont aussi applicables à l'intellect réceptif[1]. Mais à la différence d'Averroès, qui avait fait des deux intellects deux substances éternelles[2], Siger affirme explicitement qu'il ne s'agit pas de deux substances, mais simplement de deux puissances d'une substance unique : l'*intellectus simpliciter*[3].

1. Siger de Brabant, *Quaestiones in tertium De anima*, q. 14, p. 47-48, lin. 37-39 : « Mirum est quomodo Alexander intellectum agentem dixit esse immaterialem, intellectus autem possibilem dixit esse virtutem in corpore. » *Cf.* Averroès, *In De anima*, III, 19 (éd. Crawford, p. 441, 30 *sqq.*).

2. *Cf.* Averroès, *In De anima*, III, 18, (éd. Crawford, p. 439, 71-76. Cf. *supra*, n. 2, p. 148 (« quamvis agens et recipiens sint substantie eterne »).

3. Siger de Brabant, *Quaestiones in tertium De anima*, q. 15, 58, lin. 42-48 : « Adhuc de intellectu agente et possibili, intelligendum quod *non sunt duae substantiae, sed sunt duae virtutes eiusdem substantiae*... videntur esse virtutes eiusdem substantiae, *sc.* intellectus nostri. » G. Da Palma (*L'unità*... (1955), p. 55, n. 70) a avancé l'hypothèse selon laquelle l'intellect serait d'après Siger une substance composée de deux substances. Cette opinion se heurte à l'affirmation explicite de Siger, pour qui les deux intellects ne sont pas deux substances, mais deux « virtutes » d'une même substance. D'autre part, le terme *substantia* employé dans le texte de la note 1, p. 210, peut bien avoir le sens très large d'essence ou réalité. D. Salman voyait dans la divergence entre Siger et Averroès une opposition « radicale » marquant une différence « profonde et décisive » entre les deux maîtres (*Bulletin thomiste*, 1939, p. 658). Nous nous rallions plutôt à l'opinion jadis émise par F. Van Steenberghen : « considérée dans les cadres du monopsychisme hétérodoxe, la divergence entre Averroès et Siger est accessoire » (*Siger*...II (1942), p. 630, n. 3).

[La considération de l'intellect agent et de l'intellect potentiel comme deux puissances d'une même substance – qu'elle soit l'âme intellective de chaque être humain ou l'intellect séparé – est devenue doctrine courante parmi les maîtres ès arts et quelques théologiens à partir de 1225. D. Salman, et plus récemment R.-A. Gauthier, « Notes sur les débuts du premier averroïsme », *RSPT*, LXVI (1982), p. 321-373, ont qualifié une telle doctrine de « premier averroïsme ». Je la considère plutôt comme le premier apport original de la philosophie latine médiévale à la tradition aristotélicienne, qu'on ne devrait pas mettre sous l'étiquette – d'ailleurs inexacte – d'une forme d'averroïsme ; *cf.* « Was there ever a First Averroism », in *Geistesleben in 13. Jahrhundert*. Miscellanea Mediaevalia 27 (J. Aertsen éd.), Cologne, 1998, p. 31-53.]

Avant de clore ce chapitre, nous voulons souligner un dernier aspect qui sert de point de repère pour mesurer l'évolution de Siger. Les *Quaestiones in tertium De anima* nient explicitement que notre intellect (tant réceptif qu'actif) soit Dieu [1]. Cette thèse devra être rappelée au moment d'analyser le *De intellectu* (perdu) de Siger.

1. La distinction entre Dieu et l'intellect est supposée partout dans ces *Quaestiones* (*cf.* la thèse de l'intellect comme *effet* immédiat de Dieu ; la composition qui affecte l'intellect en tant qu'*être distinct* de l'Acte pur, etc.). Elle est aussi affirmée explicitement ; cf. *Quaestiones in tertium De anima*, q. 2, p. 5, lin. 32-41 : « Ista quaestio supponit quod intellectus iste non sit Primum Agens. Est enim intentio de intellectu nostro. Et quod intellectus noster non sit Primum Agens, probatio huius est : intellectus enim, qui Primum Agens, est in fine bonitatis et simplicitatis et perfectionis. Intellectus autem noster non est in fine bonitatis, simplicitatis et perfectionis, cum sit ei admixta potentia. Est intellectus noster potentia unumquodque intelligibilium et etiam intelligit cum phantasmate. Primo autem nihil est admixtum de potentia neque phantasmate. Ex quo manifestum est quod intellectus noster non est Primum Agens. »

* [Une version du chapitre suivant fut publiée sous le titre « La unión del intelecto separado y los individuos según Sigerio de Brabante », dans *Patristica et Mediaevalia* (Buenos Aires), n. 1 (1975), p. 5-35.]

Chapitre II

L'union entre l'intellect et les individus humains

L'analyse de l'opération intellective, point de départ qu'il faut garder présent à l'esprit, a permis d'établir l'intellect dans l'ordre des substances séparées. Cependant cette même analyse a révélé un aspect très particulier de cette substance : dans l'acte d'intellection, elle est en relation nécessaire avec le corps qui fournit les images. Cette relation est nécessaire parce que, sans images, l'intellect ne peut rien connaître hors de soi. La connaissance, du fait qu'elle est *abstractive*, témoigne simultanément de l'immatérialité de l'intellect (principe réceptif et actif) et de sa dépendance vis-à-vis du corps [1]. Il est donc intéressant de préciser soigneusement cette relation de l'intellect avec le corps. Ce chapitre sera divisé en trois points : dans le premier, nous établirons que l'union entre l'intellect et le corps ne répond pas à la structure unissant la matière et la forme, et que par conséquent il n'y a pas d'union substantielle entre l'intellect et les individus humains ; dans le deuxième, nous

1. Siger de Brabant, *Quaestiones in tertium De anima*, q. 14, p. 51-52, lin. 52-63 ; cf. *supra*, n. 2, p. 179. À noter aussi : « Quantum tamen ad hanc virtutem quae est intellectus possibilis, mediante qua recipit intelligibilia, et quantum ad hanc virtutem quae dicitur intellectus agens, mediante qua facit actu intellecta, *eget organo alterius virtutis*, scil. organo phantasiae. » *Cf.* aussi q. 15, p. 59, lin. 58-64 : « anima rationalis de natura sua est in potentia ad recipiendum phantasmata. Secundum hanc enim naturam unitur corpori, et licet haec potentia recipiendi phantasmata insit ei secundum quod separata est, tamen actus huius virtutis non participat nisi corpori unita, et similiter anima habet virtutem per quam potest agere phantasmata, nec tamen inest ei agere phantasmata in possibili nisi per coniunctionem sui cum corpore. »

analyserons le mode d'union existant entre le principe intellectif et les hommes ; dans le troisième, nous dégagerons la notion d'âme composée, qui synthétise très bien l'anthropologie et la noétique de Siger de Brabant.

I. L'intellect n'est pas la forme substantielle du corps

La doctrine de Siger sur ce point précis est très explicite : l'intellect ne peut pas être forme substantielle du corps si l'on veut maintenir sa nature de principe intellectif. Le problème est posé dans la question 7 : *utrum intellectus sit perfectio corporis quantum ad suam substantiam* ; et le sens et la portée de la question sont parfaitement exposés par Siger : il s'agit de déterminer s'il y a une véritable union substantielle, auquel cas s'établit une communauté d'être entre l'intellect et le corps, de telle façon qu'aucun des deux ne possède une subsistance propre ; ou bien s'il n'y a qu'une union opérationnelle, auquel cas l'intellect peut garder son autonomie ontologique [1]. Le fondement du dilemme est une conception strictement aristotélicienne de l'hylémorphisme, selon laquelle les coprincipes unis par une relation transcendantale n'ont pas de subsistance propre en dehors de leur composition [2].

Siger rejette décidément l'union substantielle et opte franchement pour l'union opérationnelle. Les trois arguments qu'il donne doivent être compris à la lumière des exigences posées par la doctrine de l'immatérialité de l'intellect qui a été déjà exposée :

1. Siger de Brabant, *Quaestiones in tertium De anima*, q. 7, 22, lin. 9-14 : « Et intelligo intellectum esse perfectionem corporis quantum ad suam substantiam, <hac> ratione : quod dat ei esse coniuncti, cum ab essentia fluat esse, et si det esse ipsi coniuncto, non habebit esse in se, sed solum in alio. Intelligo autem intellectum esse perfectionem quantum ad suam potestatem, quia perficit corpus quoad suam cooperationem. »

2. Nous avons montré que les maîtres de la première moitié du XIIIe siècle avaient perdu cette notion de la relation transcendantale : tout en considérant l'âme et le corps comme deux *substances*, ils affirmaient cependant que ces substances s'unissaient comme la *matière et la forme*. *Cf.* B.C. Bazán, « Pluralisme de formes ou dualisme de substances... » (1969), p. 35-36, [et les articles cités *supra*, n. 1, p. 173.]

a) Intellectus perficit corpus, non per suam substantiam sed per suam potestatem, quia si per suam substantiam perficeret, non esset separabilis[1].

L'esprit vraiment aristotélicien de cet argument apparaît si l'on se rappelle que le Stagirite avait attribué deux fois l'adjectif *choristos* à l'intellect[2]. Comme nous l'avons montré[3], ce terme désigne, dans le système d'Aristote, toute réalité qui jouit de la *subsistance*, de l'existence autonome, par opposition aux coprincipes de la substance qui ont l'être en dépendance mutuelle. Nous avons dit aussi que le *Traité de l'âme* enferme une antinomie non résolue entre la substantialité de l'intellect et son caractère de « partie » de l'âme qui est forme substantielle du corps. Siger résout l'antinomie par une décision qui tranche en faveur de l'autonomie existentielle de l'intellect. Les exigences posées par l'analyse de l'intellection sont précisément le fondement de son option : le principe de connaissance universelle doit être complètement affranchi de matière, et, bien entendu, cet affranchissement doit se réaliser d'abord sur le plan de l'être. Si l'intellect était forme substantielle, il ne jouirait pas de cette subsistance propre, requise par sa propre nature de réalité intelligente.

b) Item, non haberet operationes proprias[4].

L'indépendance de l'intellect dans l'ordre de l'être doit se traduire aussi dans l'ordre des opérations. Gardons-nous de voir ici un déductivisime contraire à la méthode prônée par Aristote[5]. La thèse de Siger suppose, répétons-le, l'analyse de l'opération intellectuelle qui s'est avérée l'œuvre propre d'une réalité immatérielle. Si l'intellect était forme substantielle du corps, l'intellect serait l'œuvre du composé, ce qui contredit les résultats déjà acquis et rend impossible l'intellection même. La connaissance universelle est l'attribut exclusif d'une

1. *Quaestiones in tertium De anima*, q. 7, p. 23, lin. 38-40.
2. *Cf.* Aristote, *De anima*, III, 4, 429b5 et III, 5, 430a17.
3. Cf. *supra*, n. 1-3, p. 39.
4. Siger de Brabant, *Quaestiones in tertium De anima*, q. 7, p. 24, lin. 49.
5. Le Stagirite, en effet, avait déterminé l'ordre inverse : si l'âme a une opération propre, alors elle peut être séparée du corps. Cf. *De anima*, 403 a 10-12 ; cf. *supra*, n. 2, p. 30

substance séparée de la matière. Si l'intellect était joint au corps il ne serait pas une substance séparée et ne pourrait pas avoir d'opération exclusive. Dans ces conditions, un tel intellect ne serait pas le principe de la connaissance intellectuelle.

c) Item, uteretur organo [1].

C'est le propre des formes actualisant la matière d'actualiser des organes corporels dans l'exercice de leurs opérations. Si l'intellect était forme substantielle du corps, il aurait des organes. Or les formes reçues dans un instrument matériel deviennent intelligibles en puissance. Donc l'intellection serait impossible.

Les trois arguments exposées semblent suffire à Siger pour conclure : « propter quod est perfectio corporis solum per suam potentiam, cum sit separabilis [2]. » La séparabilité de l'intellect, sa condition de réalité subsistante, immatérielle, est le trait caractéristique de sa nature ; elle s'oppose à toute considération de l'intellect comme forme substantielle, comme simple coprincipe d'une substance composée. L'intellect n'est pas principe d'être d'une substance, ni partie d'une essence ; il est un être subsistant par soi, complet dans son être et dans son essence. Pour Siger, l'être et l'essence ne sont pas des principes réellement distincts. Tout au contraire, comme le dit É. Gilson, l'être « n'est pas autre chose que l'essence en son point d'actualité suprême » [3]. L'être provient de l'essence quand celle-ci est achevée et complète (sous l'action, bien entendu, de la Cause première) : « ab essentia fluit esse ». Pour cette raison, l'intellect, ayant une essence complète et autosuffisante – comme l'exige la nature des opérations qu'il exerce – doit avoir aussi un être complet. Cela rend impossible qu'on le considère comme forme substantielle : « dico enim quod intellectus non dat esse corpori quantum ad formam suam intellectus ; immo

1. Siger de Brabant, *Quaestiones in tertium De anima*, q. 7, p. 24, lin. 50. *Cf.* q. 15, p. 54, lin. 20-3 : « si enim intellectus per sui substantiam esset actus corporis, non haberet aliquam actionem separatam. »

2. *Ibid.*, q. 7, p. 24, lin. 51-52. *Cf.* aussi q. 15, p. 55, lin. 30-31 : « manifestum est quod non est actus corporis per suam substantiam, sed per suam potestatem. »

3. *Cf.* É. Gilson, *L'Être et l'Essence*... (1948), chap. II, p. 72. *Cf.* aussi G. Da Palma, *L'unità*... (1955), p. 39.

intellectus, essentiam suam habens, esse habet in se et non <in> alio [1]. »

Il est important de remarquer que dans la question que nous venons de commenter se trouvent, parmi les arguments pour et contre de la thèse discutée, deux raisonnements que Siger ne cessera d'opposer aux partisans de l'information substantielle du corps par l'intellect. Si l'intellect était forme substantielle du corps, dit Siger, son opération serait nécessairement corporelle, étant donné l'adéquation existant entre la matière et la forme. Et l'on ne peut pas échapper à cette conclusion en disant que l'âme intellective est forme substantielle du corps, mais que sa puissance intellectuelle en est séparée, parce que la puissance opérative n'est jamais plus simple que la substance dont elle procède [2]. D'autre part, si l'on soutient que l'âme est forme du corps, elle ne possédera aucune opération propre ; et si l'on affirme parallèlement qu'elle est immortelle – comme le font la plupart des partisans de cette théorie – on devra conclure que, une fois séparée, elle ne pourra exercer aucune opération, ce qui équivaut à dire qu'elle est *otiosa* [3]. La conclusion est inacceptable pour un aristotélicien, puisque pour lui la nature ne fait rien de superflu [4].

Ainsi, l'explication du rapport entre l'intellect unique et les individus humains par la voie de l'union substantielle est impossible et contradictoire. Siger doit trouver un autre mode de relation qui puisse expliquer simultanément la dépendance vis-à-vis des images corporelles révélée dans l'analyse de l'intellection, et l'existence d'une pensée personnelle attestée par l'expérience individuelle.

1. Siger de Brabant, *Quaestiones in tertium De anima*, q. 7, p. 24, lin. 56-58.

2. *Ibid.*, q. 7, p. 22-23, lin. 15-24 ; à noter (lin. 18-19) : « potentia a qua egreditur operatio non est simplicior sua substantia. » [L'argument avait été élaboré par Thomas ; cf. *In II Sent.*, d. 17, q. 2, a. 1, arg. 2 ; il le reprendra dans *S. theol.*, I, q. 76, a. 1, arg. 4.]

3. *Ibid.*, q. 7, p. 23, lin. 27-30 : « si per suam substantiam perficeret corpus, nullam haberet operationem sibi propriam. Quare nulla sibi appropriatur ab ipso, et sic intellectus post sui separationem esset otiosus, quod falsum est. »

4. *Cf.* Aristote, *De anima*, III, 9, 432 b 21-22 ; 12, 434 a 31. *Cf.* aussi *De generatione animalium*, II, 4, 739 b 20 ; II, 5, 741 b 4 ; II, 6, 744 a 36 ; V, 8, 788b21 ; *De part. anim.*, II, 13, 658 a 8 ; *De caelo*, I, 4, 271 a 33.

2. Le mode d'union entre l'intellect et les individus

Une fois rejetée l'union substantielle, il ne reste à Siger que l'union opérationnelle : l'intellect unique et les individus humains sont unis dans l'accomplissement d'une opération, l'exercice de la pensée. Les hommes n'y sont nécessaires que dans la mesure où ils apportent les données sensibles dont a besoin l'intellect pour sortir de son isolement et pour pouvoir ainsi connaître *alia a se*. Dans l'exercice de la pensée l'intellect est le principe vraiment opératif, l'homme y est réduit au rôle de « fournisseur d'images ». En effet, c'est l'intellect qui rend intelligibles en acte les images à travers sa puissance active, et c'est lui aussi qui connaît par sa puissance réceptive. Mais il n'a d'accès au monde des intelligibles inférieurs que par l'intermédiaire de la puissance imaginative des hommes. Cette dépendance vis-à-vis des corps, révélée dans l'analyse de l'intellection [1] et attestée par l'autorité d'Aristote [2], pose cependant plusieurs problèmes dont Siger a été pleinement conscient, mais qu'il n'a pas su résoudre, même dans le cadre de l'averroïsme, par méconnaissance ou insuffisante compréhension de certains points capitaux dans la noétique d'Averroès.

Que le mode d'union entre l'intellect unique et les hommes a été un vrai problème pour Siger, il suffit pour le constater de dire qu'il s'est posé la même question à trois reprises dans les *Quaestiones in tertium De anima* [3], et qu'il l'a fait chaque fois avec un sens critique et polémique très aigu, comme s'il ne parvenait pas à une solution satisfaisante. Tout au long des *Quaestiones*, Siger, à la suite d'Averroès, expose les thèses classiques qui sont devenues le patrimoine commun des partisans du maître arabe. L'intellect n'est acte de la matière que dans l'ordre de l'activité, non dans l'ordre de la perfection substantielle [4]. Par conséquent, il n'est pas forme substantielle,

1. Cf. *supra*, n. 1, p. 213.

2. *Cf.* Aristote, *De anima*, III, 7, 431a16 ; 431b1-5 ; III, 8, 432a3-10.

3. Siger de Brabant, *Q. in tertium...*, q. 8 : « quaeritur *de modo essendi* in corpore » ; q. 14 : « quaeritur quis est *modus actionis*, secundum quam actionem intellectus nobis copulatur » ; q. 15 : « *qualiter* intellectus copulatur nobis ».

4. *Ibid.*, q. 4, p. 15, lin. 59-60 : « intellectus non est actus materiae quantum ad suam substantiam, sed solum quantum ad suas actiones. »

tout au plus peut-on l'appeler *operans in corpore*. En tant que tel, son opération est double : l'intellection et la motion. Dans l'intellection, il communique avec l'imagination sans pour autant l'employer comme instrument. Dans la motion, il communique avec le corps tout entier [1], et son union est plus intime que celle qui existe entre le moteur céleste et son mobile [2]. Pour ce qui concerne l'union opérationnelle dans l'exercice de la pensée, Siger répète la doctrine averroïste : à l'inverse du sens, dont les objets nous appartiennent parce qu'il nous est uni substantiellement, l'intellect ne nous appartient que parce que les intelligés (ses objets) nous sont unis d'une certaine façon (par l'intermédiaire des images). Par le fait d'être en puissance vis-à-vis des images, l'intellect doit s'unir aux individus, et cette relation avec les images explique aussi la multiplication des actes de pensée [3]. Cette union opérationnelle par l'intermédiaire des images est une idée plusieurs fois reprise dans les *Quaestiones* [4]. Elle explique aussi que l'intellect ne soit en relation qu'avec les corps humains, seuls capables de

1. Siger de Brabant, *Quaestiones in tertium De anima*, q. 8, p. 25, lin. 19-28 ; à noter : « ... intellectus est in corpore, scilicet *operans in corpore*, et hoc potest esse dupliciter, scilicet intelligens vel movens [...] Sed ideo est intelligens in corpore [...] non utens tanquam instrumento vel organo ipso, sed propter hoc quod communicat [...] cum phantasia. Secundum autem aliam operationem intellectus est in corpore... movet quamlibet partem per accidens, totum autem movet per se. »

2. *Ibid.*, q. 7, p. 24, lin. 59-60 : « plus communicat intellectus noster nobiscum quam motores aliorum orbium. »

3. *Ibid.*, q. 9, p. 28, lin. 65- : « sensus enim copulatur nobis per partem eius quae est materia. Sed intellectus copulatur nobis per partem eius quae est forma. Unde quia sensus copulatur nobis, ideo sensata copulantur nobis. Non sic de intellectu, sed e converso : non enim per hoc quod intellectus copulatur nobis, ideo intellecta copulantur nobis, sed quia intellecta copulantur nobis. Unde nota quod sicut intellectus, quantum est de natura sua, est in potentia ad intentiones imaginatas (sic enim in potentia <est> ad hoc, ut copuletur nobis), per hoc quod copulatur actu intentionibus imaginatis, cum se haberet in potentia ad illas, per hoc copulatur nobis in actu. Et propter hoc, cum huiusmodi intentiones imaginatae numerentur secundum hominum numerationem, ideo per intentiones imaginatas intellectus numeratur in nobis. »

4. Cf. *ibid.*, q. 11, p. 34-35, lin. 1-5 ; q. 12, p. 39, lin. 7-8 ; q. 13, p. 45, lin. 59-61 : « neque intellectus possibilis nec intellectus agens nobis copulatur nisi per intentiones imaginatas. »

lui fournir des « matériaux de travail » suffisamment élaborés ; d'ailleurs, l'espèce humaine est éternelle comme l'intellect, raison pour laquelle on ne peut pas dire que celui-ci puisse être jamais « séparé *simpliciter* » des corps [1].

Quant au rôle de moteur que l'intellect exerce dans le corps, Siger est aussi bien « traditionnel ». Ce rôle ne signifie en aucune façon l'union substantielle avec le corps. Par ailleurs, on ne ferait pas valoir contre la doctrine de l'unité de l'intellect l'argument que l'unité de l'intellect exigerait l'unité du mobile, car la corrélation *unus motor-unus mobile* ne s'applique qu'aux cas où le mobile est incorruptible, alors que les mobiles humains sont corruptibles [2]. L'intellect est dans le corps comme ce qui est localisé se trouve dans le lieu par le fait d'opérer dans ce lieu [3]. Nous ne voulons pas nous attarder dans

1. Siger de Brabant, *Quaestiones in tertium De anima*, q. 11, p. 34, lin. 92-96. Il est intéressant de souligner l'exégèse que Siger propose (lin. 96-101) de *De anima* 407 b 20-23. Aristote avait voulu signaler, contre les partisans de la transmigration, qu'il existe une étroite relation entre chaque âme et son corps (point capital dans l'anthropologie aristotélicienne et thomiste). Siger, en revanche, considère que le Stagirite n'a pas parlé d'un corps *individuel* déterminé, mais simplement du corps humain *spécifiquement* considéré. L'intellect unique n'a de relation qu'avec *des* corps humains, car seuls ceux-ci sont adaptés à l'exercice de la pensée.

2. *Ibid.*, q. 9, p. 29 lin. 2-5.

3. *Ibid.*, q. 11, p. 34, lin. 77-78 : « unietur ei [corpori] non sicut forma materiae, sed sicut locatum unitur loco, quia operatur in eo. » Cette doctrine (l'intellect est dans le lieu par son activité) présente des analogies importantes avec une thèse de saint Thomas sur la localisation des anges. Selon l'Aquinate, une substance spirituelle peut être dans le lieu par le fait d'agir dans un corps. Cette localisation n'implique pas que l'ange soit étendu, car il n'est pas contenu dans le lieu, mais plutôt il est le contenant. Autrement dit, l'ange est dit être dans le lieu d'une façon équivoque (cf. *Somme théologique* I, 52, 1). L'ange est donc uni au corps comme à son instrument et peut le quitter librement quand il le veut, ou quand le corps s'est rendu inutilisable à cause d'une indisposition interne, à la différence de l'âme, qui s'unit substantiellement à la matière pour lui conférer l'être (cf. *In II Sent.*, d. 8, q. 1, a. 5, ad 3m). Par conséquent, l'ange ainsi uni au corps est un *operans extrinsecus* (cf. *In II Sent.* D. 8, q. 1, a. 5, ad 3m). Ce parallélisme devra être tenu présent au moment de mesurer l'évolution de Siger vers l'*intrinsecum operans* du *De anima intellectiva*. La doctrine thomiste fut condamnée par Étienne Tempier en 1277 (cf. Denifle Chatelain, *Chartularium*... I, n. 473, p. 554, prop. 204). [Les 219 propositions furent classées suivant des critères philosophiques et théologiques par P. Mandonnet,

l'exposé de ces aspects bien connus de la pensée de Siger : ils ont été suffisamment mis en relief par d'excellents travaux[1]. Nous préférons montrer que la théorie averroïste de l'union entre l'intellect et les individus par l'intermédiaire des images a été un véritable problème pour Siger, et qu'il n'a pas, finalement, saisi le noyau fondamental de la pensée de son maître.

Une analyse attentive des questions 14 et 15 révèle des parallélismes frappants : tout se passe comme si Siger, n'étant pas parvenu à des solutions satisfaisantes dans la question 14, avait été contraint de poser une fois de plus les mêmes problèmes dans la question 15 pour les examiner plus profondément. La première des questions mentionnées a pour titre « utrum ad hoc quod intellectus noster intelligat exigantur species receptae in intellectu possibili ». Le corps de la question contient un exposé sur l'abstraction dont nous avons

---

Siger de Brabant et l'averroïsme latin (Les Philosophes belges, 6-7), Louvain, vol. II (1908), p. 175-191 ; leurs sources furent étudiées de manière approfondie par R. Hissette, *Enquête sur les 219 articles condamnés à Paris le 7 mars 1277* (Philosophes médiévaux XXII), Louvain-Paris, 1977 ; elles furent l'objet d'une édition critique, d'une traduction française et d'un commentaire par D. Piché, *La Condamnation parisienne de 1277*, Paris, Vrin, 1999 ; *cf.* aussi L. Bianchi, *Il Vescovo e i Filosofi, La condanna parigina del 1277...*, Bergamo, Pierluigi Lubrina Ed., 1990) La thèse condamnée fut proposée aussi par Albert le Grand et, bien entendu par Boèce de Dacie, comme le signale R. Hissette, *op. cit.*, p. 105-107.] On trouve une thèse très semblable chez Jean de la Rochelle, *Summa de anima*, I, 50, qui renvoie à Jean Damascène, *De fide orthodoxa*, c. 17, 10, p. 71-72 (éd. Buytaert). La différence entre Siger et Thomas d'Aquin est cependant considérable. Pour Siger, l'intellect est une substance spirituelle qui meut simultanément plusieurs corps, et qui est, par conséquent, dans plusieurs lieux simultanément ; pour Thomas cette thèse est inacceptable (*S. théologique*, I, q. 52, a. 2).

1. On trouvera un excellent exposé synthétique chez F. Van Steenberghen, *Siger...* II (1942), p. 631-632, et une analyse descriptive très complète chez G. Da Palma, *L'unità...* (1955), p. 46-50. [Bien entendu, je ne saurais plus affirmer que la noétique de Siger a été suffisamment expliquée par ces deux œuvres. Des travaux postérieurs de chercheurs de la génération de F. Van Steenberghen et les contributions des deux générations de chercheurs qui l'ont succédé ont approfondi la problématique et ont enrichi la compréhension des *Quaestiones in tertium De anima.* Pour ne pas excéder la longueur de cette note, je renvoie à mon travail « Radical Aristotelianism... » (2005), p. 587, n. 2, cité *supra*, n. 2, p. 171, où je mentionne les chercheurs qui m'ont le plus marqué dans mes travaux sur ce sujet.]

tiré déjà profit plus haut[1]. Siger montre que notre connaissance intellectuelle a pour point de départ les données sensibles, mais qu'elle ne parvient à son parfait achèvement que si l'on dépasse ces données pour atteindre les quiddités intelligibles. Notre connaissance abstractive consiste précisément dans l'action de « séparer » le noyau intelligible des conditions matérielles qu'il revêt dans l'image. Or l'une des thèses capitales de la doctrine averroïste concernant l'union entre l'intellect unique et les individus consiste à dire que cette union se réalise « par l'intermédiaire des images ». Mais l'analyse de l'abstraction a montré que la pensée intellectuelle ne s'accomplit que par une *séparation* vis-à-vis des images, et non pas par une *union* avec elles. Ainsi de sérieux doutes *(dubia)* planent-ils sur une des justifications les plus importantes de la doctrine averroïste : l'*intelligere* ne peut jamais nous appartenir par le fait que nous ayons des images, étant donné que la pensée consiste formellement dans une prise de distance par rapport aux données sensibles. Une fois fermée la voie de la relation substantielle entre l'intellect et les hommes, l'union par la voie des intelligés s'avère tout aussi impossible puisque ceux-ci ne sont en nous que sous forme d'images, c'est-à-dire que comme des intelligibles en puissance ; pour devenir intelligibles en acte, ils doivent être séparés de nous. Ainsi donc, l'*intelligere in actu* ne nous appartient jamais[2]. La même difficulté sera exposée par saint Thomas dans son opuscule *De unitate intellectus*[3].

1. Cf. *supra*, n. 1, p. 177.

2. Siger de Brabant, *Quaestiones in tertium De anima*, q. 14, p. 50-51, lin. 23-41 ; à noter : « *intellectus per suam substantiam non copulatur* nobis, immo secundum substantiam est a nobis separatus. Ergo [...] sic videtur quod actu intelligere numquam est nobis. Item, tu non potes dicere quod actio intellectus nobis copuletur nisi quia intellecta nobis copulantur. Sed [...] intellecta numquam copulantur nobis, sed sub ratione imaginatorum. Quod si actu *intellecta sub ratione intellectorum non copulantur nobis*...actio intellectus numquam copulabitur nobis. »

3. S. Thomas, *De unitate intellectus*, III, § 65 (éd. Keeler) [éd. Léonine, t. XLIII, p. 303, lin. 76-96]. *Cf.* aussi *Q. de spiritualibus creaturis*, a. 2 [éd. Léonine, t. XXIV, 2, p. 25-26, lin. 186-240].

Les graves difficultés que Siger vient de relever l'obligent à dédoubler le problème débattu à la question 14 qui nous occupe. Maintenant il s'agit de savoir : a) *utrum per intentiones imaginatas nobis copuletur intellectus*, et b) *utrum ad eius actionem,* secundum quod copulatur nobis intellectus, *exiguntur intentiones imaginatae*[1]. Si l'on tient compte du fait que le problème a) concerne non seulement l'union entre l'intellect et les individus, mais aussi la multiplication de l'*intelligere*, on aura un complet parallélisme entre la question 14 et la question 15 de nos *Quaestiones*. En effet, dans la dernière question mentionnée, trois sujets sont soumis à discussion : a) *qualiter intellectus copulatur nobis* ; b) *qualiter possint diversa intelligi a diversis hominibus* ; et c) *cur ad actiones intelligendi requirantur intentiones imaginatae.* Le parallélisme se voit renforcé si, outre les simples énoncés, on examine la position même des problèmes. La difficulté concernant la doctrine de l'union par l'intermédiaire des images est posée dans les mêmes termes :

Question 14 :

« ... intelligere non copulatur nobis per partem eius quae est materia, quoniam sic esset virtus in corpore, nec per partem eius quae est forma, quia actu intellecta sub ratione intellectorum non copulantur nobis, sed solum sub ratione imaginatorum. Videtur quod propter hoc actu intelligere non copuletur nobis. Et potest ratio confirmari per simile : ponamus quod Prima Causa intelligat unum lapidem hic existentem, tu vero imaginaveris eumdem. Cum igitur illud quod est intellectum a Prima Causa imaginatum sit a te, nonne propter hoc intelligere Primae Causae copularetur etc. ? Constat quod non. Similiter arguendo <de> intellectu : ex quo actu vero intellecta sunt in nobis sub ratione imaginatorum, videtur quod per hoc actu intelligere

1. *Quaestiones in tertium De anima*, q. 14, p. 51, lin. 42-46. Le problème b) précise bien qu'il s'agir de savoir si la question se pose à cause de la réception *(propter receptionem)* des intelligés par l'intellect potentiel et de l'actualisation *(propter causationem)* des intelligés par l'intellect agent. Siger ajoute une troisième question complémentaire que nous analyserons plus loin dans ce chapitre, à savoir, si les images sont nécessaires à l'intellect en tant qu'il est une substance séparée (cf. *infra*, n. 3, p. 224). Nous verrons cependant que l'hypothèse d'un intellect absolument « séparé » n'est pas concevable pour Siger.

ipsius intellectus non potest nobis copulari. Nos enim non possumus actu intelligere, sed solum habemus intentionem imaginatam ipsius. Quare suum intelligere non apparet nobis [1]. »

Question 15 :

« Est dubium primo qualiter intellectus copulatur nobis : si enim copulatur nobis per partem quae est materia, sic virtus esset in corpore. Unde <sic> non potest nobis copulari [...]. Nec per partem eius quae est forma, nobis copulatur : intellecta enim secundum quod intellecta sunt, non insunt nobis, id est non sunt in organo substantiae nostrae, sed solum sub ratione qua imaginata sunt. Quare intellectus nec per partem eius quae est materia, nec per partem eius quae est forma, potest copulari nobis, et sic nullo modo [2]. »

Quant à la nécessité des images, la problématique est aussi développée dans des termes très semblables :

Question 14 :

« Quaeritur utrum [...] ad eius actionem, *secundum quod copulatur nobis intellectus*, exiguntur intentiones imaginatae [...]. Sed ad intelligere intellectus *in quantum est substantia separata*, exigunturne species, quae debeant recipi in intellectu possibili et quae debent fieri actu intellecta ab agente ? Sive, per alia verba, exigunturne receptio intelligibilium in intellectu possibili et abstractio eorum ab agente [3] ? »

Question 15 :

« Item quaeritur, cum ad actiones intelligendi requirantur intentiones receptae in intellectu possibili <quae> prius fuerunt intentiones imaginatae, siquidem abstracta et causata intellecta ab agente intellectu prius fuerunt intentiones imaginatae, nonne ergo receptio intentionum et abstractio earum exigitur propter hoc quod intellectus copuletur nobiscum, vel etiam propter naturam intellectus in se [4] ? »

1. Siger de Brabant, *Quaestiones in tertium De anima*, q. 14, p. 52, lin. 64-77.
2. *Ibid.*, q. 15, p. 54, lin. 5-15.
3. *Ibid.*, q. 14, p. 51, lin. 42-50.
4. *Ibid.*, q. 15, p. 55, lin. 51-57.

Le problème de la multiplication des actes intellectuels n'est pas posé de façon explicite dans la question 14, mais il est supposé comme un corollaire du problème de l'appartenance de l'*intelligere* à chaque individu. Nous voulons aussi signaler que le point de départ des difficultés est la nature *abstractive* de notre connaissance intellectuelle. C'est elle qui complique la solution apparemment cohérente de l'union par l'intermédiaire des images. C'est elle qui est mise en question quand on demande pourquoi une substance séparée et éternelle comme l'intellect a besoin d'images sensibles et corruptibles. Mais cette conscience critique n'est pas le patrimoine exclusif de Siger. Bien avant lui, Averroès s'était posé les mêmes problèmes avec un sens critique non moins aigu. Pour ce qui concerne l'union de l'intellect et la multiplication de l'*intelligere*, Averroès avait déclaré que cette question « valde est difficilis et maximam habet ambiguitatem »[1]. Quant à la nécessité des images, le philosophe de Cordoue avait posé le problème très clairement : « eternum enim non indiget in sua actione generabili et corruptibili. Quomodo igitur componitur eternum cum corruptibili ita quod ex eius fiat una actio[2] ? » Et comme, dans le cas précédent, il avait déclaré que cette question « valde est difficilis et ambigua »[3]. Nous croyons donc qu'en se posant ces problèmes Siger n'aperçoit pas plus que son maître les difficultés de l'interprétation averroïste de la psychologie d'Aristote. Même dans les difficultés, il suit son maître Averroès[4].

La solution est aussi cherchée par Siger dans la doctrine du Commentateur[5]. L'union de l'intellect avec les hommes est

1. Averroès, *In de anima*, III, 5, p. 402, l. 430-431. Cf. *supra*, n. 2, p. 153.

2. Averroès, *ibid.*, III, 36, p. 490, l. 309-312.

3. Averroès, *ibid.*, p. 481, l. 45-46.

4. Ainsi nous ne pouvons pas suivre F. Van Steenberghen dans la mesure où il laisse entendre que déjà dans les *Quaestiones in tertium De anima* Siger aurait éprouvé des doutes *personnels* à propos de la doctrine averroïste (cf. *Siger...* II (1942), p. 632).

5. Siger de Brabant, *Quaestiones in tertium De anima*, q. 14, p. 52-53, lin. 78-100 : « Commentator solvit [...] Accidit autem quod copuletur huic individuo, sicut ei accidit quod copuletur intentionibus imaginatis huius individui. » Nous nous permettons de synthétiser ici la pensée de Siger sans transcrire ce long passage.

susceptible d'être envisagée à deux niveaux différents. L'intellect, en effet, est uni à l'espèce humaine et il est uni à chaque individu. La relation avec l'espèce est plus essentielle *(essentialior)*, étant donné que celle-ci est éternelle comme l'intellect. La relation avec l'individu est moins essentielle, étant donné la corruptibilité de tout homme. L'intellect peut donc se séparer d'un individu concret ; il ne se sépare pourtant jamais de l'espèce. Dans une question précédente, Siger avait déjà soutenu que l'hypothèse d'un intellect absolument séparé était impossible et inacceptable pour celui qui, à la suite d'Aristote, affirme l'éternité des espèces, car si l'intellect peut se séparer d'un individu déterminé, il ne peut pas se séparer des individus *simpliciter*[1]. Il faut cependant prévenir une mauvaise interprétation de ce que Siger a expliqué à la question 14 : l'union « plus essentielle » avec l'espèce ne signifie pas que l'intellect soit essentiellement la perfection substantielle de l'espèce *(actus humanae speciei per suam substantiam)*. Il n'est forme substantielle ni des individus pris isolément, ni de l'espèce comme telle. Tout ce qu'il y a dans la nature même de l'intellect *(in natura eius essentiali)*, c'est une inclination vers les images de n'importe quel individu de l'espèce humaine. Cette puissance naturelle ne peut avoir d'autre raison que le fait d'être l'intellect le plus faible parmi les substances intellectuelles. C'est en raison de cette *potentia naturalis* qu'il est *essentiel* à l'intellect de s'unir à la race humaine, ou, si l'on veut, à n'importe quel individu *(indeterminate)*. Mais l'union concrète de l'intellect avec un individu déterminé est *accidentelle (accidit ei)* – aussi accidentelle que l'union qu'il a avec les images d'un individu en particulier.

Ainsi donc, Siger croit trouver la réponse aux difficultés concernant l'union entre l'intellect et les individus dans cette exigence – imposée à l'intellect par son essence – de s'unir à l'un quelconque des individus de l'espèce humaine, qui sont les porteurs des images sensibles vis-à-vis desquelles il est en puissance. Cette inclination naturelle précède et cause l'union

1. Siger de Brabant, *Quaestiones in tertium De anima*, q. 11, p. 34, lin. 92-96, à noter : « ... forte ipse [Aristoteles] cum Commentatore eius diceret quod ipsa [anima intellectiva] inseparabilis est, et si separetur ab hoc corpore, non tamen ab omni corpore simpliciter separatur. »

avec un individu déterminé, raison pour laquelle on peut dire que l'intellect est conjoint avec nous d'une certaine manière même avant d'avoir actualisé sa puissance en s'unissant aux images d'un individu concret [1]. À celui qui avait objecté [2] que la Cause première ne nous est pas unie par le fait qu'elle pense ce que nous imaginons (ce dont nous avons image), Siger répond que l'argument est sans fondement parce que l'Intelligence Première n'est pas en puissance par rapport à nos images; autrement dit : on ne trouve pas dans sa nature cette relation intentionnelle envers nos images [3]. Cette solution est nettement averroïste. Pour le Commentateur aussi l'union avec nos images ne s'explique que par une *disposition naturelle*, par une *proportion* inscrite dans la nature même de l'intellect, en raison desquelles il est intentionnellement référé aux images contenues dans la sensibilité humaine. C'est ce *respectus* qui permet de résoudre la difficulté soulevée par la relation entre une réalité éternelle et des images corruptibles. L'explication finale doit être cherchée donc dans le fait que l'intellect est la plus faible des substances séparées [4].

Dans la solution aux trois problèmes de la question 15, Siger reprend cette doctrine. Il y a un seul intellect pour tous les hommes; cet intellect est naturellement incliné vers nos images, ce qui ne signifie pas que par nature il soit uni à nous, mais seulement qu'il est en puissance envers nos images. L'union avec les hommes se réalise quand l'intellect, dans l'acte de connaître, entre en relation actuelle avec ces images. Ces dernières expliquent aussi la diversification des intelligés dans

1. Siger de Brabant, *Quaestiones in tertium De anima*, q. 14, p. 53, lin. 3-10 ; noter : « [intellectus] nobiscum aliquam habuit copulationem *priusquam* actu copularetur intentionibus imaginatis, eo quod intellectui a sua naturali origine est quod sit in potentia ad intentiones imaginatas, et ut sicut est in potentia ad illas, sic est similiter in potentia ad nos. »

2. Cf. *supra*, n. 1, p. 224.

3. Siger de Brabant, *Quaestiones in tertium De anima*, q. 14, p. 53, lin. 13-18 : « Prima Causa non est in potentia ad intentiones imaginatas a te, sicut intellectus [...] <si> autem intellectus Primae Causae esset in potentia ad illas, tunc bene sequeretur quod intelligere Primae Causae nobis copularetur ; sed intelligere intellectus <non> posset copulari absque eo quod se haberet in potentia ad illas (intentiones). »

4. Cf. Averroès, *In De anima*, III, 36, p. 497-499.

chaque individu [1]. Les lignes fondamentales de cette doctrine avaient été déjà exposées par Siger dans la question consacrée au problème de l'unicité de l'intellect [2].

Cependant il semble bien que pour Siger la question de savoir *comment* s'effectue cette union par l'intermédiaire des images reste une véritable difficulté. C'est pourquoi, après avoir exposé la thèse déjà connue, il insiste : « Sed tunc ulterius, *qualiter* copulatur intellectus nobis per hoc <quod> copulatur intentionibus imaginatis [3] ? » Pour bien comprendre cette insistance il faut tenir toujours devant les yeux les données du problème, tel qu'il se présente à Siger. L'intellect ne peut pas être uni essentiellement aux individus ; dans sa nature il ne possède qu'une inclination *potentielle* envers les images et il faut expliquer, par conséquent, comment se produit l'actualisation de cette inclination. D'autre part, il a déjà été montré que, dans l'acte de connaître, l'intellect, loin de se maintenir au niveau des images, sépare les quiddités universelles qui l'actualisent comme sujet pensant. Dans la position du problème, Siger avait exprimé clairement toutes ces difficultés : « si enim [intellectus] copulatur nobis per partem que est materia, sic virtus esset in corpore [...] nec per partem eius que est forma, nobis copulatur : intellecta enim secundum quod intellecta sunt, non insunt nobis [...] sed solum sub ratione qua imaginata sunt [4]. » Pour bien comprendre la suite de l'exposé et la racine des difficultés de Siger, il est nécessaire de mettre

1. Siger de Brabant, *Quaestiones in tertium De anima*, q. 15, p. 56, lin. 60-77 ; à noter : « Hoc enim (diversitas intellectorum) esse non potest propter diversitatem intellectus, cum ipse unus sit in sua substantia, immo provenit ista diversitas ex parte intentionum imaginatarum. »

2. *Ibid.*, q. 9, p. 28, lin. 79-86 : « per hoc quod intentiones imaginatae, quae post efficiuntur actu intellecta, nobis copulantur, per hoc intellectus nobis copulatur, et secundum quod diversificantur huiusmodi intentiones imaginatae in diversis hominibus, secundum hoc diversificatur intellectus, licet ipse secundum suam substantiam sit unus et licet etiam potestas eius sit una. Et hoc intendens Averroes dicit quod intellectus speculativus iam ipse in omnibus est unus secundum recipiens, diversus autem secundum receptum. »

3. *Ibid.*, q. 15, p. 56, lin. 78-79.

4. *Ibid.*, q. 15, p. 54, lin. 5-13. Cf. *supra*, n. 1 et 2, p. 224. Comme nous le voyons, la solution adoptée dans la question 9 est remise en question.

ici en pleine lumière l'objet de la discussion. Siger parle de l'*intellect en acte*, c'est-à-dire de l'intellect pour autant qu'il est actualisé par la forme intelligible déjà dépouillée de la matière comme résultat de l'abstraction. Cet *intellect en acte* est un composé d'acte et de puissance (de forme et de matière, dit Siger) : l'intellect matériel ou réceptif, défini par sa potentialité *(possibilis)* en est la matière ; la forme intelligible abstraite en est la forme. Par aucun des deux coprincipes l'intellect en acte ne peut être uni aux individus : on a déjà démontré que l'intellect possible est une substance séparée ; quant aux formes intelligibles, elles sont aussi séparées des images par l'abstraction.

Les choses ainsi posées, Siger est pris dans une voie sans issue. Toutes les solutions, toutes les explications du *qualiter intellectus copulatur nobis*, lui paraissent insuffisantes. On pourrait dire, d'abord, que l'union entre l'intellect et les individus se réalise parce que celui-là connaît effectivement *(effective)* à partir des images ; mais cela ne suffit pas *(hoc non sufficit)*, puisque, de fait, l'intellect ne connaît pas les intelligibles en tant qu'imagés, mais seulement en tant que les intentions universelles sont abstraites [1]. On pourrait essayer une nouvelle explication en disant que l'intellect s'unit par sa propre inclination naturelle *(a natura)* ; mais cela n'est ni vrai ni suffisant *(non est verum nec sufficit)*, puisque cette inclination n'est qu'une *puissance* qu'il faut actualiser, et que, précisément, c'est le procès d'actualisation qui est en cause [2].

Siger modifie donc la direction de la recherche. Tâchons, dit-il, de déterminer pourquoi certaines pensées s'unissent *(copulantur)* à un individu et non pas à un autre. Cela ne peut être dû ni à la substance de l'intellect ni à sa puissance opérative, lesquelles, étant uniques, ne peuvent pas être la source de

1. Siger de Brabant, *Quaestiones in tertium De anima*, q. 15, p. 56, lin. 83-85 : « Intellectus enim non intelligit ex intentionibus imaginatis quia imaginatae, sed quia universales rationes sunt abstractae. »

2. *Ibid.*, q. 15, p. 56-57, lin. 85-90, à noter : « intellectus de natura sua non unitur nobis nisi in potentia, et ideo per huiusmodi copulationem in potentia non est potens actu copulari nobis, immo solum nobis copulatur per intentiones imaginatae, quia illae actu copulantur nobis. »

la diversification des intelligés dans les individus. Si l'on trouve la cause de la multiplication des intelligés, on aura trouvé en même temps la cause de l'union entre l'intellect et les hommes, et on aura levé, par conséquent, la difficulté qui nous occupe [1]. Très étonnamment, Siger retombe dans l'explication averroïste classique : « diversae intentiones imaginatae sunt <causa> diversitatis intellectorum in diversis hominibus. Quare intentiones imaginatae sunt cause quare intellectus copulatur nobis in actu, quod verum est [2]. »

Nous constatons donc que, s'il a creusé davantage les dilemmes d'Averroès, Siger n'a pourtant pas dépassé la solution de son maître. Nous verrons bientôt qu'il n'en a même pas saisi le noyau fondamental.

L'intellect est « nôtre » parce que les objets sur lesquels il travaille sont en nous. Que dire donc de l'*intelligere* et des intelligés, dont on a affirmé qu'ils sont séparés ? Siger répond qu'ils nous appartiennent en tant que tels, et pas seulement en tant qu'imaginés, parce qu'ils sont dans l'intellect qui, à son tour, nous est uni par l'intermédiaire des images. L'intellect et l'individu constituent un « tout opérationnel », et ce qui est attribué à l'une des parties peut aussi être attribué au tout. Pour mieux faire comprendre sa doctrine Siger donne un exemple. Supposons, dit-il, une forme matérielle d'un composé quelconque, capable d'exercer par elle seule certaines opérations. Tout en se réalisant sans l'intervention d'organes, les opérations d'une telle forme seraient cependant attribuables au composé tout entier. Ainsi en est-il de l'*intelligere* : il est l'œuvre de l'intellect tout seul, mais il est attribuable au tout opérationnel constitué par l'intellect et l'individu [3]. Nous

1. Siger de Brabant, *Quaestiones in tertium De anima*, q. 15, p. 57, lin. 91-96, à noter : « diversa quae faciunt quod *intellectum* unum ita copuletur uni quod non alteri, sunt causa quare *intellectus* copuletur actu nobiscum. »

2. *Ibid.*, q. 15, p. 57, lin. 97-99.

3. *Ibid.*, q. 15, p. 57, lin. 1-15 ; à noter : « ... intentiones intellectae copulantur nobis sub ratione qua intellectae, non per hoc quod ipsae sint totius coniuncti, sicut sunt actiones quae sunt sensus, quae sunt totius coniuncti ; et certe intelligere non est totius coniuncti sicut sentire. Dico autem quod immo copulantur nobis per hoc quod ipsae sunt intellectus nobis copulati. Cuius declaratio est per simile. Ponamus quod sit forma

pensons que l'exemple est un véritable argument *ad hominem*, et que son destinataire est évident : Thomas d'Aquin. En effet, l'hypothèse d'une forme matérielle capable d'exercer des opérations propres est inacceptable pour Siger (et pour n'importe quel aristotélicien radical). Saint Thomas avait soutenu que l'âme intellective était forme substantielle de la matière, et cependant il affirmait simultanément que cette forme possédait une opération propre (l'*intelligere*) qu'elle pouvait accomplir sans l'entremise d'organes corporels. L'*intelligere* est donc une opération propre de l'âme, attribuable pourtant au composé tout entier en raison du fait que l'âme en est la forme substantielle. Bien entendu, Thomas ne considérait pas l'âme intellective comme une forme « matérielle ». Tout en étant forme « de la matière », l'âme était une réalité subsistante. Mais Siger n'a jamais compris ou, en tout cas, n'a jamais accepté cette distinction entre « forme de la matière » et « forme matérielle ».

Faisant appel à la doctrine averroïste classique, Siger tient pour résolu le premier problème posé, celui de savoir comment l'intellect est en union avec les individus. C'est par la même doctrine qu'il croit pouvoir résoudre le deuxième problème, à savoir celui de la multiplication de l'*intelligere*. L'exercice de la pensée se diversifie non pas en raison de l'intellect considéré en lui-même *(simpliciter in se)*, parce que, de par sa propre nature, il est uniformément référé à tous les individus *(eodem modo copulatur omni homini)* ; l'exercice de la pensée se diversifie en raison du fait que l'union opérationnelle établie entre l'intellect et un individu déterminé par l'intermédiaire des images propres à celui-ci n'est pas la même que celle qui existe entre l'intellect et un autre individu possédant d'autres images. Ainsi donc, bien que les intelligés soient tous la propriété d'un intellect unique, ils se diversifient selon que ce principe unique travaille sur des imaginations multiples[1].

---

materialis alicuius coniuncti quae habeat aliquas operationes sibi proprias. Tunc operationes proprie illius formae, quas exercet sine organo, nonne copulatae essent toti coniuncto ? Certe sic, eo quod forma illa per sui partem copulatur coniuncto. Similiter est in parte, scilicet intellectu... »

1. Siger de Brabant, *Quaestiones in tertium De anima*, q. 15, p. 58, lin. 23-27 : « ... si esset aliquod intelligere quod contigeret ei [intellectui] in se, illud

Le troisième problème, celui de savoir pourquoi les images sont nécessaires à l'acte intellectif, Siger l'affronte avec la doctrine de l'« inclination naturelle » de l'intellect envers les objets sensibles fournis par l'imagination de l'homme. Sans images, l'intellect est condamné à l'isolement. De ce point de vue, la question 15 ne dépasse pas la doctrine déjà exposée dans la question précédente [1]. Cette inclination naturelle est actualisée quand l'intellect entre en relation avec les corps, constituant ainsi le tout opérationnel dont nous avons déjà parlé [2].

Avec la doctrine du tout opérationnel, Siger peut faire aussi l'exégèse de *De anima* 430 a 20-25. L'intellect qui connaît toujours et incessamment, qui est immortel et éternel, c'est l'intellect considéré comme substance séparée ayant deux puissances, l'une réceptive *(intellectus possibilis)*, l'autre active *(intellectus agens)*. Ce qui est corruptible, parce que composé, c'est le tout opérationnel constitué par l'intellect et un individu concret auquel le premier est uni accidentellement. La corruptibilité n'affecte jamais l'intellect dans sa substance, mais seulement son opération par rapport à un individu déterminé [3].

À la fin de cet exposé deux questions se posent tout naturellement. Dans quelle mesure Siger a-t-il levé les difficultés et les objections qu'il s'était posées lui-même à propos de l'union par l'intermédiaire des images ? Dans quelle mesure a-t-il compris la doctrine d'Averroès et fut-il fidèle à son maître ? Pour ce qui concerne la première question, on ne peut pas cacher un

---

contingeret <omni> homini. Sed quia intelligit ex intentionibus imaginatis copulatis diversis hominibus, et diversis secundum diversitatem hominum, ideo intelligere diversificatur in diversis. »

1. *Ibid.*, q. 15, p. 58, lin. 37-41.

2. *Ibid.*, q. 15, p. 59, lin. 62-64.

3. *Ibid.*, q. 15, p. 59-60, lin. 65-74 : « Hoc satis innuit Aristoteles in littera illa : sed neque aliquando intelligit, nunc quidem non intelligit, separatus autem solum hoc est quod vere est, et hoc solum immortale et perpetuum est. Unde possibilis per conversionem ad agentem intelligit semper et est aeternus et separatus quantum ad hanc operationem sicut quantum ad suam substantiam, sed ipse possibilis per conversionem ad phantasmata, licet quantum ad substantiam suam sit aeternus et separatus, tamen quantum ad operationem corruptibilis est et coniunctus. Unde secundum Aristotelem *ibid.* : post mortem non reminiscimur, hoc autem est : quantum ad operationem suam corruptibilis est. »

sentiment d'insatisfaction. La question 15 représente un progrès dans la façon de poser les difficultés ; elle reste pourtant au niveau de l'explication traînée tout au long des *Quaestiones in tertium De anima*. La plus grave objection lancée à la doctrine de Siger, à savoir que l'*intelligere* ne s'unit pas aux individus ni par la substance de l'intellect ni par les intelligés, n'a pas vraiment trouvé de réponse dans la mesure où le maître brabançon fait finalement appel à la thèse de l'union par l'intermédiaire des images, ce qui était précisément le point de départ de la difficulté. Sa position finale peut être synthétisée de la manière suivante : l'intellect est séparé substantiellement ; il nous est uni dans la mesure où les objets sur lesquels il travaille (les images) sont en nous ; l'*intelligere* et les intelligés *(intellecta)* sont « nôtres » en raison du fait qu'ils appartiennent à l'intellect qui nous est uni par l'intermédiaire de nos images. Si l'on examine attentivement cette doctrine on s'aperçoit que l'objection posée par Siger n'est pas levée de fait. Celle-ci était conçue dans les termes suivants : l'intellect en acte (*intellectus factus*, dans la terminologie d'Averroès), c'est-à-dire l'intellect pour autant qu'il est actualisé par les formes intelligibles abstraites, ne nous est pas uni par sa partie « matérielle » (l'*intellectus possibilis*), ni par sa partie « formelle » (la forme intelligible séparée de l'image et pensée actuellement par l'intellect). Cette façon de poser le problème rendait inutile la thèse de l'union par l'intermédiaire des images, car celles-ci n'étaient pas partie intégrante de l'intellect en acte, et par conséquent on n'était plus en condition d'expliquer *comment* l'exercice actuel de la pensée pouvait nous appartenir. Siger persiste finalement dans la thèse classique et il essaie de l'appuyer avec la doctrine de l'inclination naturelle vers les images, inclination qui constitue l'intentionnalité propre de l'intellect et qu'il actualise dans l'acte d'abstraction. C'est ainsi que nous avons dégagé la notion de « tout opérationnel » par laquelle Siger croit pouvoir attribuer l'*intelligere* aux individus. Cette attribution est donc fondée sur le fait que l'intellect travaille naturellement sur nos images [1]. Mais l'ombre

1. G. Da Palma a bien montré que les « fantasmi fungono da anello di congiunzione tra l'intelletto in sè e gli individui humani » (*L'unità*... [1955],

de l'objection plane toujours sur cette doctrine, car l'opération par laquelle l'intellect s'unit à nous (l'abstraction) a pour but de *séparer* l'intelligible des conditions qu'il revêt dans nos images, et c'est seulement une fois qu'il est séparé que l'intelligible devient objet actuel d'un acte de pensée. *Abstractio* et *intellectio* sont deux opérations différentes (attribuées même à deux puissances distinctes) et on ne voit pas très bien comment l'union opérationnelle établie au niveau de la première peut être aussi appliquée au niveau de la deuxième [1].

Reprenons maintenant la deuxième question proposée ci-dessus, à savoir : dans quelle mesure Siger a-t-il compris Averroès ? Nous croyons qu'il a manqué le point central de l'explication averroïste concernant la diversification de l'*intelligere*, et c'est justement à cause de cela qu'il ne parvient pas à une solution satisfaisante des difficultés qu'il a lui-même soulevées contre sa noétique. En effet, on doit tenir toujours présent que la racine des objections se trouve dans le fait qu'aucune des « parties » de l'*intellect en acte* ne nous est vraiment unie. C'est donc bien de l'*intellect* qu'on dit qu'il est composé, dans l'acte de penser, d'une partie « matérielle » (l'*intellectus possibilis*) et d'une partie « formelle » (l'intelligé en acte). Or, pour Averroès, cette composition n'affecte pas

---

p. 58). Cependant il n'a pas souligné suffisamment le rôle de l'inclination naturelle de l'intellect vers les images. À ce sujet, voir *supra*, n. 1, p. 227.

1. Nous nous contentons de signaler les problèmes internes de la noétique de Siger. Une critique véritable devrait s'attaquer aux prémisses de la doctrine et procéder comme l'a fait, par exemple, saint Thomas dans son *De unitate intellectus*. Cela est hors de nos objectifs présents. Outre l'insatisfaisante solution qu'il a donnée de ses propres objections, Siger tombe parfois en contradiction avec sa doctrine. Ainsi, par exemple, nous venons de voir que l'*intelligere* nous appartient dans la mesure où l'intellect nous est uni à travers les images ; or dans la question 15 Siger soutient qu'en raison de la relation homogène que l'intellect – considéré en lui-même – garde avec tous les hommes, s'il y avait un *intelligere quod contingeret ei in se, illud contingeret omni homini* (cf. *supra*, n. 1, p. 232). Si Siger était cohérent avec sa noétique, il aurait dû affirmer qu'un *intelligere* accompli sans recours aux images ne peut pas du tout nous appartenir. Tel est le cas, cité par Siger, de l'*intelligere* que le principe réceptif a de lui-même et du principe agent en dehors de tout apport sensible.

l'*intellect*, mais bien les *intelligés*. Ces derniers, appelés *intellecta speculativa*[1], possèdent un double sujet, « quorum unum est subiectum per quod sunt vera, scilicet forme que sunt ymagines vere ; secundum autem est illud per quod intellecta sunt unum entium in mundo, et istud est intellectus materialis »[2]. Entre ces deux sujets, il y a une relation de puissance (l'intellect) et acte (la forme intelligible contenue dans l'image). L'intelligé est le tout composé de l'intellect, qui joue un rôle semblable à celui de la matière, et d'une image, qui joue un rôle semblable à celui de la forme, parce que c'est l'image qui fournit la forme spécificatrice. Averroès, qui s'était posé le problème de la diversification des *intelligés*, avait répondu : « impossibile est ut *intellectus* copuletur cum unoquoque hominum et numeretur per numerationem eorum *per partem que est de eo quasi materia, scilicet intellectum materialem*, remanet ut continuatio *intellectorum* cum nobis hominibus sit per continuationem intentionis intellectae cum nobis (et sunt intentiones ymaginatae), *scilicet partis que est in nobis de eis aliquo modo quasi forma*[3]. » Cet intelligé *(intellectum)*, une fois présent dans l'intellect matériel, constitue l'*intellectus in actu*, mais ce n'est pas à cet intellect en acte que fait référence le texte transcrit d'Averroès – comme semble le vouloir Siger –, mais à l'*intellectum speculativum*, véritable trait d'union entre l'*intelligere* et les individus. Dans notre exposé sur la noétique du maître arabe, nous avons signalé l'extraordinaire importance qu'y joue la doctrine des *intellecta speculativa*. Or les *Quaestiones in tertium De anima* de Siger ne présentent pas une élaboration de ce point capital de l'averroïsme. On peut même dire qu'il est absent d'une façon presque absolue[4], ce qui enlève à la discussion menée par Siger une bonne partie de la cohérence interne que nous trouvons dans le commentaire

1. Cf. *supra*, n. 2, p. 150.

2. Averroès, *In De anima*, III, 5, p. 400, l. 385-390 ; voir *supra*, n. 1, p. 151.

3. *Ibid.*, III, 5, p. 404, l. 514-520 ; voir *supra*, n. 2, p. 155.

4. L'expression n'apparaît qu'une seule fois : « et hoc intendens Averroes dicit quod *intellectus speculativus* iam ipse in omnibus est unus secundum recipiens, diversus autem secundum receptum » (q. 9) ; cf. *supra*, n. 2, p. 228. L'emploi du nominatif nous fait penser que Siger parle de l'intellect plutôt que de l'intelligé.

d'Averroès, et ce qui rend aussi plus faible la thèse de l'union par l'intermédiaire des images. Voici une représentation graphique des deux noétiques ; en dépit de ses inconvénients, la représentation proposée peut aider à comprendre ce que nous venons de dire.

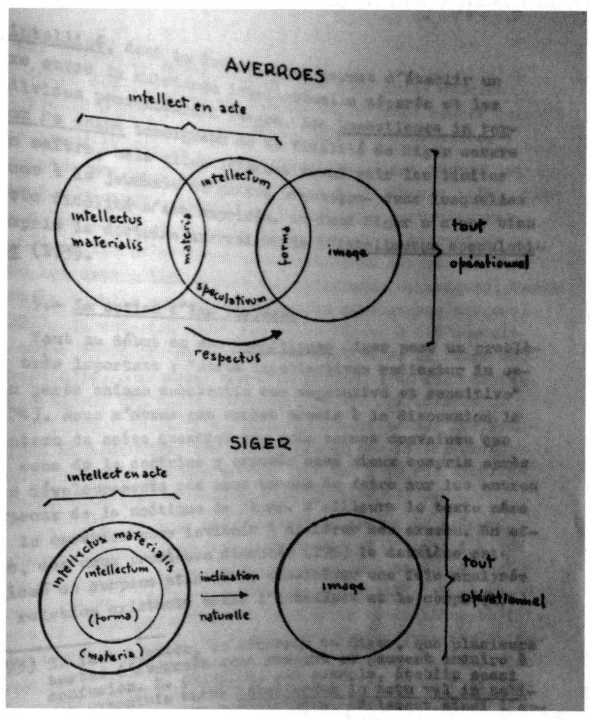

Comme nous le voyons, la différence entre Siger et Averroès consiste en ceci que, pour le premier, la composition « matière et forme » s'applique à l'*intellect*, ce qui rend très difficile toute union avec les individus, car la « matière » de l'intellect en acte est séparée autant que la forme ; tandis que, pour Averroès, cette composition affecte l'*intelligé*, dont le double sujet permet d'établir un lien entre la substance intellectuelle séparée et les individus possesseurs d'images. Les *Quaestiones in tertium De anima* témoignent de la fidélité de 'Siger envers son maître, mais elles laissent aussi voir les limites – dues à la jeunesse du maître brabançon – dans lesquelles cette fidélité s'est exprimée.

Au fond, Siger n'a pas bien compris la doctrine averroïste de l'*intellectum speculativum*[1].

3. La notion d'âme composée

Tout au début de ses *Quaestiones*, Siger pose un problème très important : « utrum intellectivum radicatur in eadem animae substantia cum vegetativo et sensitivo[2]. » Nous n'avons pas encore soumis à la discussion le contenu de cette question parce que nous sommes convaincu que le sens de la doctrine qui y est exposée sera mieux compris après les développements que nous venons de faire sur les autres aspects de la noétique de Siger. D'ailleurs, le texte même de la question nous invitait à différer son examen. En effet, des deux problèmes discutés[3], le deuxième est laissé en suspens afin de le considérer une fois analysée la relation existante entre l'intellect et le corps[4]. C'est justement cette relation que nous avons étudiée au cours des chapitres précédents, et nous sommes donc en mesure d'aborder l'étude de la question mentionnée.

Avant de donner sa propre position Siger expose une doctrine qui peut être rattachée à saint Thomas : les principes végétatif, sensitif et intellectif appartiennent, tous les trois, à une même âme venant *ab extrinseco* (créée) ; ils ne se distinguent entre eux que par le fait que les deux premiers sont des puissances organiques, tandis que le dernier exerce son opération

1. Il faut ajouter, à la décharge de Siger, que plusieurs textes d'Averroès sont obscurs et peuvent prêter à confusion. S. Crawford, par exemple, établit aussi une synonymie entre *intellectus speculativus* et *intellectus in habitu, vel intellectus in actu vel intellecta speculativa*, déplaçant ainsi l'application du terme *intellectum speculativum* de l'ordre de l'intelligé à l'ordre de l'intellect. *Cf.* Averroès, *In De anima…*, *Index nominum et rerum*, p. 583, col. b etc.

2. Siger de Brabant, *Quaestiones in tertium De anima*, q. 1, p. 1, lin. 13-14.

3. *Ibid.*, p. 1, lin. 15-19 : « Primum, sc. utrum intellectivum radicatur in eadem animae substantia cum vegetativo et sensitivo, et secundum utrum intellectivum secundum subiectum differat a vegetativo et sensitivo. »

4. *Ibid.*, p. 3, lin. 69-71 : « Secundum problema […] dimittitur hic usque ad tertium, scilicet de intellectu per comparationem ad corpus. »

sans organe corporel [1]. Il est bien connu que saint Thomas a été conduit à cette thèse par sa doctrine de l'unité de la forme substantielle. L'embryon, une fois parvenu à un état de développement organique suffisant, reçoit directement de Dieu l'âme intellective, laquelle assume toutes les fonctions et opérations exercées par les âmes inférieures. Ainsi, l'âme créée directement par Dieu est simultanément végétative-sensitive-intellective [2].

Siger fait remarquer qu'avec cette doctrine on prétend échapper au monopsychisme averroïste, car l'âme qui vient « ab extrinseco » est aussi végétativo-sensitive, ce qui veut dire qu'elle a une référence essentielle au corps. Mais il n'est pas difficile de réfuter cette thèse en faisant appel à l'autorité d'Aristote, qui affirme explicitement que « solus intellectus est ab extrinseco » [3]. Des arguments rationnels peuvent être opposés aussi à la doctrine signalée. En effet, pour un bon aristotélicien, la venue d'une forme substantielle signifie la corruption de la précédente. Donc, à l'arrivée de l'âme créée devrait se corrompre la forme végétativo-sensitive qui actualisait précédemment l'embryon et qui avait été tirée de la puissance de la matière par les agents naturels. Or la génération-corruption est un mouvement qui s'accomplit entre contraires. Mais les puissances végétative et sensitive appartenant à l'âme créée ne sont pas des contraires par rapport aux puissances de la forme inférieure. Donc celles-ci ne sauraient se corrompre [4]. On pourrait échapper à cette conséquence en disant que ces puissances inférieures demeurent dans l'embryon, de telle

1. Siger de Brabant, *Quaestiones in tertium De anima*, q. 1, p.3, lin. 33-41.

2. *Cf.* saint Thomas, Q. *de anima*, a. 11 *in corp.* et ad 10 m (éd. Léonine, t. XXIV, 1 (1996), p. 100, lin. 246-248 et p. 103, lin. 339-341). [Puisque ce texte est de 1266-1267, j'aurais dû renvoyer plutôt à *In II Sent.*, d. 18, q. 5, a. 1 ad 4 (éd. Mandonnet, p. 471 ; ou au *Quodlibet IX* (1257), q. 5, a. 1, éd. Léonine, t. XXV, 1 (1996), p. 112, lin. 108-112.]

3. Siger de Brabant, *Quaestiones in tertium De anima*, q. 1, p. 2-3, lin. 47-49. Cf. *supra*, n. 1, p. 46.

4. *Ibid.*, q. 1, p. 3, lin. 50-56. Il s'agit, sans doute, d'un argument *ad hominem*, bien dans le style polémique de Siger, et dirigé contre saint Thomas, partisan décidé de l'unité de la forme.

façon que l'homme posséderait un double système végétativo-sensitif ; mais cela est aussi inacceptable [1].

La solution que donne Siger doit être comprise à la lumière de tout ce que nous avons établi au sujet de la nature de l'intellect et du rapport de cette substance séparée avec les individus humains. L'intellect, dit le maître brabançon, n'est pas enraciné dans une même âme avec les principes végétativo-sensitifs. Ceux-ci constituent des puissances d'une âme simple ; l'intellect ne peut leur être uni que dans une « âme composée », constituée dès que l'intellect entre en relation avec ses puissances inférieures. La notion d'âme composée doit être soigneusement établie, parce qu'elle constitue l'expression synthétique de l'anthropologie de Siger de Brabant [2].

B. Nardi a montré que la position de Siger peut être rattachée à une vieille tradition scolastique, remontant aux débuts du XIIIe siècle [3]. En effet, pour plusieurs maîtres de la première moitié du siècle, l'âme intellective était essentiellement différente de l'âme végétativo-sensitive actualisant le

1. Siger de Brabant, *Quaestiones in tertium De anima*, q 1, p. 3, lin. 56-57. La thèse est inacceptable pour saint Thomas, car elle contredit sa doctrine de l'unité de la forme. La thèse d'un double système de puissances végétativo-sensitives fut soutenue par Jean de la Rochelle. Nous avons montré, dans un travail antérieur que pour le maître franciscain les formes végétative et sensitive « dispositives », qui précèdent l'âme rationnelle, demeurent dans le corps après la venue de celle-ci, et ne disparaissent qu'à la mort de l'individu. *Cf.* B.C. Bazán, « Pluralisme de formes... » (1969), p. 60 ; *cf.* aussi R. Zavalloni, *Richard de Mediavilla...* (1951), p. 403. Nous ne pouvons donc pas suivre B. Nardi quand il assimile la doctrine thomiste de la provenance extrinsèque d'une âme douée de trois puissances à la thèse de Jean de la Rochelle. *Cf.* « Studi di filosofia medievale... » (1960), p. 153, n. 1 : « E la ben nota teoria che, già sostenuta da frate Giovanni della Rochelle [...] trovò il suo più strenuo difensore in San Tommaso. » Non seulement Jean est un partisan du pluralisme de formes (comme l'a montré le P. Zavalloni), mais aussi un dualiste (comme nous croyons l'avoir établi). Ces deux notes rendent impossible l'assimilation de la thèse thomiste à celle du maître franciscain.

2. *Ibid.*, q. 1, p. 3, lin. 58-64 ; à noter : « intellectivum non radicatur in eadem anima simplici cum vegetativo et sensitivo, sicut vegetativum et sensitivum radicantur in eadem simplici, sed radicatur cum ipsis in eadem anima composita... »

3. *Cf.* B. Nardi, *op. cit.*, p. 155.

corps. Ainsi, l'âme humaine, prise dans sa totalité, était une réalité composée d'un principe créé et d'un principe tirée la puissance de la matière [1]. Nous voulons compléter cette perspective avec les résultats acquis lors de notre étude sur la pensée préthomiste touchant la nature de l'âme. Nous croyons avoir établi que pour les maîtres les plus représentatifs de la première moitié du siècle l'âme intellective était une *substance*, créée directement par Dieu, jouissant d'une subsistance propre, mais unie au corps par une relation naturelle que certains d'entre eux appellent « unibilitas ». Le corps, pour sa part, était une autre *substance*, actualisée du moins par la forme de corporéité ou bien encore par une forme végétativo-sensitive qui faisait de lui un instrument adéquat de l'âme intellective. Ce dualisme foncier était accompagné d'une conscience plus ou moins claire de l'unité de l'homme. En dépit des contradictions que cela implique sur le plan doctrinal, plusieurs maîtres affirmaient que les deux substances composant l'homme s'unissaient comme la matière et la forme. Le résultat fut une anthropologie éclectique, orientée vers la mise en relief de la transcendance de l'âme par rapport au monde physique et caractérisée par l'affirmation de la substantialité et l'immortalité de l'âme intellective [2]. Tel est le bilan fondamental de l'anthropologie préthomiste : les notions d'âme composée, d'*unibilitas*, et d'autres, plus ou moins heureuses, n'étant que des palliatifs du dualisme de base.

La pensée de Siger doit s'inscrire dans cette tradition qui affirme l'indépendance ontologique de l'âme. Il n'avait qu'à appliquer certains principes de la métaphysique d'Aristote

1. Robert Kilwardby semble être un des plus grands partisans de cette doctrine ; *cf.* B. Nardi, *op. cit.*, p. 157, n. 9. On trouvera dans l'œuvre de B. Nardi des textes de Philippe le Chancelier, Jean de la Rochelle, Alexandre de Halès, Adam de Buckfield, qui témoignent de l'existence de cette notion d'âme composée. *Cf.* aussi G. Da Palma, *L'unità...* (1955), p. 40, n. 24. [La notion d'*'anima composita'* était répandue parmi les maîtres ès arts de la première moitié du XIIIe siècle ; *cf.* ma note dans *Thomae d'Aquin, Q. disputatae de anima,* q. 11, éd. Léonine, t. XXIV, 1 (1996), p. 100, n. 247-248.]

2. Cf. B.C. Bazán, « Autour de la controverse... » (1967), p. 371-429 ; « Pluralisme de formes ou dualisme de substances... » (1969).

pour conclure au caractère séparé et unique de l'âme intellective. En ce sens, la doctrine de Siger de Brabant nous paraît être le résultat normal d'un processus de restauration de l'aristotélisme, ou du moins d'un processus visant à mettre de la cohérence logique dans un système éclectique. Si l'âme est subsistante et spirituelle, créée, non tirée de la puissance de la matière, immortelle, et unie au corps par une relation provisoire, il est clair qu'elle doit être une substance séparée et unique. Telle fut la conclusion de Siger, et c'est à la lumière de cette thèse qu'on doit essayer maintenant de comprendre la notion d'« âme composée » dont parle la question I.

La « composition » dont il s'agit ne peut pas être une composition substantielle. Siger n'a jamais mis en question l'autonomie existentielle de l'intellect. Tout au plus a-t-il parlé d'une dépendance vis-à-vis du corps *dans l'ordre de l'opération*. C'est dans cet ordre que doit être comprise la composition. Par le fait d'entrer en relation avec les puissances sensitives d'un individu déterminé, l'âme intellective constitue avec elles un « tout opérationnel » qui peut être appelé « âme » du moment qu'il est principe d'opérations. Mais l'union ne dépasse jamais ce niveau ; il n'est jamais question d'unité substantielle. D'ailleurs, cette relation aux corps est essentielle à l'âme intellective si l'on se place au point de vue de l'espèce humaine ou des individus pris d'une façon indéterminée. L'union avec un individu concret est seulement accidentelle. L'individu ne peut jamais « s'approprier » l'intellect, car alors ce dernier deviendrait « corpus vel virtus in corpore ». Mais si l'intellect n'est pas « propre » à chaque homme, il ne peut pas être dit « forme » de l'individu. Nous pensons que pour Siger la seule forme substantielle véritable de l'homme est l'âme végétativo-sensitive, laquelle réunit dans une notion simple les deux puissances inférieures. L'intellect garde toujours sa nature de substance séparée, ne constituant avec l'individu qu'un « tout » opérationnel qui n'affecte en rien son autonomie ontologique. L'« âme composée » est l'expression de ce complexe établi en fonction de l'accomplissement de l'acte intellectif.

B. Nardi, sur la base du texte de la question I, avait exprimé ses doutes sur la véritable pensée de Siger, faisant aussi un appel à la prudence : « si debba andare molto cauti prima di affirmare che, in quest'opera, il brabantino nega puramente e semplicemente che l'anima intellettiva sia *forma* dell'uomo. Questo è vero certamente dell'intelletto in sè, cioè in quanto separato e unico ; ma non pare possa esse più vero dell' intelletto in quanto è unito all'anima vegetativo-sensitiva... [1]. » Après un examen du texte complet des *Quaestiones in tertium De anima*, nous regrettons de devoir détruire l'espoir exprimé implicitement par le savant historien : l'intellect ne peut pas être appelé « forme » de l'homme, à moins de donner à ce terme un sens très équivoque. La notion d'âme composée ne dépasse pas l'ordre de l'union opérationnelle, complètement insuffisante pour faire de l'âme intellective une perfection « propre » de chaque individu. Nous ne pouvons non plus suivre B. Nardi quand il prétend établir un important parallélisme entre Siger et Albert le Grand : « tanto per l'uno come par l'altro, l'anima vegetativo-sensitiva e l'intelletto sono si strettamente uniti da costituire anch'essi *una sola sostanza*, che è l'anima razionale formata di due parti, di cui l'una viene *ab intrinseco*, l'altra *ab extrinseco*. La *sola* e fondamentale divergenza tra Sigieri e il maestro domenicano è questa : per il primo, l'intelletto che entra in noi dal di fuori, è, in se stesso, unico per tutta la specie umana ; per il secondo, invece, siffatta unità è assurda... [2]. » Nous reconnaissons qu'il existe entre Siger et Albert d'importants points de convergence, parmi lesquels la conception substantialiste de l'âme intellective occupe une place de premier ordre. Mais Siger n'affirme jamais que l'intellect et les puissances inférieures constituent *une même substance*. Bien au contraire, toute sa noétique s'oppose à l'union substantielle entre l'intellect et les individus. L'expression *anima composita* ne peut pas s'interpréter dans le sens voulu par B. Nardi, parce qu'elle ne désigne pas *une substance complexe*, mais un composé opérationnel de *deux substances*.

On pourrait nous objecter que, pour Albert aussi, l'homme est un composé de deux substances, dont l'unc est l'âme

1. B. Nardi, *Studi di Filosofia Medievale...* (1960), p. 161 *(nous soulignons)*.
2. B. Nardi, *op. cit.*, p. 160 *(nous soulignons)*.

intellective, et l'autre, le corps actualisé par la forme de corporéité[1]. Oui, mais ces deux substances sont *propres* à chaque individu et concourent toutes les deux à la constitution de cette *substance complexe* appelée homme. En ce sens, nous trouvons chez Albert un dualisme anthropologique. Chez Siger, en revanche, l'homme est un composé de matière et de forme végétativo-sensitive, cette dernière étant le seul principe d'actualité de ce composé. Siger – comme Averroès – sauvegarde l'unité de l'homme. Mais cette réalité hylémorphique est en relation opérationnelle avec une substance séparée, éternelle et unique pour toute l'espèce, avec laquelle elle ne constitue pas une *substance complexe* (l'union substantielle étant exclue), mais simplement un composé accidentel (du point de vue de la relation avec l'individu concret) n'ayant d'autre but que l'accomplissement de l'acte intellectif. La substance séparée ne peut pas être dite quelque chose de propre à l'individu, et en ce sens nous ne pouvons pas parler de dualisme *anthropologique* chez Siger. Son dualisme est d'une tout autre nature. Il se place plutôt sur un plan métaphysique ou gnoséologique : l'homme, réalité unitaire, la plus parfaite des créatures hylémorphiques, est en rapport avec l'ordre métaphysique des substances séparées, auquel il prend part d'une façon très humble en fournissant les matériaux de travail à la plus faible de ces substances. Telle est la plus haute dignité à laquelle peut aspirer l'homme. Dans l'acte d'intellection, il participe à l'ordre des réalités supérieures ou, si l'on veut : l'ordre des réalités métaphysiques, dans l'acte de penser, se rend présent dans l'homme. Mais l'homme ne parvient jamais à s'approprier substantiellement cette présence. Les individus ne sont que des « moments » dans un procès éternel au cours duquel l'intellect renouvelle constamment son rapport opérationnel avec les individus d'une espèce également éternelle. Le dilemme « immanence ou transcendance » de l'intellect, qui a préoccupé l'école aristotélicienne dès ses débuts, est

1. Nous avons soutenu cette opinion dans notre article « Pluralisme de formes ou dualisme de substances... » (1969), p. 65.

résolu franchement par Siger en faveur de la transcendance. L'immanence de fait qui affecte l'intellect dans son rapport opérationnel avec les individus ne suffit pas pour mettre en question sa transcendance de nature. L'intellect opère en nous ; il ne nous appartient pas [1].

1. Cette conclusion nous empêche de suivre F. Van Steenberghen quand il affirme que « l'être humain est constitué de deux substances : une substance corporelle vivifiée par une âme végétativo-sensitive et une substance spirituelle qui est commune à tous les hommes » (*Siger*... II, p. 631). Cette façon de s'exprimer est aussi équivoque que celle qui, renversant la perspective, prétendait affirmer que « l'intellect est constitué de deux substances : une substance spirituelle éternelle et une substance corporelle corruptible qui fournit les images ». Le tout opérationnel constitué par l'intellect et l'individu n'est pas une substance complexe ; il laisse intacte la distance ontologique qui sépare les deux réalités qui le constituent. La notion d'âme composée n'exprime que la coïncidence de deux réalités dans l'ordre de l'action. Et pour comprendre cette expression nous sommes, cette fois-ci, en plein accord avec le professeur de Louvain : « l'âme intellective de Siger n'est donc pas plus âme au sens propre que l'intellect d'Averroès. Si notre philosophe emploie volontiers le terme âme, c'est sans doute pour se conformer plus fidèlement à la lettre d'Aristote » (*ibid.*, p. 631, n. 1).

Chapitre III

Quelques aspects de l'intellect considéré en lui-même sans rapport aux individus

1. L'intellect se connaît lui-même

L'intellect, étant une substance séparée, est susceptible d'une double considération : ou bien on le considère dans son rapport opérationnel avec les individus, ou bien dans sa nature même de substance spirituelle, en dehors de toute relation avec nous. Si l'on se place dans cette dernière perspective, l'intellect apparaît toujours comme une substance douée de deux facultés, l'une réceptive, l'autre active. Entre ces deux puissances, il y a une relation éternelle par laquelle le principe réceptif connaît le principe actif incessamment et sans répit. L'intellect est donc toujours présent à lui-même, dans un acte d'autoconscience éternel. C'est à cet intellect réceptif, dans sa relation de connaissance vis-à-vis de l'intellect actif, que fait allusion Aristote dans le célèbre passage : « et on ne peut pas dire que cet intellect tantôt pense et tantôt ne pense pas [1]. »

Mais dans cet acte de connaissance l'intellect réceptif ne communique pas avec les hommes. En effet, l'union entre l'intellect et les individus ne se fait que par l'intermédiaire des

1. Siger de Brabant, *Quaestiones in tertium De anima*, q. 13, p. 44-45, lin. 27-44 ; à noter : « intellectus noster possibilis intellectum agentem potest intelligere, sed secundum actionem istam non continuatur nobis [...] prout est substantia separata, in se habet intellectum possibilem et agentem [...] tota anima rationalis se ipsam intelligit receptive per possibilem, active per agentem [...] intellectus possibilis per conversionem eius ad agentem neque aliquando intelligit, aliquando non intelligit, sed semper. » *Cf.* Aristote, *De anima*, III, 5, 430 a 22, voir *supra*, n. 1, p. 44.

images. Or la connaissance que l'intellect réceptif a de l'intellect agent ne se fait pas par intermédiaire ; au contraire, c'est une connaissance immédiate, une véritable intuition, claire et distincte (limpide), dans laquelle nous n'entrons pas, si bien que le mode concret de cet acte nous échappe [1]. Le fondement de cette intuition est que l'intellect réceptif et l'intellect actif sont unis dans une même substance intelligente, consciente de soi.

Le fait que nous ne participions pas à cette intuition donne à Siger un argument très important en faveur de sa thèse centrale : « Si intellectus nobis copularetur per suam substantiam, quaecumque actu unirentur in intellectu, etiam nobis unirentur [...] Cum igitur intellectus possibilis secundum actionem illam, secundum quam intellectum agentem intelligit, non continuetur nobis, manifestum est quod intellectus noster non est perfectio corporis secundum suam substantiam, sed solum secundum operationem [2]. »

1. Siger de Brabant, *Quaestiones in tertium De anima*, q. 13, p. 45-46, lin. 50-64 ; à noter : « neque intellectus possibilis, nec intellectus agens nobis copulatur nisi per intentiones imaginatas ; intellectus autem possibilis agentem non intelligit per intentiones ; propter hoc dico quod intellectus possibilis ipsum potest et limpide potest intueri, cum sit in substantia idem cum ipso, sed secundum istam actionem nobis <non> continuatur. » On retrouve les mêmes idées chez Averroès, cf, *supra*, n. 5, p. 158 et 1 p. 159.

2. *Ibid.*, q. 13, p. 46, lin. 66-74. On peut trouver une doctrine très semblable chez Jean de Jandun, qui pourtant exprime l'espoir que l'homme pourra avoir part à cet acte à la fin de sa vie (cf. *In De anima*, Venetiis, 1587, III, q. 30, col. 386-387). La thèse de Jean de Jandun est plus fidèle à Averroès, pour qui l'homme peut accéder à la connaissance que l'intellect matériel a de l'intellect agent, « sed non in primo copulatur nobiscum ex hoc modo, sed in postremo, quando perficitur generatio intellectus qui est in habitu » (*In De anima*, III, 20, p. 450, l. 202-204, éd. Crawford). [J.-B. Brenet, *Transferts du sujet. La noétique d'Averroès selon Jean de Jandun*, Paris, Vrin, 2003, a montré (p. 376-380) que, pour Jean de Jandun, on peut arriver à penser les intellects séparés inimaginables en nous appuyant sur les images des leurs effets, à savoir le mouvement ; il a montré aussi (p. 380 *sq.*) que l'intellect matériel pense éternellement l'intellect agent par une même et seule intellection, indépendamment des images. Le premier type de connaissance rappelle les seules preuves a posteriori que Thomas d'Aquin offre de l'existence des anges ; le deuxième dépend évidemment de la doctrine de Siger.]

2. *Receptio, factio, abstractio*

Nous avons laissé pour la fin l'analyse d'un passage de la question 14 qui présente certaines difficultés au lecteur. Voici le texte : « Dico ergo quod ad intelligere nostrum requiritur *receptio* intelligibilium abstractorum universalium cum *factione* eorum et etiam *abstractio* eorumdem, cum prius fuerunt intentiones imaginatae. *Duo prima*, scilicet receptio intelligibilium cum factione eorum, ista dico *sufficere ad naturam intellectus in se*, sed *tertium*, scilicet abstractio intelligibilium, cum prius fuerunt intentiones imaginatae, *requiritur propter continuitatem intellectus nobiscum* [1]. » Plusieurs problèmes se posent tout naturellement : quelle est la différence entre ces trois opérations, particulièrement entre *factio* et *abstractio* ? Quelle est cette réalité appelée *intellectus in se* ? La réponse à ces questions doit être cherchée dans le commentaire d'Averroès. Tandis qu'il fait l'exégèse des premières lignes de *De anima* III, 5, le maître arabe soutient que dans l'âme, comme dans n'importe quel genre d'êtres naturels, on doit trouver *trois* « différences » : *agens scilicet et patiens et factum* [2]. En effet, dit Averroès, dans l'intellect on distingue *trois parties* : l'une dont le propre est de devenir toutes les chose moyennant leur *réception* et assimilation ; une deuxième dont le propre est de *connaître* toutes les choses de façon actuelle, parce qu'elle est intellect en acte ; une troisième dont la fonction consiste *à faire* intelligibles en acte les intelligibles en puissance [3]. La première est l'intellect matériel considéré comme pure puissance réceptive ; la

1. *Quaestiones in tertium De anima*, q. 14, p. 48-49, lin. 64-70. Voir aussi *supra*, n. 1, p. 179, et 3, p. 224.

2. Averroès, *In De anima*, III, 17, p. 436, lin. 18.

3. *Ibid.*, III, 18, p. 437, lin. 8-18 : « Et cum necesse est inveniri in parte anime que dicitur intellectus istas *tres differentias*, necesse est ut in ea sit pars que dicitur intellectus secundum quod efficitur omne modo similitudinis et receptionis, et quod in ea sit etiam secunda pars que dicitur intellectus secundum quod facit istum intellectum qui est in potentia intelligere omnia in actu (causa enim propter quam facit intellectum qui est in potentia intelligere omnia in actu nichil aliud est nisi quia sit in actu ; hoc enim, quia est in actu, est causa ut intelligat in actu omnia), et quod in ea etiam sit tertia pars que dicitur intellectus secundum quod facit omne intellectum in potentia esse intellectum in actu. »

deuxième est cet intellect matériel pour autant qu'il est actualisé par les intelligibles *(intellectus in habitu)* ; la troisième est l'intellect agent *(intelligentia agens)* [1]. L'intellect habituel correspond donc à l'*intellectus factus*, et n'est qu'un état de l'intellect matériel. La *factio* dont parle Siger n'est par conséquent que la possession effective des intelligés (l'*habitus*), qui *fait connaître* les intelligés par l'intellect matériel. Autrement dit, la *factio* permet l'intellection en acte, opération propre à l'intellect matériel, et elle doit être distinguée de la réception des intelligibles [2]. Toutes les deux sont des opérations immanentes à l'intellect matériel, et tel est le sens qu'il faut attribuer peut-être à l'expression de Siger : « ista dico sufficere ad naturam intellectus in se. » Mais ces opérations supposent et s'appuient sur l'*abstractio* ; c'est celle-ci qui rend possible la réception et par conséquent la constitution de l'intellect (matériel) en acte. Si l'on tient compte du fait que la considération actuelle de l'intelligible n'est qu'un acte terminal dans lequel l'intellect matériel parvient à son degré d'actualité le plus parfait dans la ligne de la réceptivité *(intellectus factus)*, on peut dire que les actions de l'intellect peuvent se réduire à deux : la *réception* (avec ses deux degrés, l'acte initial et l'acte terminal) et l'*abstraction* (qui est le fondement de la première et sa condition nécessaire). Siger et Averroès sont d'accord là-dessus [3].

La réception et l'intellection en acte (fonctions de l'intellect matériel) sont donc subordonnées à l'abstraction (fonction

1. Averroès, *In De anima*, III, 18, p. 438, lin. 21-31.

2. La réception et la considération actuelle se distinguent comme l'acte *initial* et l'acte *ultime* de l'intellect matériel. Cette différence est parallèle à celle qui existe entre la *species impressa* et la *species expressa* de l'intelligence : la première est *intelligible* en acte ; la deuxième, *intelligée* en acte. *Cf.* J. Maritain, *Les Degrés du savoir*... (1959[6]), p. 226-228. [Thomas d'Aquin parle plutôt de la *species intelligibilis* et du *verbum* comme étant le *principium* et le *terminus* de l'intellection, respectivement.]

3. Averroes, *In de anima*, III, 18, p. 439, lin. 71-76 : « Et fuit necesse attribuere has *duas* actiones anima in nobis, sc. *recipere* intellectum et *facere* eum, quamvis agens et recipiens sint substantie eterne, propter hoc quia hee *due actiones* reducte sunt ad nostram voluntatem, scilicet *abstrahere* intellecta et *intelligere* ea. » *Cf.* Siger de Brabant, *Quaestiones in tertium De anima*, q. 14, p. 50, lin. 14-16 : « Et similiter anima rationalis *duo* facit : *agit* enim rationes rerum intelligendi universales et *postmodum recipit* illas et *intelligit* eas. »

de l'intellect agent). Ce que nous venons de dire, et ce que nous avons exposé au début de ce chapitre[1], nous empêchent d'accepter une étrange théorie soutenue par G. Da Palma. Analysant un texte de la question 12 de nos *Quaestiones*[2], cet auteur affirme qu'entre Siger et Thomas existe une différence importante, à savoir que, pour l'Aquinate, la spontanéité et l'initiative par rapport à l'intelligible correspond à l'intellect agent, tandis que pour Siger cette spontanéité revient à l'intellect réceptif[3]. Nous croyons que l'interprétation de l'historien italien est excessive. Siger ne veut pas dire que l'intellect réceptif a une quelconque activité abstractive, capable de conférer à l'intelligible en puissance l'intelligibilité en acte. Cette activité abstractive est toujours fonction de l'intellect agent. Tout ce que Siger affirme, c'est que l'intellect réceptif est capable de connaître en acte les intelligibles quand ils lui sont offerts (et on doit sous-entendre : par l'intellect agent, comme G. Da Palma lui-même l'indique par la correction conjecturale qu'il propose au texte de Siger). En effet, l'intellection en acte, nous

1. Cf. *supra*, n. 1, p. 176, 1, p. 177 et 1, p. 179.

2. *Quaestiones in tertium De anima*, q. 12, p. 40, lin. 14-27 : « Dico et credo quod intellectui nostro non est innata aliqua cognitio intelligibilium, sed est in pura potentia ad omnia intelligibilia, nullius habens innatam cognitionem, sed ex phantasmatibus intelligit quidquid intelligit. Cum autem exit de potentia intelligendi ad actum, hoc non est quia intelligibilium aliquorum sit ei innata cognitio, sed hoc est quia intellectus a suo factore vel a natura sua habuit potentiam naturalem qua cognoscens est naturam omnium intelligibilium cum sibi offeruntur. Et ista potentia est intellectus materialis sive possibilis. Oblatio autem intelligibilium fit per intentiones imaginatas et per intellectum agentem (*leg. cum* Da Palma ; actum intelligentem *cod*). Unde actu intellecta intellectum materialem in actu faciunt. Intelligas tamen quod intellectus possibilis non est <naturae> materialis ad comprehensionem intelligibilium, quia plus aguntur intelligibilia ab intellectu quam agatur <intellectus> ab intelligibilibus. »

3. G. Da Palma, « Le origine delle idee... » (1955), p. 298 : « Quantunque ordinato a riceverli, pure tale potere conoscitivo naturale non è privo di spontaneità e di iniziativa rispetto agli intelligibili : "plus aguntur intelligibilia ab intellectu quam agatur intellectus ab intelligibilibus" ; "... plus videtur intellectus movere intelligibilia quam moveri ab intelligibilibus" ; "... intellectus est species activa specierum". In S. Tommaso, invece, è particolarmente l'intelletto attivo che si presenta dotato di spontaneità, tanto che si è caratterizzata la teoria tomista dell'intelletto agente come un'autentica teoria della spontaneità intellettuale. »

venons de le voir, est une fonction de l'intellect réceptif qui considère les intelligibles acquis à partir des images sous l'action de l'intellect agent. C'est à la puissance active de cette substance intellectuelle séparée que reviennent la spontanéité et l'initiative par rapport aux intelligibles. En ce sens, les textes cités par G. Da Palma doivent être interprétés comme faisant allusion à l'intellect tout entier *(simpliciter)* et non pas, comme il le veut, à la puissance réceptive. La doctrine de Siger est très claire sur ce point : « per possibilem intelligit anima rationalis intelligibilia, per agentem vero causat actu intellecta [1]. » Sur ce point, l'accord entre Siger et Thomas est complet [2].

Mais G. Da Palma croit trouver une nouvelle opposition entre les deux maîtres. Cette fois, il s'agit du rôle des premiers principes : selon l'historien italien ces principes seraient, dans la noétique de Siger, les instruments de l'intellect réceptif, tandis que, pour Thomas, ils sont les instruments de l'intellect agent [3]. Évidemment, cette opinion de G. Da Palma suppose la théorie déjà exposée concernant le pouvoir actif de l'intellect réceptif. Bien que cette théorie se soit révélée sans fondement – et cela pourrait suffire pour invalider la deuxième opinion de G. Da Palma – nous voulons néanmoins examiner les textes sur lesquels il s'appuie. Voici le passage qui lui sert de point de départ : « Alii dicunt, et videtur esse positio Alberti, quod intellectui nostro est innata aliqua cognitio ut scilicet primorum principiorum, quae neminem latent, ut puta de quolibet affirmatio vel negatio et similia, non quod ipsa sint intellectus agens, sed sunt instrumenta intellectus agentis, per quae educit

1. *Quaestiones in tertium De anima*, q. 14, p. 50, lin. 21-22. Cf. *supra*, p. 176, n. 1 (« possibilis tamquam *recipiens*, agens autem tamquam *efficiens*) ; p. 177, n. 1 (« intellectus agens intelligibilia universalia abstracta actu facit in intellectu possibili ») ; p. 179, n. 2 (« virtus eius recipiens intelligibilia, *sc.* possibilis intellectus, et virtus eius, *sc.* intellectus agens, *causans* intellecta ») ; q. 14, p. 53, lin. 3-10 (« in natura intellectus est quod ipse *recipiat* intentiones imaginatas per partem sui, quae dicitur intellectus possibilis, et quod actu *agat* illas intelligibiles per partem suam, quae dicitur intellectus agens ») et *passim*.

2. Les textes de Thomas utilisés par G. Da Palma confirment notre affirmation. *Cf.* en particulier *Q. de anima*, a. 5 [éd. Léonine, t. XXIV, 1 (1996), p. 42, lin. 202-205]

3. G. Da Palma, *op. cit.*, p. 298 : « Per Sigieri i primi principi sono strumenti dell'intelletto possibile. »

intellectum possibilem ad actum. Sed ista positio non valet. Si enim intellectus agens habeat instrumentum, hoc videtur esse intentiones imaginatae magis quam aliud [1]. »

Ce que Siger reproche à Albert, ce n'est pas d'avoir fait des premiers principes les instruments de l'intellect agent, mais d'avoir affirmé qu'ils sont innés (car tel est le problème qui l'occupe dans cette question). D'autre part, Siger souligne que les images sont les instruments de l'intellect agent, *plutôt* que les premiers principes. Pourquoi en est-il ainsi ? Parce que les premiers principes, comme tous les autres intelligibles, sont *acquis* à partir des images, et pour cette raison c'est à elles que revient en premier lieu le rôle d'instruments. Bien entendu, ces premiers principes sont les premières vérités auxquelles accède l'intellect, et ils deviennent, par après, les instruments pour accéder à de nouvelles vérités. Mais, dans tous les cas, l'activité abstractive (celle qui permet de connaître les principes, et celle qui, avec eux, ouvre l'intelligibilité du réel) est l'attribut de l'intellect agent, véritable principe de spontanéité de l'intelligence [2]. En ce sens, les premiers principes sont les instruments de l'intellect agent, et l'accord avec Thomas doit être rétabli [3].

1. *Quaestiones in tertium De anima*, q. 12, p. 39, lin. 2-8.

2. *Ibid.*, q. 12, p. 42, lin. 76-83 : « ... dicendum quod sunt habita naturaliter (prima principia), non quia ipsa sunt innata intellectui, immo facta sunt sicut et alia ; facilius tamen facta et sunt instrumenta ad alia facienda, sicut patet in fabro, qui utitur quibusdam instrumentis ad alia facienda et tamen ipsa similiter facta sunt ; similiter ab unoquoque nostrum dicuntur esse habita aliqua naturaliter pro tanto, quia ipsa sunt manifestissima intellectui, et ideo intellectus potest cito facere ea et illis mediantibus alia facere. »

3. Saint Thomas, *Q. de anima*, q. 5, [cf. éd. Léonine, t. XXIV, 1 (1996), p. 43, lin. 250-260] : « Quidam vero crediderunt intellectum agentem non esse aliud quam habitum principiorum indemonstrabilium in nobis. Sed hoc esse non potest, quia etiam ipsa principia indemonstrabilia cognoscimus abstrahendo a singularibus, ut docet Philosophus in fine *Posteriorum*. Unde oportet praeexistere intellectum agentem habitui principiorum, sicut causam ipsius. Ipsa vero principia comparantur ad intellectum agentem ut instrumenta quaedam eius, quia per ea facit alia intelligibilia esse actu. » Comme nous le voyons, Thomas critique aussi ceux qui voient dans les premiers principes des vérités innées. Le parallélisme entre ce texte de Thomas et celui de Siger est très important, et il permet de voir que les deux maîtres ont la même préoccupation (nous utilisons les *Q. de anima*, car c'est le texte que G. Da Palma a en vue).

Conclusion

Dans la longue liste de commentateurs du *Traité de l'âme*, Siger se range parmi les partisans de la transcendance de l'intellect par rapport aux individus. Les *Quaestiones in tertium De anima* montrent qu'à son stade initial le maître brabançon est un disciple d'Averroès, du moins en ce qui concerne le problème de la nature de l'intellect. Les doctrines noétiques du philosophe de Cordoue sont assumées dans les points fondamentaux, mais la conscience critique du jeune Siger est très aiguë. Le résultat global est un exposé d'une grande solidité, en dépit de certaines défaillances dans la compréhension de son modèle.

Si l'on veut caractériser l'effort de Siger on doit le faire par sa recherche constante de la cohérence. Son but est de constituer un système sans fissures internes, et la loi qui préside à sa constitution est la métaphysique d'Aristote. C'est peut-être cette fidélité à la cohérence interne qui le pousse dans la voie d'une exégèse qui contredit l'expérience quotidienne de ce fait le plus immédiat : la possession d'une pensée personnelle et d'un principe personnel de la connaissance. Pour être vraiment source de connaissance universelle – dit Siger – l'intellect ne peut pas s'unir substantiellement à la matière ; il doit en être séparé ; par conséquent il est unique pour toute l'espèce humaine. C'est donc bien sa noblesse *(nobilitas eius)* qui l'empêche d'être uni à l'ordre des réalités matérielles par une relation transcendantale comme celle qui existe entre la matière et la forme. Siger, en effet, et ceci doit être remarqué, a très bien compris l'hylémorphisme d'Aristote et les difficultés qui en découlent pour ce qui concerne l'intellect (le problème noétique). À la différence des maîtres de la première moitié du siècle, Siger ne tombe pas dans l'incohérence consistant à dire que l'âme intellective est une substance spirituelle, unie néanmoins avec le corps comme la forme à la matière. Cet éclectisme est inacceptable pour lui. C'est parce qu'il comprend les exigences de l'hylémorphisme aristotélicien et les exigences de la spiritualité de l'intellect qu'il s'est vu obligé de briser la relation entre l'âme et le νοῦς. Le problème noétique, la vieille antinomie latente dans le système d'Aristote, est résolu par l'affirmation nette de la transcendance de l'intellect. Celui-ci ne pourra être appelé « âme » que d'une façon équivoque. C'est l'âme sensitive douée d'imagination qui joue dans l'homme le rôle de forme substantielle.

L'intellect et les individus appartiennent à deux ordres différents de la réalité, séparés par les exigences de leurs propres natures, et néanmoins unis par des liens opérationnels dans l'accomplissement de l'acte de connaître. Car l'intellect est bien une substance spirituelle complète (*essentiam suam habens, esse habet in se*), tandis que l'homme est une autre substance complète hylémorphique. Ces deux ordres s'opposent comme l'éternel au corruptible. Mais tous les deux sont finis, car l'intellect, tout en étant ingénérable et incorruptible, est suspendu à un acte libre qui lui donne l'être. La notion de création et l'affirmation d'une causalité transcendantale et absolue de Dieu rendent inassimilable la métaphysique de Siger à celle d'Aristote. La présence de cette causalité fonde la finitude de tout être distinct de l'Acte premier, car même les substances spirituelles ont une cause de leur éternité et de leur nécessité. Puisque l'ordre de la causalité transcendantale dépend d'une volonté insondable par la raison naturelle, beaucoup de problèmes concernant l'origine de l'intellect et du monde ne peuvent pas être résolus de façon définitive. Tel est le fondement dernier des limites du travail philosophique.

La « distance » métaphysique entre Dieu et les créatures se traduit par l'exigence d'une composition dans ces dernières. La composition est le signe de la finitude ; elle indique que tout être fini est composé d'acte et de puissance, par opposition à la simplicité de Dieu, Acte pur. Mais Siger n'est pas un partisan de l'hylémorphisme universel. N'acceptant pas, d'autre part, la composition réelle d'*essentia* et d'*esse*, il s'est vu contraint de postuler pour les substances spirituelles un type de composition qui se maintient toujours sur le plan des perfections formelles, dont l'une joue par rapport à l'autre le rôle que l'acte joue par rapport à la puissance.

Dans le cas de l'intellect « humain » cette potentialité se manifeste par une intentionnalité orientée naturellement vers les formes contenues dans les images sensibles, ce qui établit entre l'intellect et les individus une relation opérationnelle en vue de l'exercice de la pensée. C'est donc par le fait d'avoir des images appropriées à l'intellect que les hommes prennent part à l'ordre de l'intellect et des réalités spirituelles. L'intentionnalité de l'intellect est une propriété de sa nature, et si l'on tient compte que l'espèce humaine est éternelle, on peut conclure que jamais l'intellect ne revêt les conditions d'une substance séparée. Il est toujours lié aux individus, mais l'union avec un homme concret est accidentelle, si l'on se place dans la perspective de l'éternité de l'intellect et de l'espèce.

Mais si Siger s'efforce de souligner la transcendance de l'intellect (la rupture entre l'âme et le νοῦς est pleinement accomplie), il n'est pas moins vrai qu'il essaie *a posteriori* d'expliquer et de justifier l'immanence de l'intellect ; immanence de fait, bien entendu, par laquelle chaque individu participe à l'acte de penser. Dans la poursuite de cet objectif il se rallie à la thèse averroïste de l'union par l'intermédiaire des images, bien qu'il éprouve vivement les difficultés et les ambiguïtés de cette doctrine. *Dans ces conditions on peut qualifier d'averroïste la noétique du stade initial de Siger*.

Quoi qu'il en soit, l'homme ne se réduit pas au rôle de fournisseur d'images ; il a aussi l'expérience personnelle de la pensée qui s'accomplit en lui et il a également conscience des principes réceptif et actif qui rendent possible l'exercice de la pensée. Mais cette immanence de fait ne suffit pas pour que l'intellect devienne quelque chose de « propre » à chaque homme. La métaphysique d'Aristote interdit d'affirmer la multiplication numérique et le caractère personnel de l'intellect : *sic esset virtus in corpore*.

L'intention fondamentale de Siger a été de sauvegarder la nature spirituelle de l'intellect. N'ayant pas compris, ou n'acceptant pas la doctrine de l'émergence de la forme, il s'est vu obligé de rejeter la solution thomiste sur la base du principe : *potentia non potest esse simplicior sua substantia*.

Les *Quaestiones in tertium De anima* sont un travail purement philosophique ; toutes les antinomies du système d'Aristote y sont reprises, et elles sont résolues à la lumière des plus strictes exigences de la métaphysique. En ce sens Siger est un témoin lucide des apories internes de la noétique du Stagirite. Les préoccupations de l'ordre de la foi ne font pas encore leur entrée en scène. Elles le feront au stade postérieur, pour montrer d'une façon plus nette la crise de conscience d'un grand penseur chrétien, pris dans la plus difficile des options : la fidélité à sa foi ou la fidélité à la philosophie qu'il a embrassée comme sa forme de vie.

Bibliographie

Ouvrages cités, publiés avant 1972

ALEXANDRE D'APHRODISE [1887], *De anima*, in *Alexandri Aphrodisiensis Praeter commentaria scripta minora : De anima liber cum Mantissa*, *Supplementum Aristotelicum* II, 1, éd. I. BRUNS, Berlin, G. Reimer.

ALONSO, M. [1947], *La Teología de Averroes*, Madrid, Consejo Superior De Investigaciones Científicas, Instituto « Miguel Asín », Escuelas De Estudios Arabes De Madrid y Granada.

ANAWATI, G.C. [1960], *La Destinée de l'homme dans la philosophie d'Avicenne,* in *L'Homme et son destin d'après les penseurs du Moyen Âge*. Actes du Ier Congrès international de philosophie médiévale, Louvain-Bruxelles, 28 août-4 septembre 1958, Louvain, Éd. Nauwelaerts-Paris, Béatrice-Nauwelaerts, 1960, p. 257-266.

ARISTOTE [1831], *Aristotelis Opera, t. I-II: Aristoteles graece.* Ex recensione IMM. BEKKERI, edidit Academia Regia Borusica, Berlin, Reimer.

ARISTOTE [1933], *Métaphysique*, trad. nouvelle et notes par J. TRICOT, Paris, Vrin.

ARISTOTE [1961], *The Metaphysics*, Greek text with an English translation by H. TREDENNICK, London-Cambridge Mass., W. Heinemann-Harvard University Press.

ARISTOTE [1949], *Traité Du ciel, suivi du traité pseudo-aristotélicien Du monde*, trad. et notes par J. TRICOT, Paris, Vrin.

ARISTOTE [1952, 2e éd.], *Physique*, 2 vol., texte établi et trad. Par H. CARTERON, Paris, Les Belles Lettres.

ARISTOTE [1959 éd. nouvelle], *De l'âme*, trad. et notes par J. TRICOT, Paris, Vrin.

ARISTOTE [1907], *Aristotle. De anima*, trad. R.D. HICKS, Cambridge, CUP.

ARISTOTE, [1957], *On the Soul. Parva naturalia. On Breath*, trad. W.S. HETT, Cambridge, Harvard University Press, Loeb Classical Library.

ARISTOTE [1961], *La Génération des animaux*, trad. P. LOUIS, Paris, Les Belles Lettres (CUF).

AUGUSTIN D'HIPPONE [1956, 2e éd.], *De Trinitate*, texte latin et trad. espagnole, introduction et notes par Fr. Luis ARIAS, O.S.A., dans *Obras Completas*, t. V, Madrid, Biblioteca de autores cristianos.

AUGUSTIN D'HIPPONE [1957], *De Genesi contra Manichaeos*, tete latin et trad. par Fr. Balbino MARTIN, O.S.A., dans *Obras completas*, t. XV, Madrid, Biblioteca de autores cristianos.

AVERROES [1949], *In De memoria et reminiscentia*, éd. E.L. SHIELDS, *Compendia Librorum Aristotelis qui Parva Naturalia vocantur* (Corpus Commentariorum Averrois in Aristotelem, Versio Latina VII), Cambridge (Mass.), The Mediaeval Academy of America, 1949.

AVERROÈS [1953], *Commentarium Magnum in Aristotelis De anima libros,* éd. F.S. CRAWFORD (Corpus Commentariorum Averrois in Aristotelem. Versio Latina VI/1), Cambridge (Mass.), The Mediaeval Academy of America.

AVICENNE [1951], *Livre des directives et remarques*, trad. avec introd. et notes par A.-M. GOICHON, Beyrouth, Commission internationale pour la traduction des chefs-d'œuvre - Paris, Vrin (« Collection d'œuvres arabes de l'Unesco »).

AVICENNE [1958], *Le Livre de science (Dānesh-nāme)* II, traduit du persan par M. ACHENA et H. MASSÉ, Paris, Les Belles Lettres.

AVICENNE [1968-1972], *Liber De anima seu Sextus de naturalibus*, éd. S. VAN RIET, « Introduction » par G. VERBEKE, Louvain, Peeters - Leiden, Brill, 2 vol.

BARBOTIN, É. [1954], *La Théorie aristotélicienne de l'intellect d'après Théophraste*, Louvain, Publications universitaires - Paris, Vrin.

BAZÁN, B.C. [1967], *Autour de la controverse sur la nature de l'âme au XIIIe siècle*, thèse de doctorat, Université catholique de Louvain.

BAZÁN, B.C. [1969], « Pluralisme de formes ou dualisme de substances ? La pensée pré-thomiste touchant la nature de l'âme », *Revue philosophique de Louvain*, 3e série, t. 67, no 93.

BOÈCE DE DACIE [1954], *De Aeternitate mundi*, éd. G. SAJÓ [1954], *Un traité récemment découvert de Boèce de Dacie : 'De aeternitate mundi'. Texte inédit avec une introduction critique, avec en Appendice un texte inédit de Siger de Brabant, 'Super VIo Metaphysicae'*, Budapest, Akadémiai Kiado.

CHAIX-RUY, J. [1960], *L'Homme selon Avicenne*, in *L'Homme et son destin d'après les penseurs du Moyen Âge*. Actes du Ier Congrès international de philosophie médiévale, Louvain-Bruxelles, 28 août-4 septembre 1958, Louvain, Éd. Nauwelaerts-Paris, Béatrice-Nauwelaerts, 1960, p. 243-255.

CHOSSAT, M. [1914], « Saint Thomas d'Aquin et Siger de Brabant », *Revue de philosophie*, 24, p. 553-575 et 25, 25-52.

CORBIN, H. [1954], *Avicenne et le récit visionnaire, t. II, Le Récit de Ḥayy ibn Yaqẓān*. Texte arabe, version et commentaire en persan attribués à JUZJANI, trad. fr., notes et gloses, Téhéran, Institut franco-iranien - Paris, Adrien-Maisonneuve.

CORBIN, H. [1964], *Histoire de la philosophie islamique*, Paris, Gallimard.

DA PALMA, G. [1954], « L'immaterialità dell'anima intellettiva in Sigieri di Brabante », *Collectanea Franciscana*, 24, p. 285-302.

DA PALMA, G. [1955], « L'eternità dell'intelletto in Aristotele secondo Sigieri di Brabante », *Collectanea Franciscana*, 25, p. 397-412.

DA PALMA, G. [1955], *La dottrina sull'unita' dell'intelletto in Sigieri di Brabante*, Padova, Casa Editrice Dott. Antonio Milani (CEDAM).

DA PALMA, G. [1955], « L'origine delle idee secondo Sigieri di Brabante », *Sophia*, 23, p. 289-299.

DA PALMA, G. [1958], « La conoscenza intellettuale del singulare corporeo secondo Sigieri di Brabante », *Sophia*, 26, p. 62-74.

DE CORTE, M. [1932], « Themistius et saint Thomas d'Aquin », *AHDLMA*, 1 (1932), p. 47-83.

De Corte, M. [1934], *La Doctrine de l'intelligence chez Aristote. Essai d'exégèse*, Paris, Vrin (Bibliothèque de la faculté de philosophie et lettres de l'université de Liège).

Denifle, H. et Chatelain, A. [1889], *Chartularium Universitatis Parisiensis*, vol. I, Paris, Delalain.

Dondaine, A. et Bataillon, L.-J. [1966], « Le manuscrit Vindob. lat. 2230 et Siger de Brabant », *Archivum Fratrum Praedicatorum*, 36, p. 153-261.

Duin, J.J. [1954], *La Doctrine de la Providence dans les écrits de Siger de* Brabant, Louvain, Publications universitaires - Paris, Éd. Béatrice-Nauwelaerts (coll. « Philosophes médiévaux », III).

Fabro, C. [1961], *Participation et causalité selon S. Thomas d'Aquin,* Publications universitaires de Louvain-Paris, Éd. Béatrice-Nauwelaerts.

Forest, A. (1956²), *La Structure métaphysique du concret selon saint Thomas d'Aquin,* Paris, Vrin.

Gardet, L. [1951 ; 2012²], *La Pensée religieuse d'Avicenne (Ibn Sīnā)*, Paris, Vrin (coll. « Études de philosophie médiévale, XLI »).

Giele, M., Van Steenberghen, F. et Bazán, B. [1971], *Trois commentaires anonymes sur le 'Traité de l'âme' d'Aristote*, Louvain, Publications universitaires-Paris, Éd. Béatrice-Nauwelaerts (coll. « Philosophes médiévaux », XI).

Gilson, É. [1929¹ ; 1949³ ; 2003⁵], *Introduction à l'étude de saint Augustin*, Paris, Vrin (coll. « Études de philosophie médiévale », XI).

Gilson, É. [1929], « Les sources gréco-arabes de l'augustinisme avicennisant », *AHDLMA*, 4, p. 5-158.

Gilson, É. [1939 ; 1953²], *Dante et la Philosophie*, Paris, Vrin (coll. « Études de philosophie médiévale », XXVIII).

Gilson, É. [1948], *L'Être et l'Essence*, Paris, Vrin (coll. « Textes philosophiques »).

Gilson, É. [1961], « Autour de Pomponazzi : problématique de l'immortalité de l'âme en Italie au début du xvie siècle », *AHDLMA*, 28, p. 163-279.

Goichon, A.-M. [1938], *Lexique de la langue philosophique d'Ibn Sīnā (Avicenne)*, Paris, Desclée de Brouwer.

GOICHON, A.-M. [1959], *Le Récit de Ḥayy ibn Yaqẓān commenté par des textes d'Avicenne*, Paris, Desclée de Brouwer.

JAEGER, W. [1923], *Aristoteles : Grundlegung einer Geschichte seiner Entwicklung*, Berlin, Weidmannsche Buchhandlung.

JEAN DAMASCÈNE [1955], *De fide orthodoxa, Versio Burgundionis*, éd. E.M. BUYTAERT, St. Bonaventure (N.Y.), The Franciscan Institute-Louvain, Nauwelaerts-Paderborn, F. Schöningh (Franciscan Institute Publications. Text Series, 8).

JEAN DE JANDUN [1587], *Super libros Aristotelis De anima*, Venice, H. Scot ; reproduction anastatique : Minerva GmbH, Frankfurt/Main, 1966.

JEAN DE LA ROCHELLE [1882], *Summa de anima*, éd. T. DOMENICHELLI, *La « Summa di anima » di frate Giovanni della Rochelle*, Prato. [Édition récente : G. BOUGEROL, *Jean de la Rochelle: Summa de anima*, texte critique avec introduction, notes et tables, Paris, Vrin, 1995].

JEAN PHILOPON [1966], *De anima*, éd. G. VERBEKE [1966], *Jean Philopon. Commentaire sur le 'De anima' d'Aristote. Traduction de Guillaume de Moerbeke. Édition critique avec une introduction sur la psychologie de Philopon*, Louvain, Publications universitaires-Paris, Éd. Béatrice-Nauwelaerts (Corpus Latinum Commentariorum in Aristotelem Graecorum, III).

JOLIVET, J. [1971], *L'Intellect selon Kindi*, Leyden, Brill Archive (Publications de la Fondation De Goeje, 22).

LOTTIN, O. (1942), *Psychologie et morale aux XIIe et XIIIe siècles, I. Problèmes de psychologie*, Louvain, Abbaye du Mont-César-Gembloux, Éd. J. Duculot.

MABILLEAU, L. [1881], *Étude historique sur la philosophie de la Renaissance en Italie (Cesare Cremonini)*, Paris, Librairie Hachette et Cie.

MANDONNET, P. [1911-1908, 2e éd., 2 vol.], *Siger de Brabant et l'averroïsme latin au XIIIe siècle* (Les Philosophes belges, VI-VII), Louvain, Institut supérieur de philosophie.

MARITAIN, J. (1959^6), *Distinguer pour unir, ou Les degrés du savoir*, Paris, Desclée de Brouwer.

MARLASCA, A. [1970], Siger de Brabant, *Quaestiones super librum De causis*, éd. A. MARLASCA, Louvain, Publications universitaires-

Paris, Éd. Béatrice-Nauwelaerts (coll. « Philosophes médiévaux », XII).

MORAUX, P. [1942], *Alexandre d'Aphrodise, exégète de la noétique d'Aristote*, Liège, Faculté de philosophie et lettres-Paris, Droz.

NAGY, A. [1897], « Die philosophischen Abhandlungen des Ja'qūb ben Ishāq Al-Kindī », *Beiträge zur Geschichte der Philosophie und Theologie des Mittelalters*, II, 5, p. 115-126.

NARDI, B. [1938], « L'averroismo di Sigieri e Dante », *Studi Danteschi*, 22, p. 83-113.

NARDI, B. [1943], « Due opere sconoscuite di Sigieri di Brabante », *Giornale critico della Filosofia italiana*, 24, p. 1-27, reproduit dans NARDI, B. [1945] *Sigieri di Brabante...*

NARDI, B. [1945], *Sigieri di Brabante nel pensiero del rinascimento italiano*, Roma, Edizioni italiane.

NARDI, B. [1947], « Note per una storia dell'averroismo latino. I. Controversie sigeriane. II. La posizione di Alberto Magno di fronte all'averroismo. III. Egidio Romano e l'averroismo. IV. Sigieri di Brabante e Maestro Gosvino de la Chapelle », *Rivista di Storia della filosofia*, 2, 19-25, p. 197-220.

NARDI, B. [1960], *Studi di filosofia medievale,* Roma, Edizioni di Storia e Letteratura.

NARDI, B. [1965], *Studi su Pietro Pomponazzi,* Firenze, Le Monnier.

NUYENS, F. [1948], *L'Évolution de la psychologie d'Aristote,* Louvain, Éditions de l'Institut supérieur de philosophie.

PHILIPPE LE CHANCELIER [1937], *Summa de bono*, *in* L.W. KEELER, *Ex Summa Philippi Cancellarti quaestiones de anima,* Münster in W., Aschendorff.

ROSS, W. [1924], *Aristotle's Metaphysics,* Oxford, OUP.

SALMAN, D. [1939], « Compte rendu de Van Steenberghen, *Les Œuvres et la Doctrine de Siger de Brabant, 1938* », *Bulletin thomiste*, t. V, n. 10, p. 654-672.

SIGER DE BRABANT [1972], *Quaestiones in tertium De anima*, *De anima intellectiva*, *De aeternitate mundi*, édition critique par B.C. Bazán, Louvain-Paris, Publications Universitaires-B. Nauwelaerts.

THÉMISTIUS [1957], *De anima, traduction latine de Guillaume de Moerbeke*, éd. G. VERBEKE, *Commentaire sur le 'Traité de l'âme' d'Aristote,* Louvain, Publications universitaires de Louvain-Paris, Éd. Béatrice-Nauwelaerts, 1957.

Théry, G. [1926], *Autour du décret de 1210 : II. Alexandre d'Aphrodise. Aperçu sur l'influence de sa noétique,* Le Saulchoir, Kain.

Thomas d'Aquin [1929], *Scriptum super libros Sententiarum magistri Petri Lombardi* (I et II), ed. nova par R.P. Mandonnet O.P., Paris, Lethielleux.

Thomas d'Aquin [1934], *Summa contra Gentiles* (Editio Leonina Manualis), Rome, Commissio Leonina-Libreria Vaticana-Herder.

Thomas d'Aquin [1936], *Sancti Thomae Aquinatis Tractatus de unitate intellectus contra averroistas*, éd. L. Keeler, Rome (coll. « Textus et documenta, Series philosophica », 12).

Thomas d'Aquin [1949, 8e éd.], *Quaestiones disputatae de veritate*, cura et studio Fr. R. Spiazzi, O.P., dans *Quaestiones disputatae*, vol. I, Turin-Rome, Marietti.

Thomas d'Aquin [1949, 9e éd. révisée], *Quaestiones disputatae de potentia*; *Quaestiones disputatae de anima*; *Quaestiones disputatae de spiritualibus creaturis*, cura et studio P. Bazzi, M. Calcaterra, T.S. Centi, E. Odetto, P.M. Pession, dans *Quaestiones disputatae*, vol. II., Turin-Rome, Marietti.

Thomas d'Aquin [1950], *Tractatus de spiritualibus creaturis*, editio critica L. Keeler S.J., Rome, Pontificia Universitas Gregoriana.

Thomas d'Aquin [1954], *In octo libros Physicorum Aristotelis expositio*, cura et studio P.M. Maggiolo O.P., Turin-Rome, Marietti.

Thomas d'Aquin [1954], *De substantiis separatis*, cura et studio Fr. R. Spiazzi, dans *Opuscula philosophica*, Turin-Rome, Marietti.

Thomas d'Aquin [1957-1960], *Summa theologica* (16 vol.), texte latin de l'Édition Léonine, traduit en espagnol par une commission présidée par S. Ramirez O.P., Madrid, Biblioteca de Autores Cristianos.

Thomas d'Aquin [1959], *In Aristotelis librum De anima commentarium*, éd. A.M. Pirotta, Taurini-Romae, Marietti.

Thomas d'Aquin [1971²], *In duodecim libros Metaphysicorum Aristotelis expositio,* éd. M.R. Cathala, R.M. Spiazzi, Taurini-Romae, Marietti.

VAN STEENBERGHEN, F. [1931], *Siger de Brabant d'après ses œuvres inédites, I. Les Œuvres inédites,* Louvain, Éd. de l'Institut supérieur de philosophie (coll. « Les Philosophes belges », 12).

VAN STEENBERGHEN, F. [1938], *Les Œuvres et la Doctrine de Siger de Brabant*, Bruxelles, Académie royale de Belgique, Classe des lettres et des sciences morales et politiques.

VAN STEENBERGHEN, F. [1942], *Siger de Brabant d'après ses œuvres inédites, II. Siger dans l'histoire de l'aristotélisme*, Louvain, Éd. de l'Institut supérieur de philosophie (coll. « Les Philosophes belges », 13).

VAN STEENBERGHEN, F. [1966 ; 1991²], *La Philosophie au XIIIe siècle*, Louvain, Publications universitaires (coll. « Philosophes médiévaux », XXVIII).

VERBEKE, G. [1957], « Introduction » à THÉMISTIUS [1957], *Commentaire sur le 'Traité de l'âme'*.

Verbeke, G. [1968], « Le *De anima* d'Avicenne. À propos d'une édition critique », *Revue philosophique de Louvain*. 3e série, t. 66, n° 92, p. 619-629.

WOLFSON, H.A. [1935], « The Internal Senses in Latin, Arabic and Hebrew Philosophic Texts », *Harvard Theological Review*, XXVIII, 2, p. 98-100.

ZAVALLONI, R [1951], *Richard de Mediavilla et la controverse sur la pluralité des formes.* Textes inédits et étude critique, Louvain, Éd. de l'Institut supérieur de philosophie (coll. « Philosophes médiévaux », II).

ZELLER, E. [1923], *Die Philosophie der Griechen in ihrer Geschichtlichen Entwicklung*. Drei Teile, in je zwei Abteilungen, Tübingen-Leipzig.

Indices

Auteurs anciens et médiévaux

Auteurs modernes

Table des matières

DANS LA MÊME COLLECTION

ABÉLARD Pierre : *Des intellections.* Texte établi (latin et français en vis-à-vis), introduit, traduit et commenté par Patrick MORIN, 1994, 176 p.

— *De l'unité et de la trinité divines ('Theologia summi boni').* Introduction, traduction et notes par Jean JOLIVET, 2001, 144 p.

ALBERT LE GRAND, *Métaphysique*, livre XI, traités II et III. Texte latin et traduction française. Introduction, traduction et notes par Isabelle MOULIN, 2009, 476 p.

AVERROÈS : *La Béatitude de l'âme.* Édition, traduction, notes, études doctrinales et historiques d'un traité d'« Averroès » par Marc GEOFFROY et Carlos STEEL, 2001, 336 p.

— *Commentaire moyen sur le* De interpretatione. Introduction, traduction et notes par Ali BENMAKHLOUF et Stéphane DIEBLER, 2000, 208 p.

— *Grand Commentaire (Tafsīr) de la* Métaphysiquc. *Livre Bêta.* Présentation et traduction de Laurence BAULOYE précédé de *Averroès et les apories de la* Métaphysique *d'Aristote*, 2002, 336 p.

BRENET Jean-Baptiste : *Transferts du sujet. La noétique selon Jean de Jandun,* 2003, 512 p.

CESALLI Laurent : *Le Réalisme propositionnel. Sémantique et ontologie des propositions chez Jean Duns Scot, Gauthier Burley, Richard Brinkley et Jean Wyclif,* 2007, 496 p.

LA CONDAMNATION PARISIENNE DE 1277. Texte latin, traduction, introduction et commentaire par David PICHÉ, 1999, 352 p.

DEMANGE Dominique : *Jean Duns Scot. La théorie du savoir*, 2006, 480 p.

EBBESEN Sten ET GOUBIER Frédéric : *A Catalogue of 13th-Century Sophismata,* 2010, 2 vol., 1024 p.

ERISMANN Christophe, *L'Homme commun. La genèse du réalisme ontologique durant le haut Moyen Âge*, 2011, 480 p.

GUILLAUME D'AUVERGNE : *De l'âme* (VII, 1-9). Introduction, traduction et notes par Jean-Baptiste BRENET, 1998, 168 p.

GUILLAUME HEYTESBURY : *Sophismata asinina. Une introduction aux disputes médiévales.* Présentation, édition critique et analyse par Fabienne PIRONET, 1994, 644 p.

GUIRAL OT : *La Vision de Dieu aux multiples formes. Quodlibet tenu à Paris en décembre 1333.* Édition, traduction et introduction par Christian TROTTMANN, 2001, 288 p.

IBN KAMMŪNA : *Examen de la critique des trois religions monothéistes.* Avant-propos et traduction de Simon BELLAHSEN, précédé de « La vie, l'œuvre et la pensée philosophique d'Ibn Kammūna », par Réza POURJAVADY et Sabine SCHMIDTKE, 2012, 206 p.

JEAN BURIDAN : *Sophismes.* Introduction, traduction et notes par Joël BIARD, 1993, 304 p.

LANGAGE, SCIENCE, PHILOSOPHIE AU XIIe SIÈCLE. Actes réunis par Joël BIARD, 1999, 256 p.

LÓPEZ-FARJEAT Luis Xavier et TELLKAMP Jörg Alejandro (éd.) : *Philosophical Psychology in Arabic Thought and the Latin Aristotelianism of the 13 th Century,* 2013, 304 p.

MAIMONIDE : *Les Brouillons autographes du Dalâlat al-Hâ'irîn (Guide des égarés)*, 2012, 296 p.

MICHON Cyrille : *Nominalisme. La théorie de la signification de Guillaume d'Occam,* 1994, 528 p.

NICOLAS D'AUTRÉCOURT : *Correspondance, Articles condamnés.* Édition critique par L.M. DE RIJK, introduction, traduction et notes par Christophe GRELLARD, 2001, 192 p.

PERINI-SANTOS Ernesto, *La Théorie ockhamienne de la connaissance évidente,* 2006, 224 p.

PICHÉ David, *Le Problème des universaux à la faculté des Arts de Paris entre 1230 et 1260,* 2005, 368 p.

PORPHYRE : *Isagoge.* Texte traduit (grec en vis-à-vis, latin à la suite) par Alain DE LIBERA et Alain-Philippe SEGONDS, introduction et notes par Alain DE LIBERA, 1998, 268 p.

ROSIER Irène : *La Parole comme acte. Sur la grammaire et la sémantique au XIIIe siècle,* 1994, 368 p.

SIRAT Colette et GEOFFROY Marc : *L'Original arabe du 'Grand Commentaire' d'Averroès au 'De anima' d'Aristote. Prémices de l'édition,* 2005, 126 p.

LA *SOPHISTRIA* DE ROBERTUS ANGLICUS. Étude et édition critique par Anne GRONDEUX et Irène ROSIER-CATACH, 2006, 416 p.

TERRIER Laurence : *La Doctrine de l'Eucharistie de Guibert de Nogent,* 2013, 172 p.

THOMAS D'AQUIN, *L'Âme et le Corps.* Texte latin, traduction par Jean-Baptiste BRENET, 2016, 232 p.

– *Les Créatures spirituelles.* Texte latin de l'édition Leonine, traduction, introduction et notes par Jean-Baptiste BRENET, 2010, 320 p.

TISSERAND Axel, *'Pars theologica'. Logique et théologie chez Boèce*, 2008, 480 p.

VALENTE Luisa, *Logique et théologie. Les écoles parisiennes entre 1150 et 1220*, 2008, 448 p.